당신은
사건 현장에
있습니다

당신은 사건 현장에
있습니다
글 모데스토 가르시아
그림 하비 데 카스트로
번역 임지영
중앙books

CRIMENES ILUSTRADOS
by Modesto García (the Author) and Javi de Castro (the lllustrator)

SNS에서 나와 함께 탐정의 능력을 유감없이 발휘한 모든 네티즌들에게 이 책을 바친다.
지난 몇 달 동안 그들과 함께 즐거운 시간을 보낸 덕분에 팬데믹으로 인해 답답하던 내 삶은 활기를 되찾았다.
이 책이 세상에 나온 것은 모두 그들 덕분이다.
- 모데스토 가르시아

*이 책에 수록된 사건은 스페인을 배경으로 한 픽션이며, 인물, 지명, 단체 등은 사실과 무관합니다.

사건 현장을 해결하기 위한 8개의 키워드

이 책에는 당신이 진실을 발견하고 범인을 찾을 때까지 탐정의 끈기를 발휘해 세밀하게 분석하고 해결해야 할 사건 현장이 담겨 있습니다. 본격적으로 사건 현장에 뛰어들어 수수께끼를 풀어나갈 수 있도록 이 책을 즐기는 방법을 안내합니다.

1. 사건 현장으로 가라

이 책에 수록된 사건들은 서로 관련이 없기 때문에, 당신이 가장 마음에 드는 것부터 시작할 수 있습니다. 가장 마음에 끌리는 사건 현장을 골라 조사를 시작하세요. 일단 시작했으면, 굳이 구체적인 순서에 따라 조사할 필요는 없습니다. 자유롭게 사건 현장을 관찰하고 탐정 여러분의 생각대로 분석해보세요.

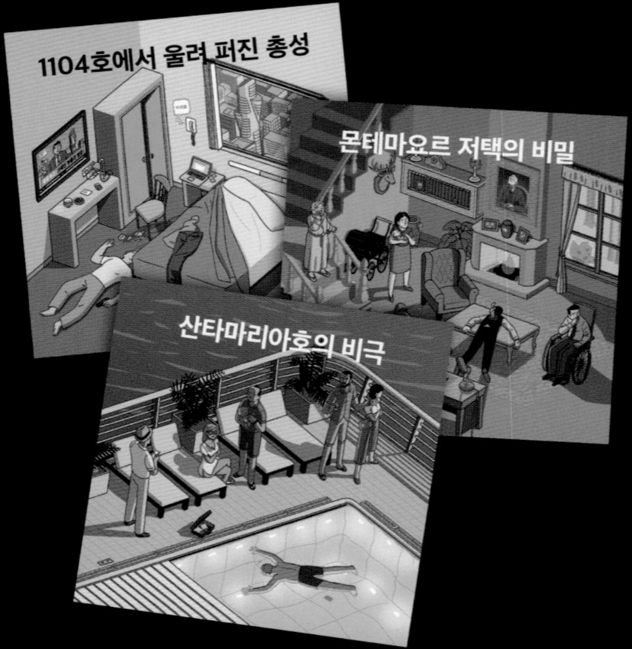

2. 범인을 쫓아라

풀장에서 익사한 갑부, 등에 칼을 맞고 사망한 집사, 자신의 분장실에서 목을 매고 죽은 여배우… 각각의 사건 현장마다 다른 상황이 제시됩니다. 어떤 사건은 자살이나 사고로 보이기도 합니다. 하지만 당신은 탐정으로서 오직 하나만을 생각합니다. 바로 이 사건 현장에서 무슨 일이 일어났는지 알아내고 범인을 찾아내는 것, 그것이 바로 당신의 목적입니다. 이를 위해 당신이 찾은 범인의 이름과 그 증거, 살해 동기를 먼저 기록한 후에 사건의 진실을 확인하세요.

이 사건의 범인은? ________

그 증거는? ________

살해 동기는? ________

3. 단서를 조사하라

각 사건 현장에는 눈여겨봐야 할 단서에 말풍선이 달려 있습니다. 사건을 해결하기 위해 보다 자세하게 조사해야 하는 물건들, 가령 서랍이나 액자, 신문 같은 것들을 관찰할 수 있는 페이지를 가리킵니다. 이러한 단서들은 미스터리를 해결하는 중요한 열쇠가 될 거예요.

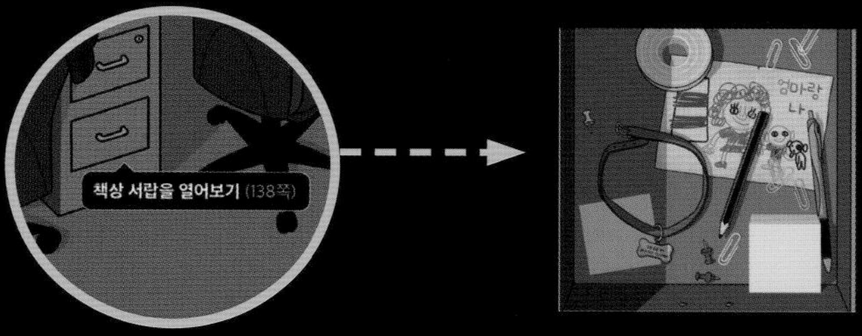

4. 스마트폰을 활용하라

훌륭한 탐정으로서 당신은 머리에 떠오르는 모든 도구들을 이용해야 합니다. 특히 스마트폰의 역할이 중요합니다. 이상한 점이 있다면 검색 기능과 온라인 번역기, 구글 스트리트 뷰 등등 사건 해결에 도움이 된다고 판단되는 모든 것을 이용하세요.

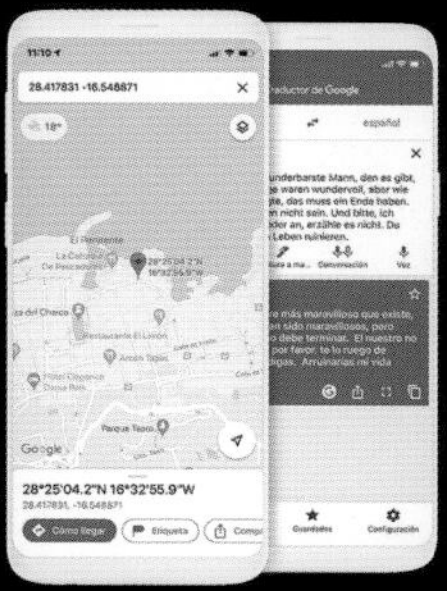

5. 메모하라

각 사건마다 수수께끼를 해결하기 위해 적어두어야 할 암호, 문자, 숫자, 이름 등이 나옵니다. 복잡한 트릭 속에서 메모는 필수입니다. 사건을 원활하게 풀이하기 위해 간단히 메모할 수 있는 펜과 종이를 준비해주세요.

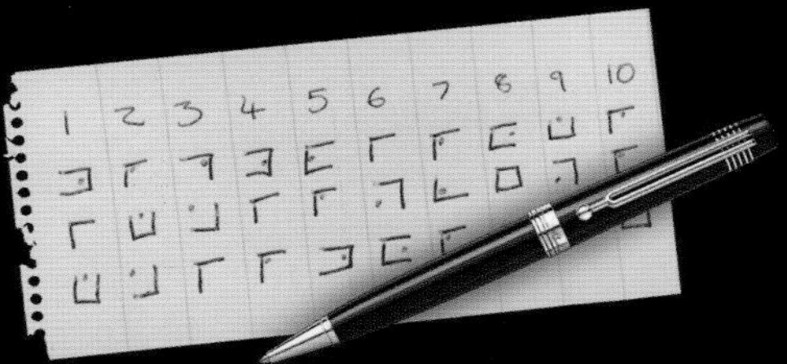

6. 동료와 함께하라

셜록 홈스에게 왓슨 박사가 필요한 것처럼, 당신도 동료가 필요할 수 있습니다. 친구나 가족과 힘을 합쳐 사건을 파헤쳐나가면, 훨씬 더 많은 단서를 찾을 수 있고, 더 즐겁게 수사할 수 있습니다.

7. 사건의 실마리를 활용하라

아무리 훌륭한 탐정이라도 가끔 막힐 때가 있다는 사실을 알아야 합니다. 그래서 각 사건 현장마다 추가 단서로 사건의 실마리가 준비되어 있습니다. 갑자기 수사가 막혔을 때, 한 번에 추가 단서를 모두 읽으려고 하지는 마세요. 어쩌면 하나만 읽어도 수수께끼를 풀 수 있는 열쇠를 찾을지 모르니까요. 하지만 두 개, 아니면 전부 다 읽어야 할지도 모릅니다. 수수께끼를 풀고 사건을 해결하기 위해 몇 개의 추가 단서가 필요한지를 결정하는 것은 바로 당신입니다.

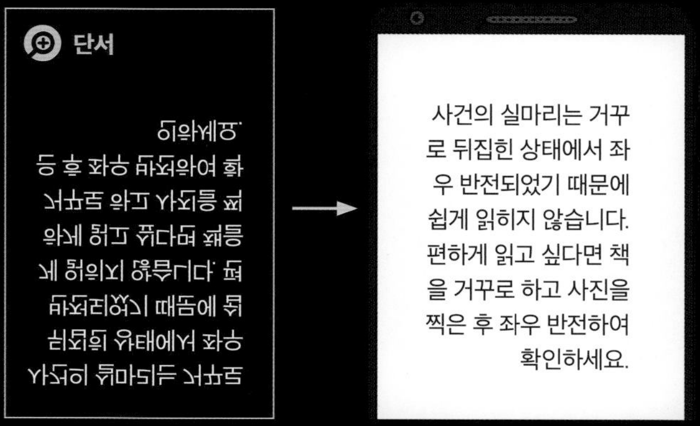

8. 연역적 사고를 하라

실제 범인을 쫓듯이 현장의 흔적 속에서 중요한 사실을 추려내고, 요소를 결합하고, 해독하세요. 사건 현장의 사소해 보이는 것에도 주의를 기울이고 모든 추론 능력을 사용해야만 서로 다른 단서들 사이에 필요한 연결성을 찾을 수 있습니다. 행운을 빕니다!

차례

각 사건 현장은 개별적인 사건입니다. 따라서 당신이 원하는 순서대로 사건을 해결해도 됩니다.
당신은 어떤 사건 현장으로 가겠습니까?

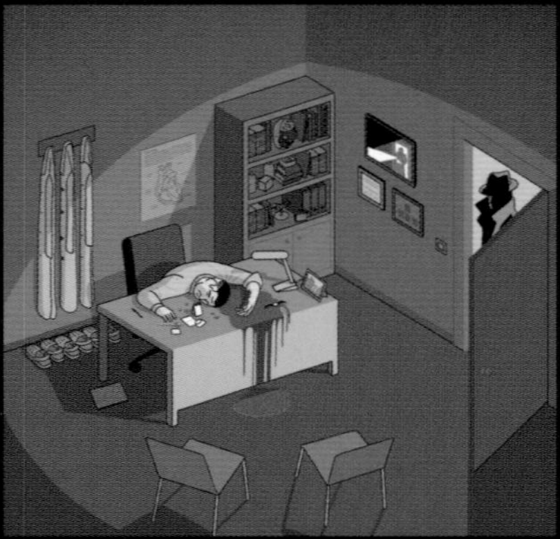

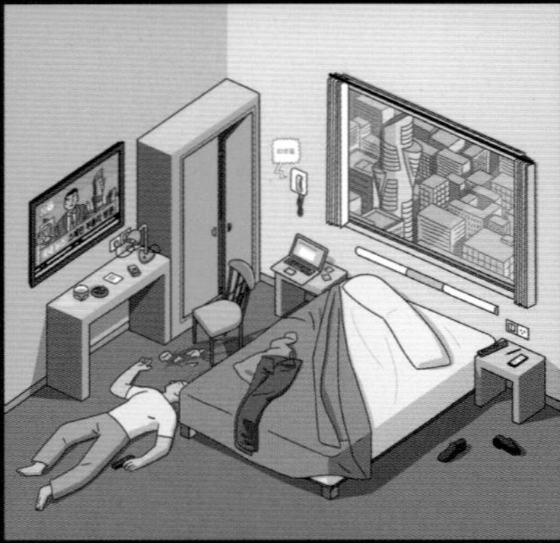

10:43
POLICE

CASE **01**

공항, 커피 그리고 죽음

여행의 설렘이 가득한 공항에서 당신은 매우 복잡한 살인 사건을 만났습니다.
백주 대낮에, 그것도 보안이 철저한 공공장소에서 갑자기 한 여성이 쓰러지고 말았습니다.
도대체 왜 이런 일이 일어난 건지 진실을 알아차린 사람은 아무도 없습니다.
당신처럼 유능한 탐정의 도움이 필요합니다.

이 사건의 범인은? __________

그 증거는? __________

살해 동기는? __________

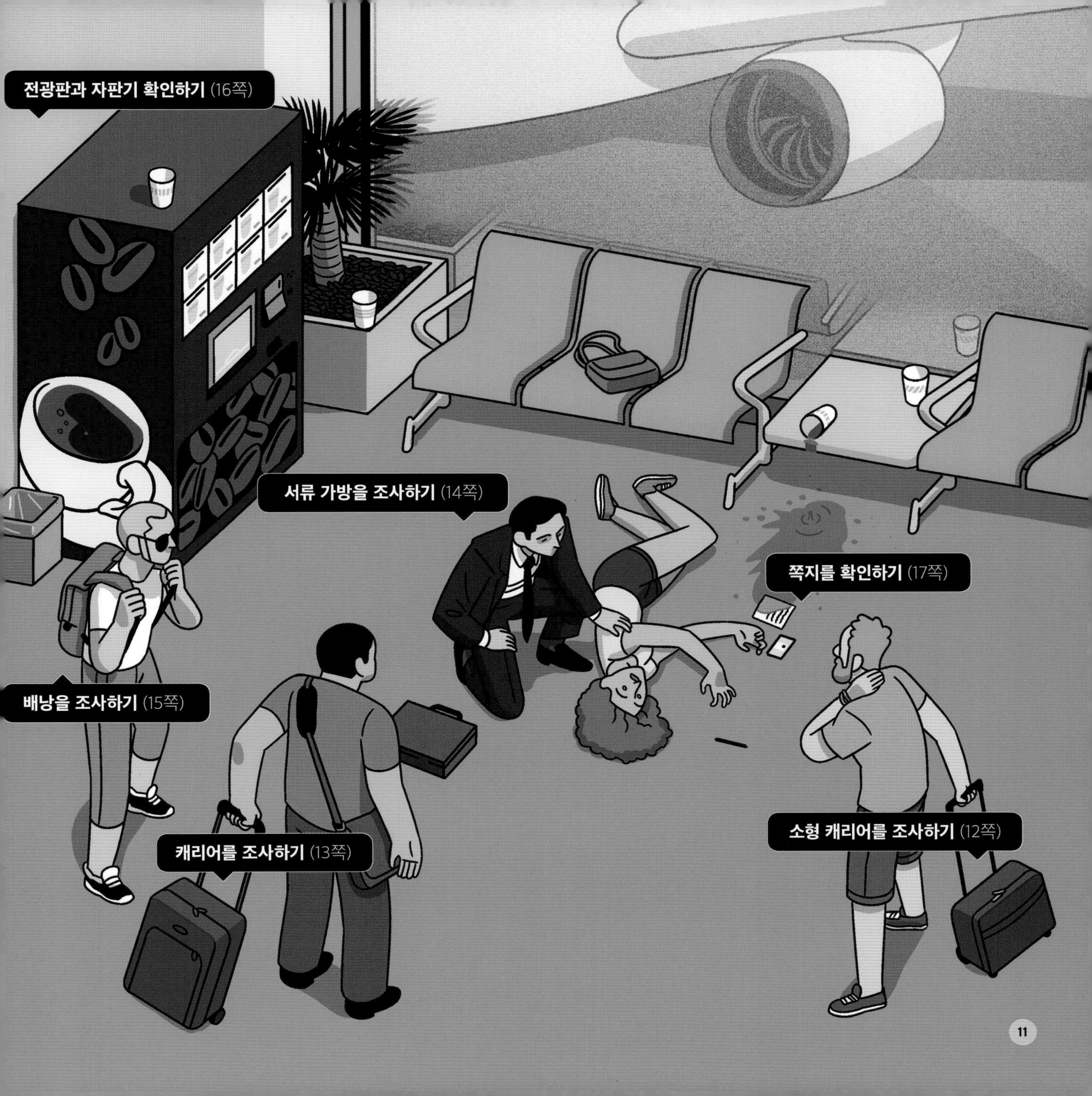

전광판과 자판기 확인하기 (16쪽)
서류 가방을 조사하기 (14쪽)
쪽지를 확인하기 (17쪽)
배낭을 조사하기 (15쪽)
캐리어를 조사하기 (13쪽)
소형 캐리어를 조사하기 (12쪽)

Guiatravel
생애 첫 여행친구 프렌즈
50+
75ml

아르베야에서
2012년 7월 13일
12:33
메시지
로레나: 오늘은 우리 결혼기념일이야. 보고 싶어
항공권
Name: Manuel Costa
Flight Number: 447
페데리카는 오후 항공편을 타고 예정된 증인 소환 심문에
가려고 한다. 그녀의 모습은 보이지만, 몇 마디 말을 제외하고는
그녀가 무슨 대화를 나누고 있는지 거의 들리지 않는다.
지금 그녀는 자기가 할 말을 종이에 쓰면서 연습하는 것 같다.
그녀의 얼굴에 긴장한 기색이 역력하다. 그녀는 아르로가
얼마나 무서운 마피아인지 잘 알고 있다. 또한 아르로가
고용한 악명 높은 킬러가 언제든지 총 한 방으로
자신의 입을 영원히 다물게 만들 수 있다는 것도
잘 알고 있다.
공항에 들어서자 그녀는 안심이 되는 듯 굳었던 표정이
조금 풀린 것 같다. 보안 검색대를 통과하는 순간,
나는 그녀가 하는 말을 들었다. 직원들이 모든 탑승객들의
전신을 스캔하고, 휴대용 술통을 모두 압수했다. 그래서인지
그녀는 누군가 자기를 살해하기 위해 무기나 독약을 몸에
지니고 탑승하기 힘들 거라고 믿는 눈치다.

정보
마르코 발렌티노

ROSA
혹시 그들은
친구 이상의 관계?
다정하게 손을 잡고
발렌시아의 거리를 돌아다니는
지나 솔레르와 움베르토 살라망카를
포착하다!
정의는 실현될 것인가?
마르베야의 사업가 라파엘 살인 사건
말라가 법원에서 첫 공판 예정
유일한 증인 F. R.의 진술이 유력 용의자의
인정하기 위한 핵심 증거가 될 전망
마누엘 코스타 기자
50cl

출발
목적지
탑승시간
탑승구
SOF 12:34 H06
MAH 12:35 J41
AGP 13:06 H16
HND 13:22 K81
WLG 13:26 H18
BRU 13:29 J40
LGW 14:01 H17
DXB 14:06 J50
LIM 14:10 H31
PEK 14:19 H07
BCN 14:32 K83
LPA 15:02 K82
블랙커피 2,00€
카페라테 2,20€
카페 코르타도 2,00€
에스프레소 1,80€
카페 봄본 2,20€
초코라테 2,00€
아몬드라테 2,30€
소이라테 2,30€

3시가 조금 넘었을 때였어요.
호텔 창문에 서 밖을 구경하고 있었는데,
그가 걸어가는 모습이 보였어요.
그런데 자동차 한 대가 그의 옆에 멈
창이 내 가더군요. 곧 총소리 두 방
더니 피해자는 힘없이 쓰러졌어요.
있던 곳에서는 범인의 얼굴을 제대로
어요. 그래도 범인 눈 한쪽이 없었
나는 너무 놀라서
움직일 수도
나지
12:33
항공권
Name: Federica Ramos
Flight Number: 445433
구매내역
공항 자판기 커피...... 4.20€

사건의 실마리

이 사건을 해결하기 위해 굳이 여기 나온 단서를 읽을 필요는 없습니다. 하지만 당신의 추리가 미궁에 빠져 있다면, 아래의 단서가 도움이 될 것입니다. 그렇지만 한꺼번에 다 읽으려고 하지는 마세요. 어쩌면 하나의 단서만으로도 수수께끼를 풀 수 있는 열쇠를 찾을지 모르니까요. 그럼 행운을 빌어요!

단서 1

QR코드를 통해 페데리카의 스페인 항공권을 확인할 수 있어요. 페데리카의 항공권을 보면 그녀의 죽음과 관련 깊은 중요한 단서가 나와 있습니다.

단서 2

자판기에서는 커피가 종류마다 서로 다른 무늬의 컵에 담겨 나옵니다. 컵 모양을 보면 사람들이 어떤 커피를 마셨는지 쉽게 알 수 있죠. 게다가 테이블 위에 있는 컵에 립스틱 자국이 남아 있는 것을 확인할 수 있습니다. 사건 현장에 있던 이들 중에서 페데리카가 유일한 여성이었다는 점을 고려하면, 페데리카가 어떤 음료를 마셨는지 추리할 수 있습니다.

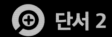

단서 3

분명히 현장에 있던 이들 중 한 명이 그녀를 살해한 범인입니다. 누가 범인인지 알아내려면, 각각의 용의자가 어떤 목적지로 가는지, 짐을 목적지에 맞게 꾸렸는지를 밝히는 것이 중요합니다. 이 두 가지 정보는 범인을 찾아내기 위한 결정적인 단서가 될 거예요.

사건 해결

모든 단서는 사건 현장에 있습니다. 단지 그 의미를 제대로 읽지 못했을 뿐입니다.
그럼 범인을 찾기 위해 단서를 하나씩 살펴보겠습니다.

1 지금 공항에서 한 승객이 사망했습니다. 하지만 그 승객의 정확한 사망 원인에 대해서는 아무도 모릅니다. 혹시 누군가가 음료에 뭘 탄 것은 아닐까요?

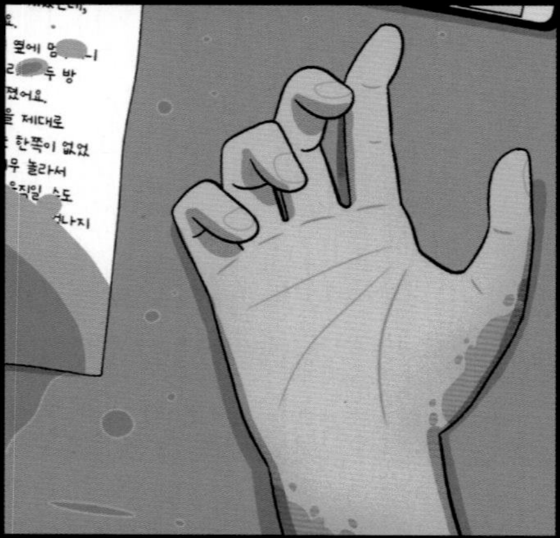

2 그녀의 손에 난 발진으로 봐서는 독살 당했을 가능성이 있습니다.

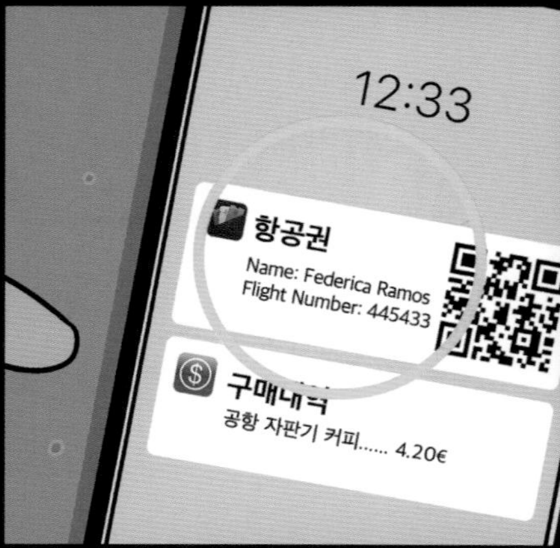

3 피해자의 이름은 페데리카 라모스입니다.

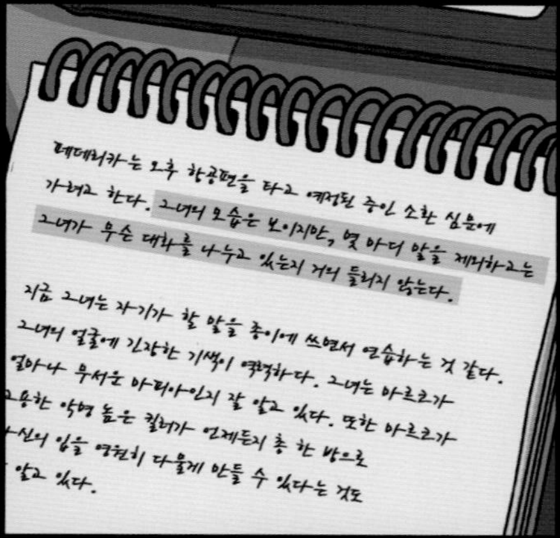

4 현장에 있던 용의자 중 한 명의 가방에서 수첩을 찾아냈는데, 그 안에는 페데리카의 동태가 상세히 기록되어 있네요. 아마 그녀의 뒤를 쫓고 있었던 것으로 보입니다.

5 그가 범인이라고 단정할 수도 있겠죠. 하지만 그의 이름이 어느 잡지에 기사를 쓴 기자와 같습니다. 즉, 마누엘은 살인범이 아니라 기자일 뿐이었죠.

6 그가 쓴 기사에 따르면, 조만간 어느 살인 사건의 재판이 열릴 예정입니다. 그런데 그 재판에서 진술할 예정이던 유일한 증인인 'F. R.'이 살해당한 페데리카 라모스의 머리글자와 일치합니다.

7 항공권을 확인해보면, 그녀가 마드리드발 말라가행 항공편에 탑승할 예정이었다는 것을 알게 될 겁니다. 말라가는 조만간 살인 사건의 법정 심리가 열릴 장소입니다.

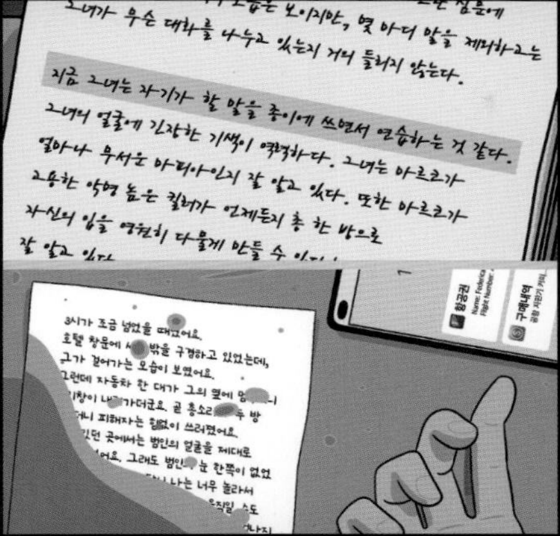

8 페데리카는 비행기 탑승을 기다리는 동안 법정에서 진술할 말을 미리 연습했습니다.

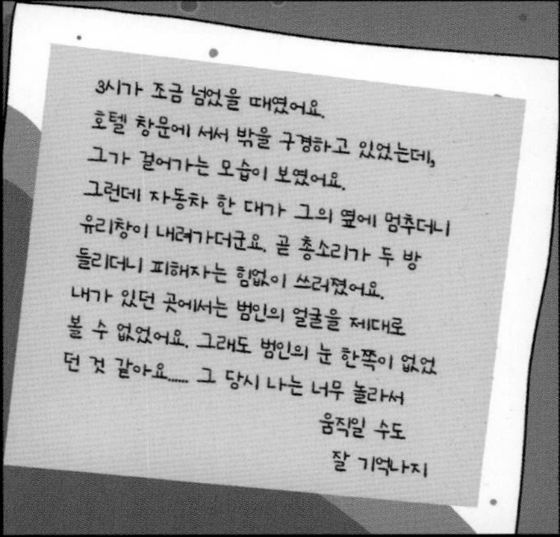

9 페데리카가 쓴 메모를 보면 그녀는 휴가차 마르베야에 갔다가, 묵고 있던 호텔 창문에서 안대를 쓴 남자가 어떤 남자를 살해하는 장면을 목격한 것으로 추정됩니다.

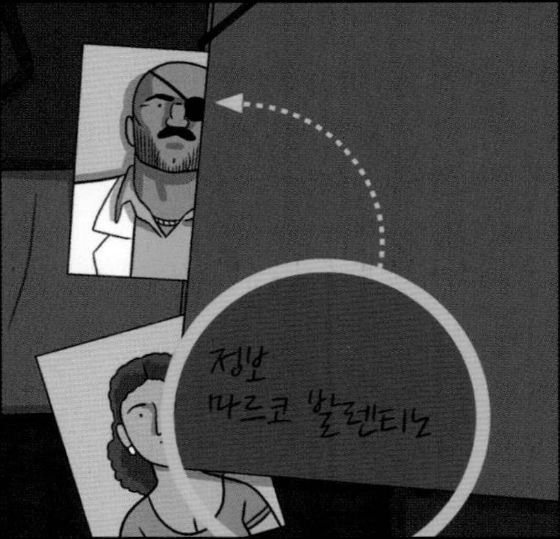

10 양복을 입은 남자의 가방에는 파일이 하나 들어 있었습니다. 거기에는 안대를 한 남자의 사진과 함께 마르코 발렌티노라는 이름이 적혀 있었죠.

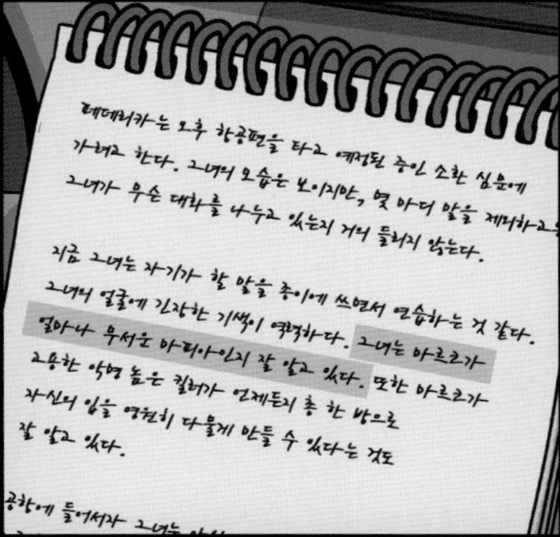

11 그 이름은 기자의 수첩에도 나옵니다. 이를 통해 마르코가 그 지역에서 막강한 위세를 떨치는 마피아라는 것을 알 수 있습니다.

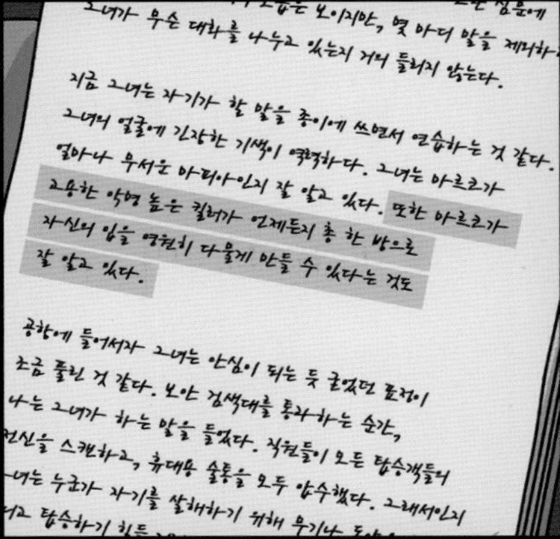

12 기자의 수첩을 자세히 보면, 페데리카가 두려움에 떨고 있다는 것을 알 수 있습니다. 마르코가 언제든지 자기 입을 막기 위해 킬러를 보낼 수 있다는 것을 알고 있었으니까요.

13 그렇다면 현장에 있던 이들 중 한 명이 마르코가 보낸 킬러일지도 모릅니다. 킬러는 어떻게 공항 한복판에서 페데리카를 살해한 것일까요?

14 그렇다면 권총을 가지고 있던 남자가 범인일까요? 하지만 보안 검색대를 통과한 승객이 어떻게 무기를 소지할 수 있었을까요?

15 게다가 그 남자는 페데리카와 마르코의 사진이 든 파일을 가지고 있었습니다. 그것은 그녀를 죽이라는 명령을 실행하기 위한 정보였을까요?

16 그 남자가 처음부터 공항에서 페데리카와 함께 있었음을 보여주는 증거들이 있습니다. 먼저 그녀가 결제한 내용을 보면 커피 두 잔을 샀습니다.

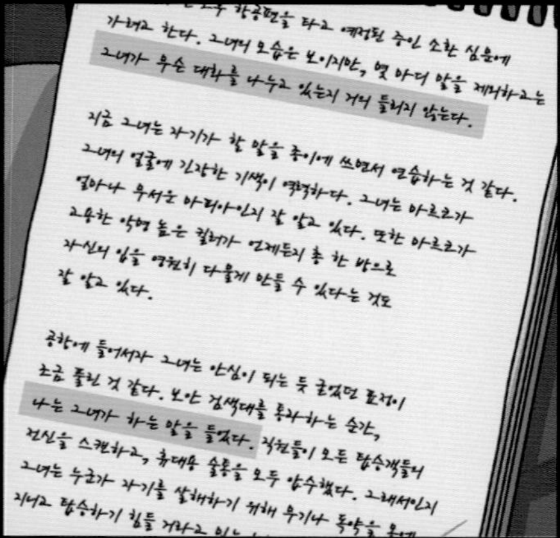

17 또 기자가 적어 놓은 메모에 따르면, 페데리카가 어떤 이와 대화를 나누고 있었다고 합니다. 따라서 그녀는 절대 혼자 다니지 않았다는 결론이 나오는 셈이죠.

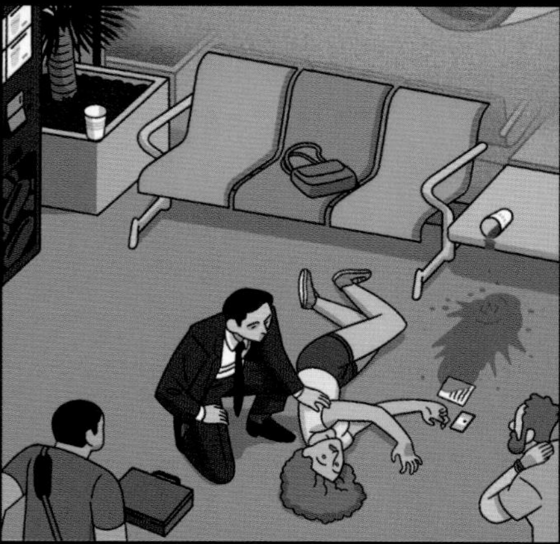

18 따라서 그 두 사람은 공항의 같은 구역에 앉아 있었던 것으로 보입니다.

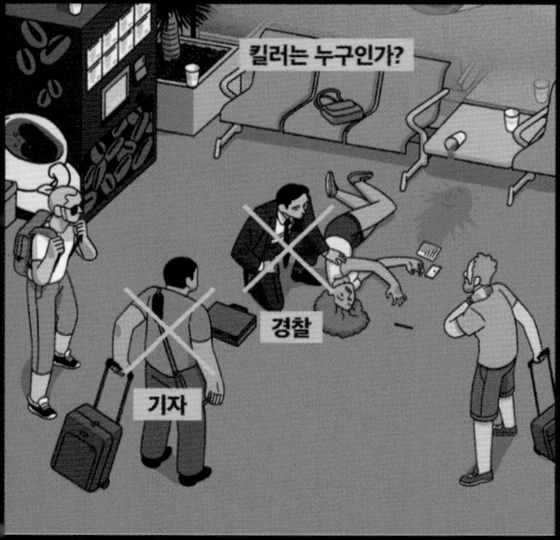

19 페데리카는 사건의 유일한 증인이었으니, 그 남자는 경찰인 것이 분명합니다. 그래서 권총과 마르코에 관한 수사 기록을 가지고 있었던 거죠. 그렇다면 용의자는 두 명으로 압축됩니다.

20 도대체 킬러가 어떻게 살인을 저질렀는지 알기 위해, 그녀의 항공권을 꼼꼼하게 살펴보겠습니다. 항공권의 하단을 자세히 보면, 페데리카가 견과류 알레르기를 가지고 있음을 알 수 있죠.

21 그다음으로 그들이 마신 커피에 주목해보면, 컵의 디자인이 서로 다르다는 것을 알 수 있습니다. 따라서 누가 어떤 컵으로 마셨는지 찾아야 합니다.

22 페데리카는 아몬드라테를 마셨다는 것을 알 수 있었습니다. 그 많은 커피들 중에서 하필이면 알레르기를 일으키는 아몬드라테를 말이죠. 왜 그랬을까요?

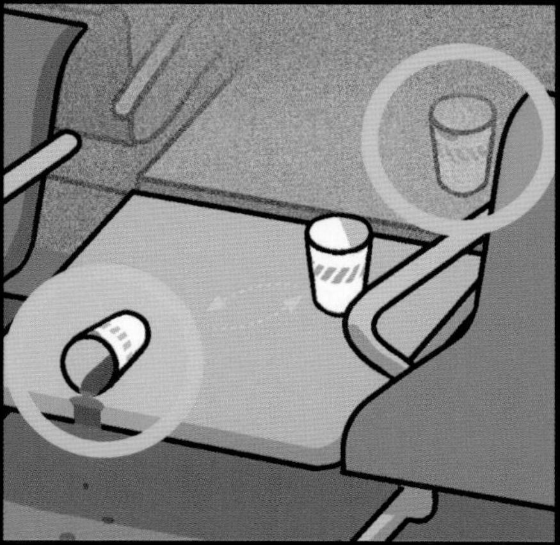

23 누군가가 컵을 바꿔치기한 것이 분명합니다. 테이블의 다른 컵에도 립스틱 자국이 남아 있어요. 그녀가 현장에 있던 유일한 여성임을 감안하면 그 컵으로도 커피를 마셨다는 이야기가 됩니다.

24 더구나 그녀는 모두 4.20유로를 썼습니다. 그런데 그녀가 자기 일행의 커피로 카페라테와 아몬드라테를 샀다면, 모두 4.50유로가 나와야 맞습니다. 금액이 맞지 않네요.

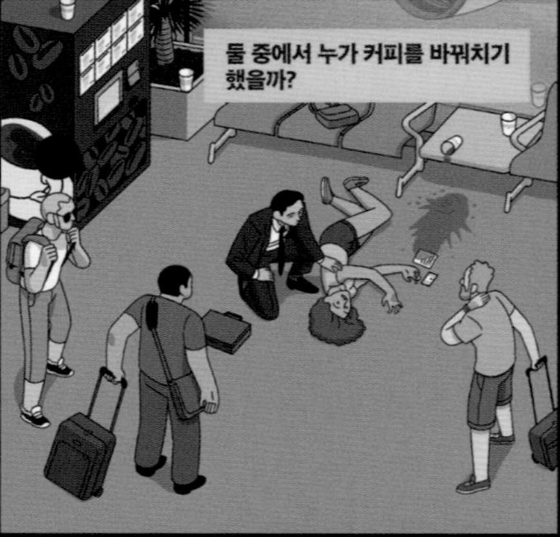

25 범행을 저지른 킬러는 그녀가 알레르기 반응을 일으키도록 커피를 아몬드라떼로 바꿔치기했습니다. 하지만 누가 그런 짓을 한 걸까요? 남은 두 명 중 누가 가짜 여행자인지를 밝혀내야 합니다.

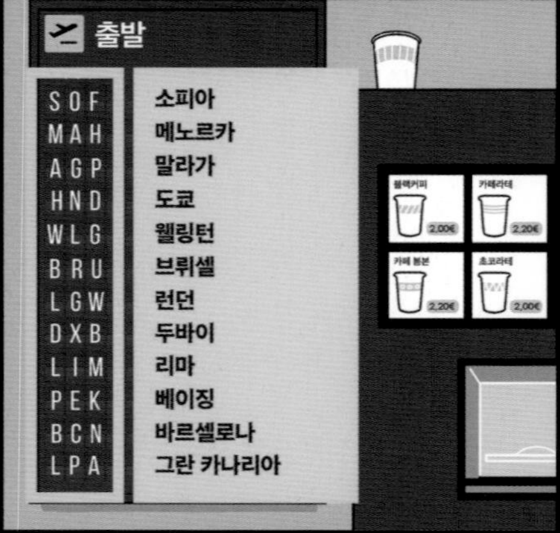

26 공항의 항공기 운항 정보 전광판에는 국제 항공 운송 협회(IATA)에서 부여한 모든 공항 코드가 나타나요.

27 두 용의자 중 한 명의 가방에서 파운드화 지폐가 발견된 걸로 봐서는 런던으로 가려고 한다는 것을 알 수 있습니다.

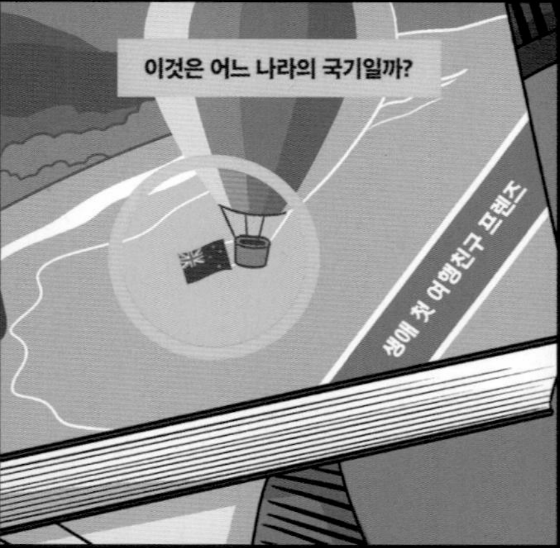

28 또 다른 여행객은 어디로 가는 걸까요? 항공기 운항 정보 전광판에 나오는 도시 중 여행 가이드의 표지에 나온 깃발을 사용하는 곳을 찾아보세요.

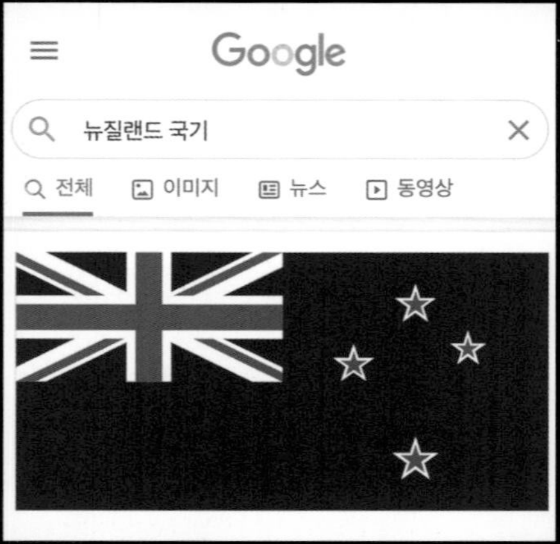

29 인터넷에서 찾아보면 여행 안내서에 나오는 국기가 뉴질랜드임을 알 수 있습니다. 그리고 WLG, 즉 웰링턴은 뉴질랜드의 도시입니다.

30 여행객으로 위장한 킬러를 찾으려면 사건 당일의 날짜를 알아야 해요. 그날은 기자의 결혼기념일이었기 때문에, 7월이라는 것을 알 수 있습니다.

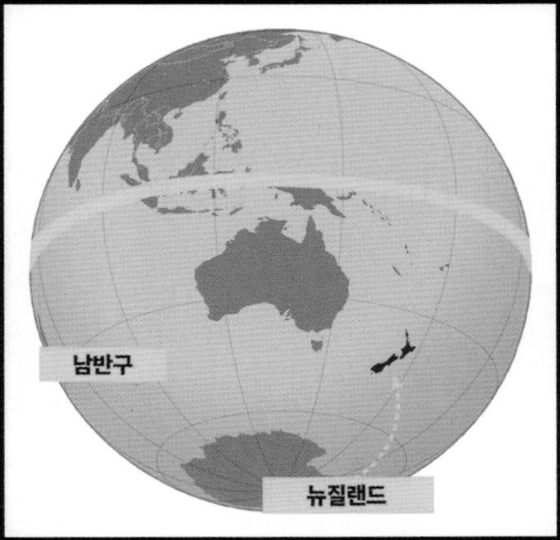

31 뉴질랜드는 지구의 남반부에 있습니다. 북반부가 여름이라면, 남반구의 계절은 겨울이 됩니다.

32 만약 그가 정말 뉴질랜드로 가려고 했다면, 수영복, 선글라스, 샌들보다는 겨울옷을 챙겨야 했을 겁니다.

출발
목적지 탑승시간 탑승구
SOF 12:34 H06
MAH 12:35 J41
AGP 13:06 H16
HND 13:22 K81
WLG 13:26 H18
BRU 13:29 J40

33 그 킬러는 애당초 뉴질랜드에 갈 계획이 없었던 거죠. 그는 페데리카가 타려고 했던 비행기와 비슷한 시간대에 있고, 가까운 탑승구에 있는 항공편 중 하나를 골라 그 티켓을 구입했던 겁니다.

공항, 커피 그리고 죽음

사건의 진실

페데리카 라모스는 스페인 마르베야에서 휴가를 즐기고 있었다. 그러던 어느 날 밤, 그녀는 호텔 객실에서 밖을 내다보던 중 충격적인 사건을 목격했다. 한 승용차가 길가에서 천천히 멈추더니 유리창이 내려갔다. 그리고 느닷없이 차 안의 누군가가 길거리의 한 남자를 향해 총 두 발을 발사한 것이다. 남자가 쓰러지자 그 차는 전속력으로 달아났다. 페데리카는 즉시 긴급 구조대에 전화를 걸었으나 그 남자는 이미 죽은 후였다. 나중에 그녀는 경찰에게 심문을 받았지만, 살인범의 인상착의가 제대로 기억나지 않았다. 다만 한쪽 눈이 없었던 것 같다고만 진술했다. 경찰은 늘 한쪽 눈을 안대로 가리고 다니는 그 지역의 유명한 마피아, 마르코 발렌티노에게 수사력을 집중했고, 마침내 그를 살인 혐의로 기소하는 소송 절차가 시작되었다.

하지만 검찰 측 기소는 단 한 가지 증거, 즉 페데리카의 증언에만 근거하고 있었다. 만약 그 증거만 없다면, 마피아 마르코가 구속되기는 어려운 상황이었다. 따라서 법정에서 재판이 열리기 전에 마르코가 페데리카를 없애려고 할 것이 분명했다. 수사당국도 페데리카의 목숨이 위태로울 수 있다는 것을 잘 알고 있었다. 경찰은 최소한 피고인 마르코가 판결을 받고 교도소에 수감될 때까지만이라도 증인의 신변을 24시간 안전하게 지킬 수 있도록 보호 조치를 내렸다.

예정되어 있는 증인 소환 심리는 살인 사건이 발생한 말라가 주에서 열릴 예정이었다. 재판 날, 페데리카는 마드리드 공항에 가서 말라가행 비행기에 탑승할 준비를 했다. 경찰이 그림자처럼 계속 함께했지만, 불안감을 감출 수는 없었다. 보안검색대를 통과한 그녀는 탑승 게이트에 도착해 자판기에서 커피 두 잔을 사서, 하나는 자기가 마시고 다른 하나는 자기를 지키는 경찰관에게 상냥하게 건네주었다. 모든 것이 잘 끝나기를 바라며 그녀는 변호사가 권한 대로 법정에 나가 진술할 내용을 종이에 쓰면서 연습했다.

하지만 마르코가 고용한 킬러는 이미 페데리카의 뒤를 쫓고 있었다. 킬러는 여행객으로 위장한 채, 말라가행 항공편과 가까운 게이트에서 탑승할 수 있는 다른 항공권을 샀다. 사실 페데리카와 같은 항공편 티켓을 사면 더할 나위 없이 편했겠지만, 그럴 경우 나중에 의심받게 될 위험이 컸다. 그래서 그는 뉴질랜드의 웰링턴행 비행기 표를 샀을 뿐만 아니라, 보다 그럴듯하게 알리바이를 꿰맞추기 위해 면세점에서 뉴질랜드 여행 안내서도 한 권 구입했다.

킬러는 공항 내부에서는 무기는커녕, 어떤 독극물도 소지할 수 없다는 것을 잘 알고 있었다. 하지만 그는 표적을 철저히 조사한 결과, 페데리카에게 심각한 견과류 알레르기가 있다는 사실을 알아냈다. 그녀가 자판기에서 커피 두 잔을 사는 것을 지켜본 그는 재빨리 아몬드라테를 사서 그녀의 옆자리에 앉았다. 그는 기회를 엿보고 있다가 그녀가 한눈을 판 사이에 커피를 바꿔치기했다. 아무것도 모르는 페데리카가 아몬드라테를 마시자마자 곧장 아나필락시스 쇼크로 이상 과민 반응을 일으키기 시작했다. 결국 그녀는 의식을 잃고 쓰러지더니, 몇 초 만에 질식해서 죽고 말았다. 페데리카를 지키던 경찰관은 그녀의 목숨을 구하려고 애를 썼지만 속수무책이었다. 임무를 완수한 킬러는 정말 여행을 떠나는 사람처럼 들뜬 표정을 지으며 웰링턴행 비행기에 탑승할 준비를 했다. 하지만 킬러는 그 과정에서 치명적인 실수를 저지르고 말았다. 남반구에서는 그때가 한겨울이라는 사실을 미처 알지 못했던 것이다. 결국 그는 현장에 있던 사람들을 조사하는 과정 중에 바로 체포되었다.

CASE **02**

죽어야만 하는 의사

한 병원에서 하루 일과가 막 시작되었을 무렵, 끔찍한 소식이 들려왔습니다. 어떤 의사가 자기 진료실에서 자살한 겁니다. 마침 병원에 있던 당신은 경험 많은 탐정으로서 현장 수습을 도와달라는 요청을 받습니다. 사건 현장에 들어선 당신은 의심의 눈초리로 모든 것을 조사합니다. 진료실 안에는 어떤 비밀이 숨어 있을까요?

이 사건의 범인은?

그 증거는?

살해 동기는?

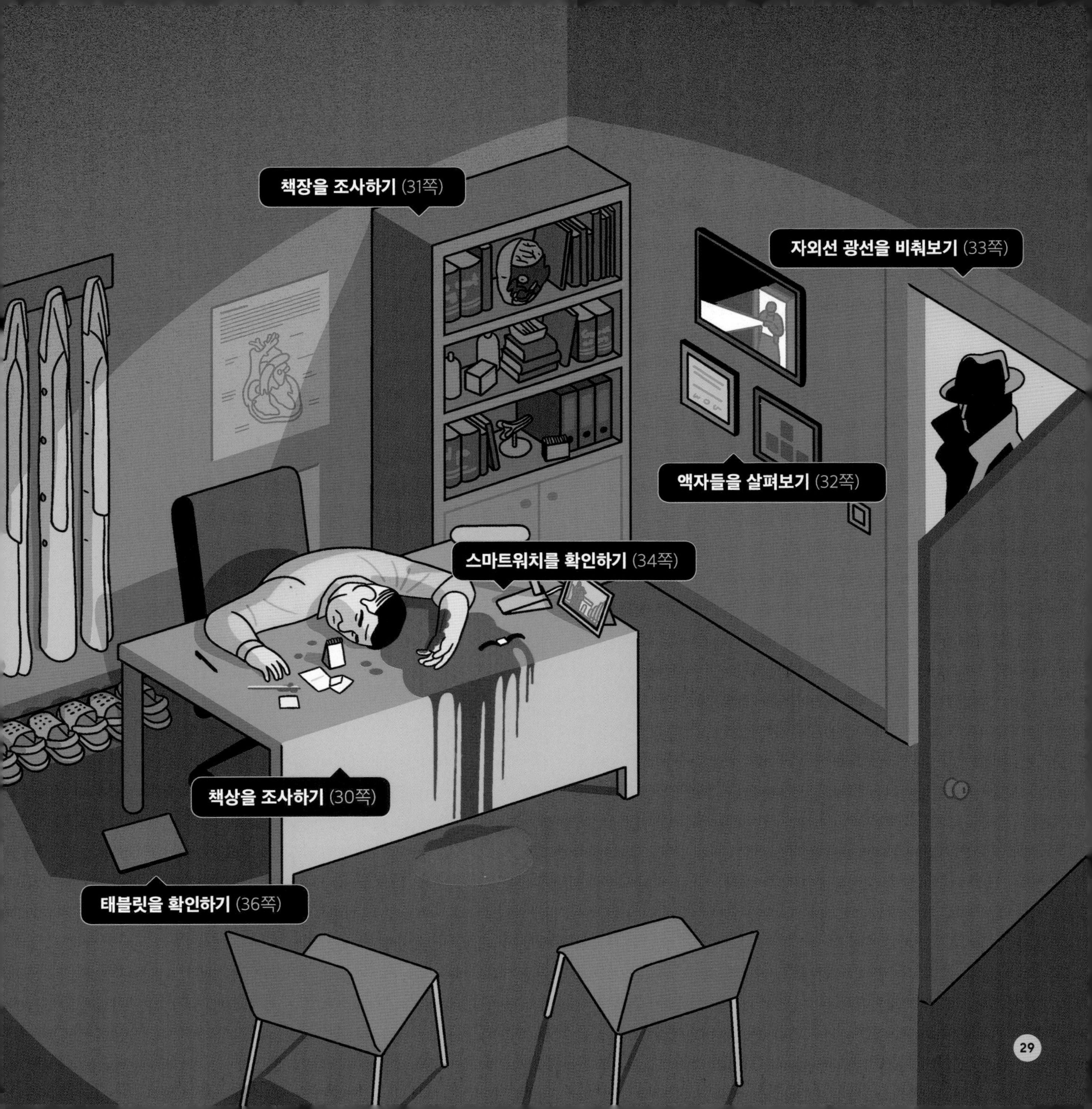
책장을 조사하기 (31쪽)
자외선 광선을 비춰보기 (33쪽)
액자들을 살펴보기 (32쪽)
스마트워치를 확인하기 (34쪽)
책상을 조사하기 (30쪽)
태블릿을 확인하기 (36쪽)

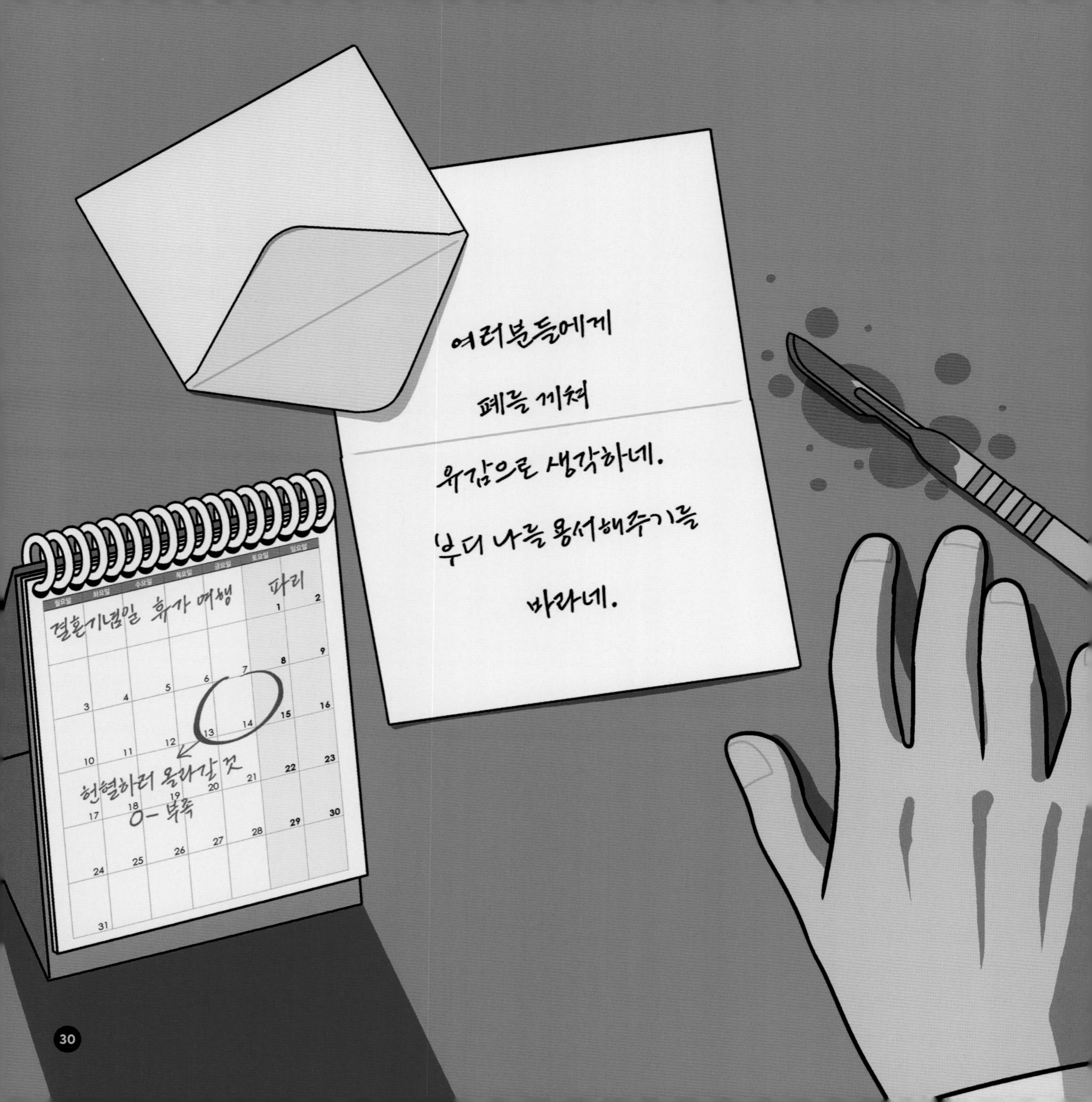
여러분들에게
폐를 끼쳐
유감으로 생각하네.
부디 나를 용서해주기를
바라네.
결혼기념일 휴가 여행
파리
헌혈하러 올라갈 것
O- 부족

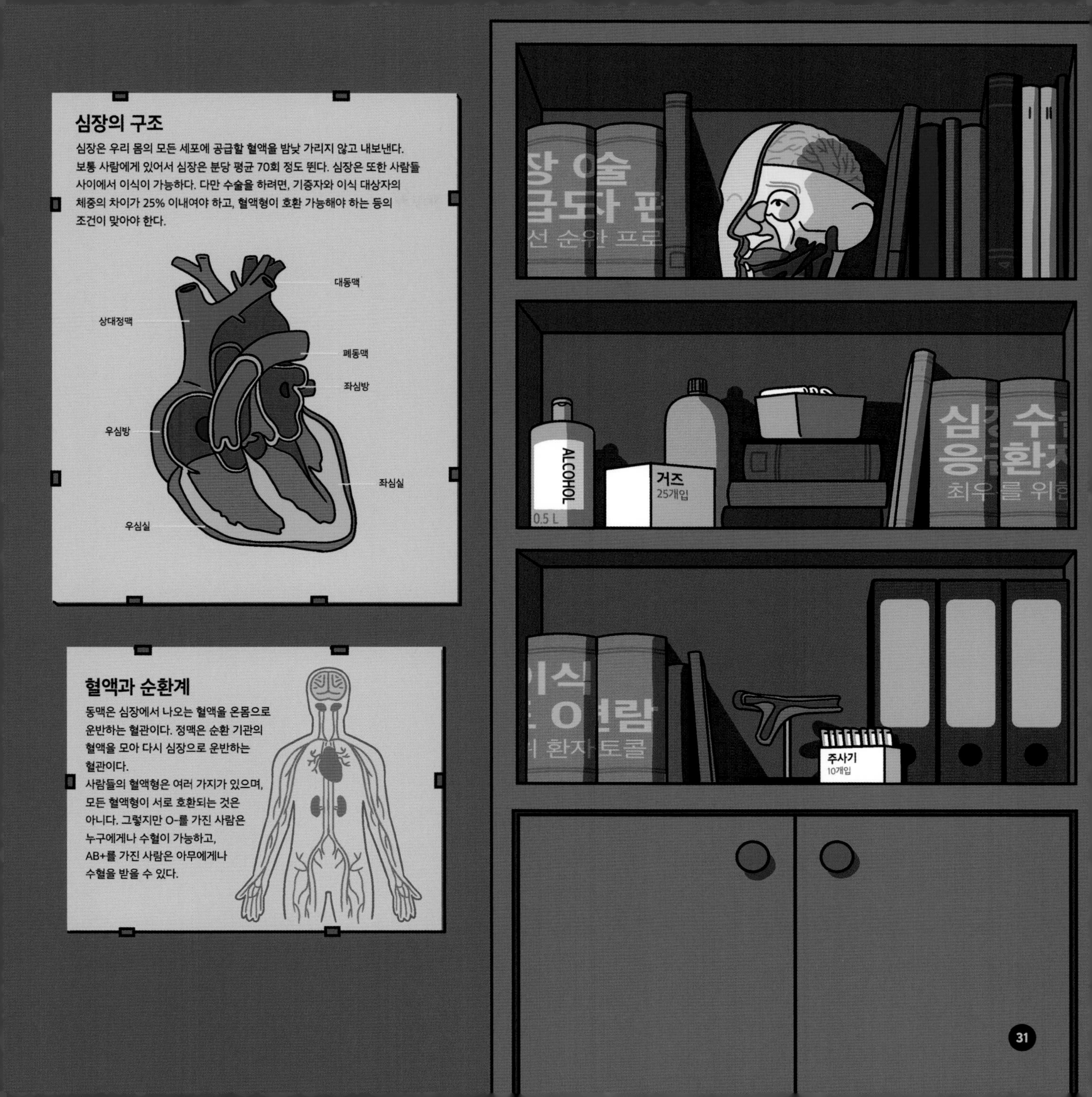
심장의 구조
심장은 우리 몸의 모든 세포에 공급할 혈액을 밤낮 가리지 않고 내보낸다. 보통 사람에게 있어서 심장은 분당 평균 70회 정도 뛴다. 심장은 또한 사람들 사이에서 이식이 가능하다. 다만 수술을 하려면, 기증자와 이식 대상자의 체중의 차이가 25% 이내여야 하고, 혈액형이 호환 가능해야 하는 등의 조건이 맞아야 한다.
대동맥
상대정맥
폐동맥
좌심방
우심방
좌심실
우심실
혈액과 순환계
동맥은 심장에서 나오는 혈액을 온몸으로 운반하는 혈관이다. 정맥은 순환 기관의 혈액을 모아 다시 심장으로 운반하는 혈관이다.
사람들의 혈액형은 여러 가지가 있으며, 모든 혈액형이 서로 호환되는 것은 아니다. 그렇지만 O-를 가진 사람은 누구에게나 수혈이 가능하고, AB+를 가진 사람은 아무에게나 수혈을 받을 수 있다.
ALCOHOL
0.5 L
거즈
25개입
주사기
10개입

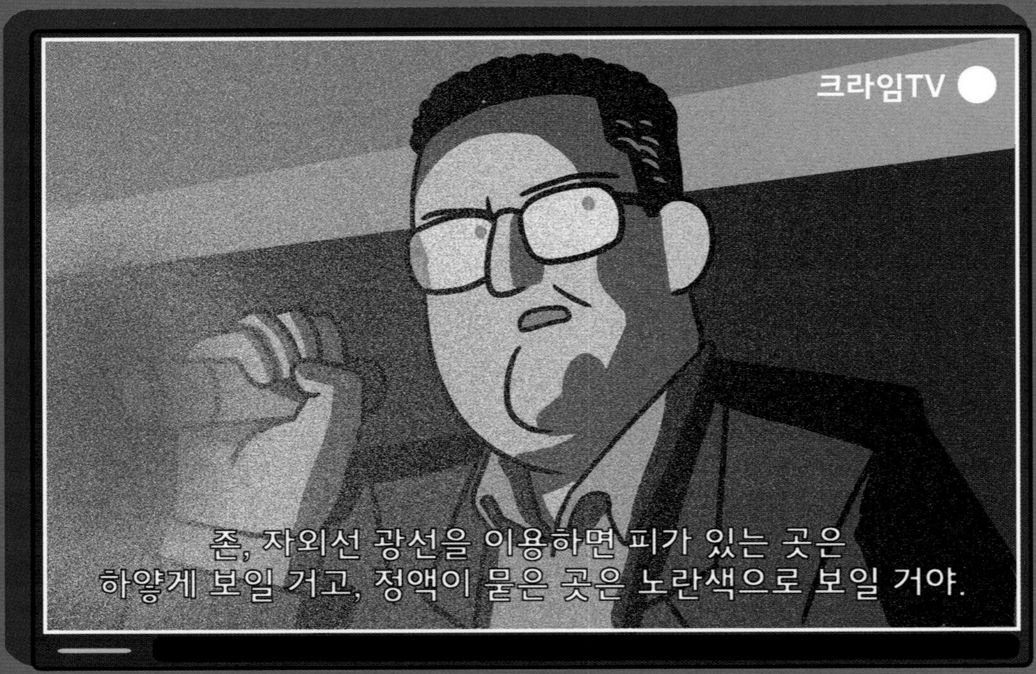
크라임TV
존, 자외선 광선을 이용하면 피가 있는 곳은
하얗게 보일 거고, 정액이 묻은 곳은 노란색으로 보일 거야.

전문의 수료증
심장외과 전문의 과정을 수료하였음을 증명함
펠릭스 이달고 두케 박사

펠릭스
박사 팀
의사 펠릭스 이달고 박사
간호사 히네스 리오스
간호사 로만 피트
간호사 파트리샤 토바

음성 메시지
누군가가 피해자에게 몇 통의 음성 메시지를 보낸 것으로 보입니다. 당신은 녹음된 메시지를 주의 깊게 듣습니다.

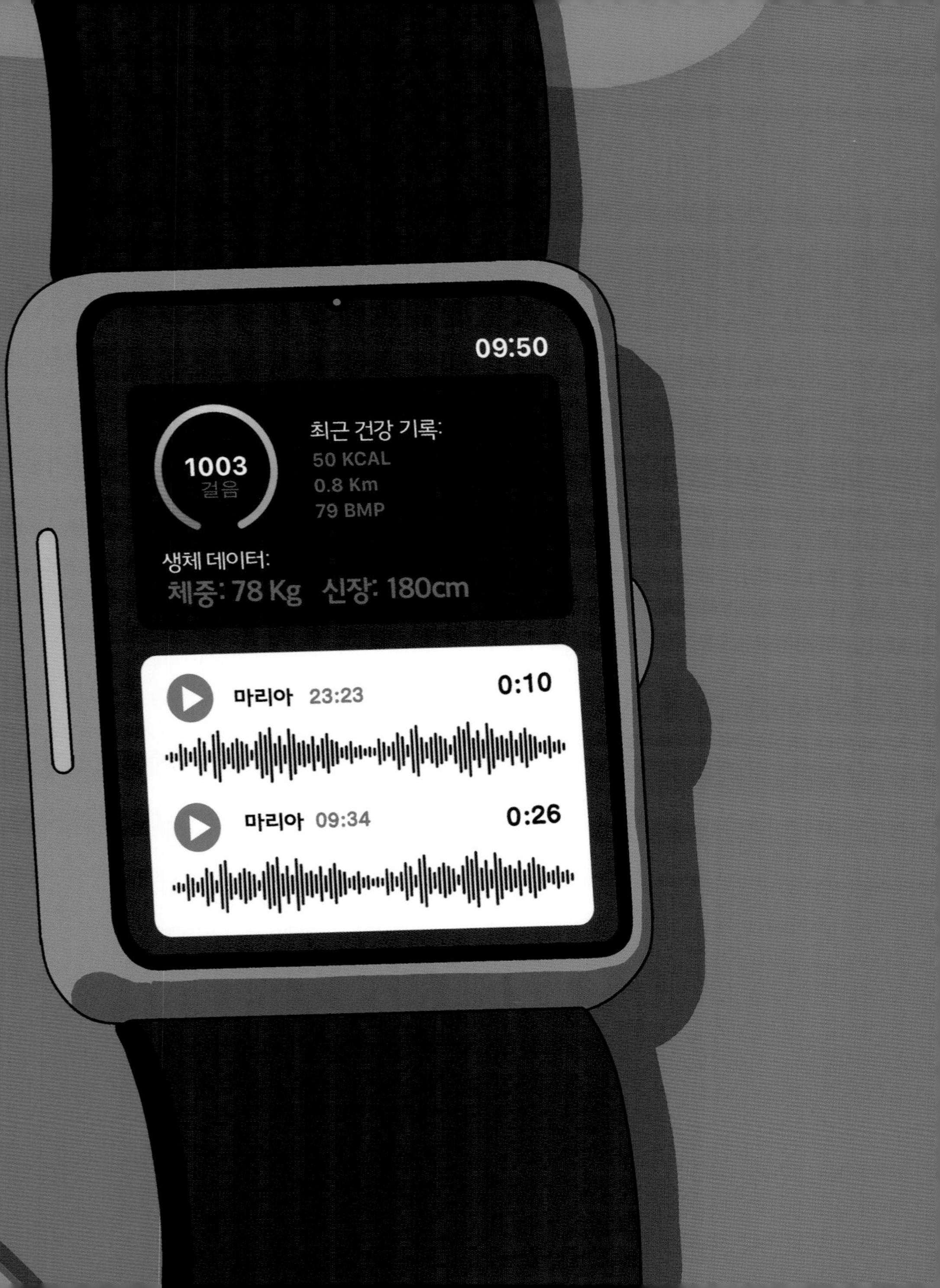

마리아 23:23

이제 더는 할 말 없어, 펠릭스! 당신, 밖에서 어떻게 행동하기에 아랫사람한테 추근덕거린다고 욕이나 먹고 다녀? 낯부끄러워서 앞으로 어떻게 얼굴을 들고 다니겠냐고! 이젠 나도 더 이상 못 참겠어. 다 끝났어. 이혼하고 싶다고!

마리아 09:34

펠릭스, 괜찮은 거야? 지금 사람들이 그러는데, 당신 병원에서 어떤 의사가 자살했다더라고. 당신 팀의 누군가가 시신과 함께 편지 봉투를 하나 발견했는데, 그 안에 자살을 암시하는 유서가 들어 있더라는 거야. 제발, 여보, 제발. 당신이 아니라고 알려줘. 부탁이야. 이 메시지 받으면, 괜찮다고 곧장 연락해줘. 제발….

병원 인트라넷
의사 접속

펠릭스 이달고

- 환자
- 메시지
- 진료시간
- 검색
- 설정

병동 환자

이름:
에스테반 로메로
나이: 19세
신장: 183 cm
체중: 74 kg
혈액형: B+
상태: 응급도 1

이름:
글로리아 시푸엔테스
나이: 61세
신장: 160 cm
체중: 70 kg
혈액형: A-
상태: 응급도 0

이름:
마리아 수아레스
나이: 19세
신장: 168 cm
체중: 65 kg
혈액형: AB+
상태: 응급도 1

최신 의학 뉴스

- 신설 병원 개원 소식…
- 바이러스 백신 개발 진전…
- 의사와의 인터뷰…

사건의 실마리

이 사건을 해결하기 위해 굳이 여기 나온 단서를 읽을 필요는 없습니다. 하지만 당신의 추리가 미궁에 빠져 있다면, 아래의 단서가 도움이 될 것입니다. 그렇지만 한꺼번에 다 읽으려고 하지는 마세요. 어쩌면 하나의 단서만으로도 수수께끼를 풀 수 있는 열쇠를 찾을지 모르니까요. 그럼 행운을 빌어요!

단서 1

펠릭스 박사 팀의 누군가가 편지 봉투 안의 유서를 발견했다고 합니다. 그런데 편지 봉투의 크기와 반으로 접힌 편지지의 크기를 비교해보세요. 무언가 이상하지 않나요?

단서 2

스마트워치를 확인하면 박사의 체중을 알 수 있습니다. 그리고 캘린더에 적어놓은 메모 덕분에 그의 혈액형도 알 수 있죠. 진료실 벽에 붙어 있는 해부도에 따르면, 체중과 혈액형과 관련된 조건이 정확히 맞아야 심장 이식 수술을 할 수 있다고 하네요. 그렇다면 박사와 이러한 조건이 맞는 사람은 누구일까요?

단서 3

이 사건과 관련이 있는 사람들의 사진을 모두 검토하고, 그들 사이의 관계를 알아내도록 하세요. 그들의 얼굴 외에도 주변의 모든 배경을 고려해야 할 겁니다.

사건 해결

의사는 정말 자살한 걸까요?
사건 현장의 단서를 찾아서 숨겨진 진실을 재구성해봅시다.

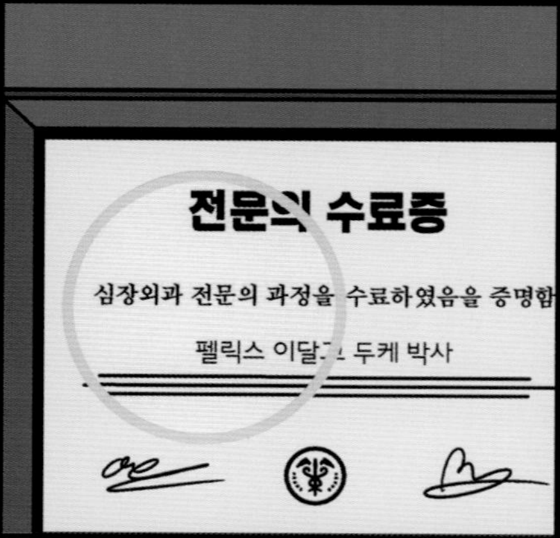

전문의 수료증
심장외과 전문의 과정을 수료하였음을 증명함
펠릭스 이달고 두케 박사

1 벽에 붙어 있는 수료증으로, 여기가 심장외과 전문의의 진료실이라는 것을 알 수 있습니다.

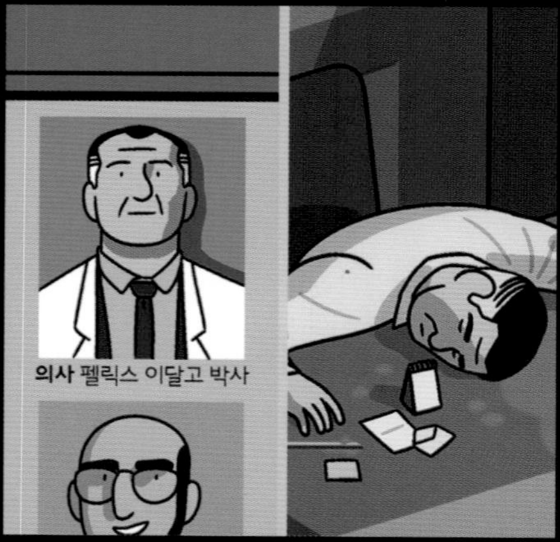

2 진료 팀의 사진이 나온 액자를 보면, 피해자가 다름 아닌 펠릭스 이달고 박사라는 사실을 확인할 수 있습니다.

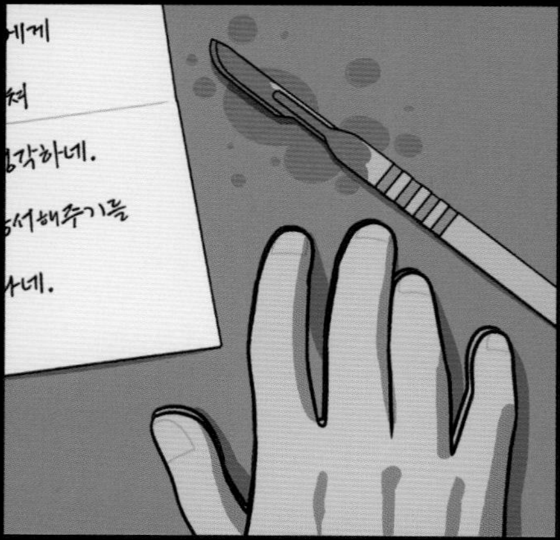

3 겉으로 볼 때는 의사가 스스로 메스를 이용하여 자살한 것으로 보이는군요.

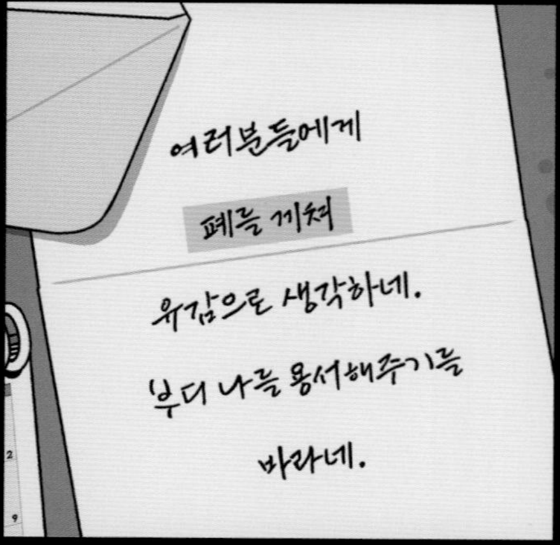

4 또한 그는 자살을 암시하는 편지를 남겼습니다. 그 내용으로 보아, 그는 주변 사람들에게 폐를 끼친 것에 대해 후회하고 있는 것으로 보이네요.

5 하지만 유서를 자세히 관찰하면 이상한 점이 있습니다. 편지 봉투에 비해 편지지가 너무 크다는 것이죠. 편지지가 저렇게 작은 봉투 안에 들어갈 리가 없습니다.

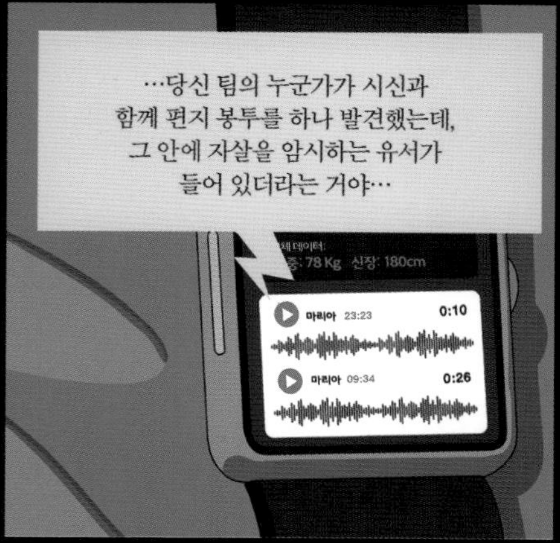

…당신 팀의 누군가가 시신과 함께 편지 봉투를 하나 발견했는데, 그 안에 자살을 암시하는 유서가 들어 있더라는 거야…
마리아 23:23 0:10
마리아 09:34 0:26

6 따라서 봉투를 발견한 뒤 열어보았다고 말한 사람이 틀림없이 살인범입니다. 그는 이미 쓰여진 편지지를 책상에 올려놓았던 것이죠.

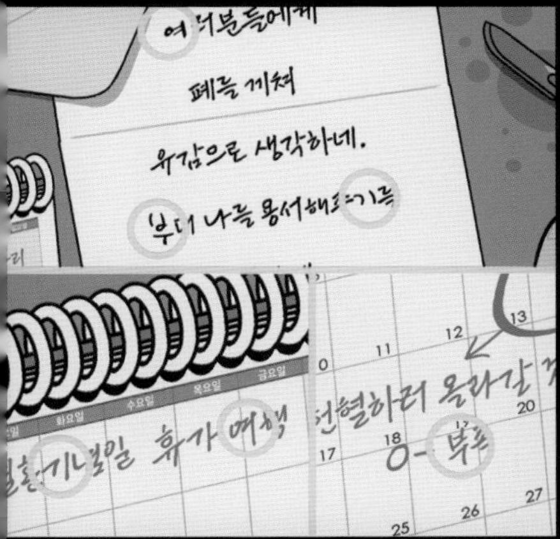

7 의사가 캘린더에 손글씨로 적어놓은 메모와 비교하면 유서의 서체가 다르다는 것을 확인할 수 있습니다

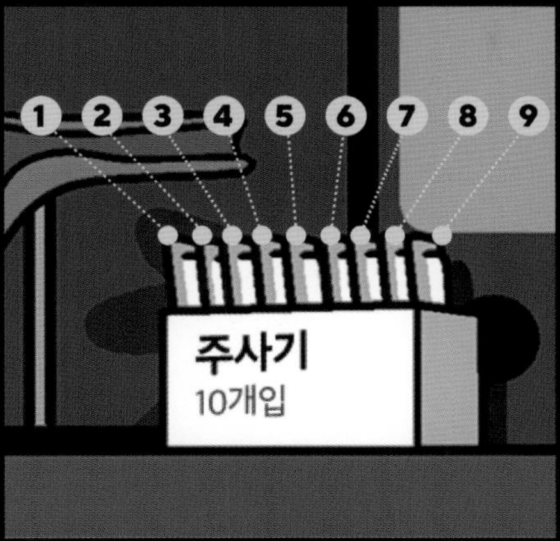

8 또한 진료실 선반에는 10개들이 주사기 상자가 있는데, 세어 보면 9개밖에 없네요. 한 개가 모자랍니다.

9 박사의 어깨에 작은 핏자국이 하나 보입니다. 누군가가 상자에서 주사기를 꺼내 그에게 진정제를 주사한 다음, 자살로 위장해 살해한 것입니다. 그런데 누가, 왜 그랬을까요?

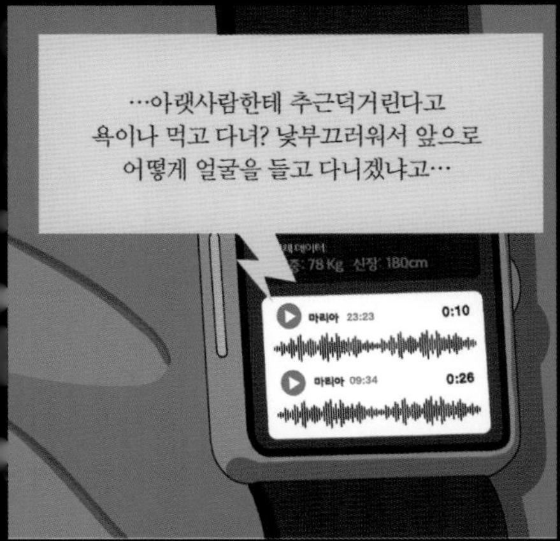

10 녹음된 메시지를 들으면 의사가 간호사를 성추행한 사실을 알 수 있습니다. 이는 간호사가 의사를 살해할 만한 동기가 될 수 있어요.

11 드라마에서 자외선 광선을 비추면 정액 얼룩은 노란색으로 보인다고 합니다. 벽에 걸린 간호사의 가운에 의사의 정액이 묻은 것이 보이네요. 그가 간호사를 성추행한 것은 확실합니다.

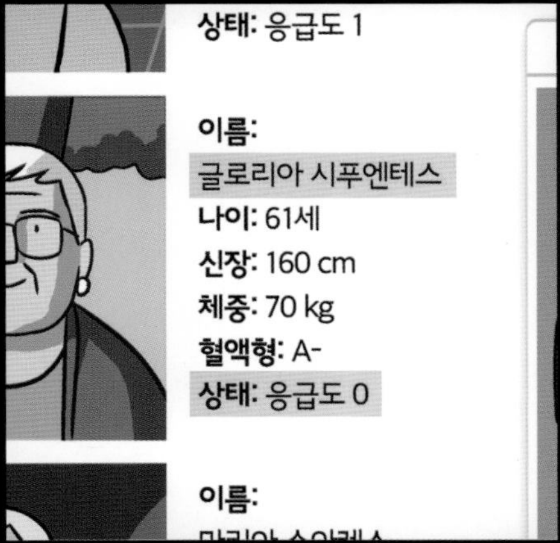

12 병원 인트라넷을 살펴보면, 현재 병원에 입원 중인 환자 명단을 확인할 수 있습니다. 명단에 응급도가 0인 글로리아라는 환자가 있네요.

13 책장에 꽂힌 책을 순서대로 배열하면 그 용어가 무엇을 의미하는지 이해할 수 있을 거예요. '응급도 0'은 심장 이식 수술 시 최우선 순위 환자를 뜻하는 말입니다.

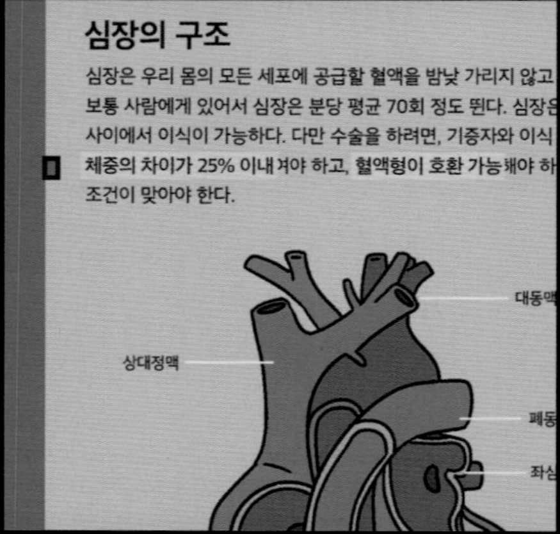

심장의 구조
심장은 우리 몸의 모든 세포에 공급할 혈액을 밤낮 가리지 않고
보통 사람에게 있어서 심장은 분당 평균 70회 정도 뛴다. 심장은
사이에서 이식이 가능하다. 다만 수술을 하려면, 기증자와 이식
체중의 차이가 25% 이내여야 하고, 혈액형이 호환 가능해야 하
조건이 맞아야 한다.
대동맥
상대정맥

14 혹시 의사의 심장을 얻기 위해서 그를 죽인 걸까요? 다른 사람에게 심장을 이식하기 위해서는 호환 가능한 혈액형이어야 할 뿐만 아니라, 체중의 차이가 25% 이내여야 한다고 합니다.

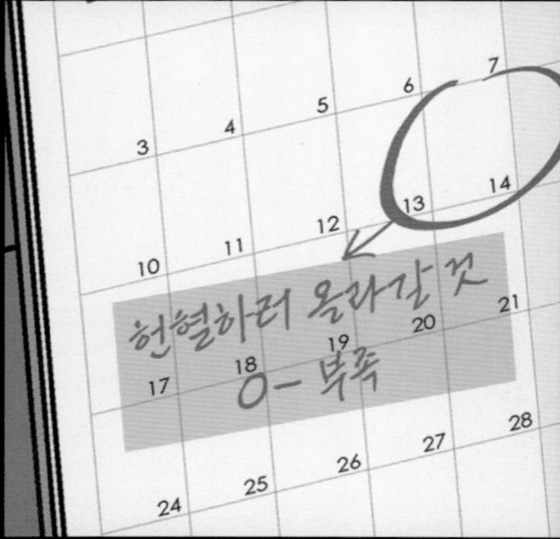

15 캘린더에 적어 놓은 메모에 따르면, 의사의 혈액형은 O-입니다. 현재 병원 내에서 이 혈액형의 피가 부족해서 그는 헌혈을 할 예정이었습니다.

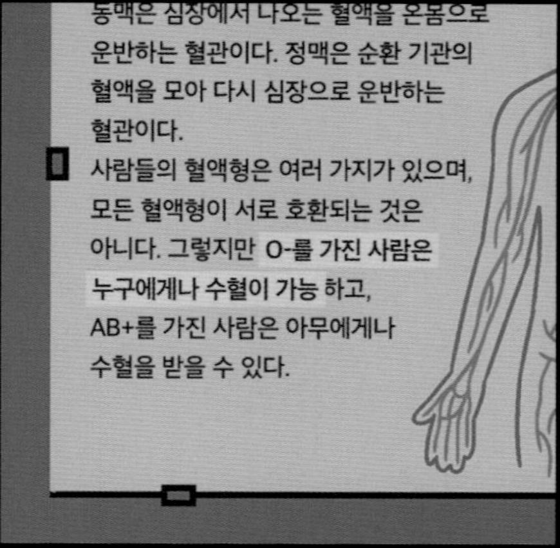

운반하는 혈관이다. 정맥은 순환 기관의
혈액을 모아 다시 심장으로 운반하는
혈관이다.
사람들의 혈액형은 여러 가지가 있으며,
모든 혈액형이 서로 호환되는 것은
아니다. 그렇지만 O-를 가진 사람은
누구에게나 수혈이 가능 하고,
AB+를 가진 사람은 아무에게나
수혈을 받을 수 있다.

16 심장 해부도에 나온 설명을 보면, 의사의 혈액형은 모든 혈액형과 호환 가능하다는 사실을 알 수 있습니다.

17 또한 의사의 체중은 78킬로그램이고 글로리아의 체중은 70킬로그램입니다. 차이가 25% 이내이기 때문에, 두 사람 사이에는 심장 이식 수술이 가능합니다.

18 그렇다면 범인은 글로리아가 심장 이식 수술을 받을 수 있도록 의사를 죽인 것이 분명합니다. 팀의 간호사 중 누가 글로리아와 연관된 걸까요?

19 자외선 광선을 비추었을 때, 책장의 거즈와 알코올, 신발에 피가 묻어 있네요. 이는 살인범이 책장에 있던 거즈에 알코올을 묻혀 원래 묻어 있었던 핏자국을 지워냈다는 것을 추리할 수 있어요.

오른쪽에 단추가 달린 가운은 남성용이다

20 단추의 위치를 보면, 그 간호사 가운이 남성용이라는 것을 알 수 있습니다. 남성용 가운은 단추가 오른쪽에 달려 있는 반면, 여성용 가운은 왼쪽에 달려 있으니까요.

21 이는 병원 인트라넷의 배너 광고에서 쉽게 확인할 수 있어요. 광고 이미지를 보면, 남성용과 여성용에 따라 유니폼 단추의 위치가 달라진다는 것을 알 수 있습니다.

22 따라서 범인은 남자 간호사라는 것을 알 수 있습니다. 그렇다면 둘 중 누가 범인일까요?

23 사진 배경을 자세히 관찰하면 히네스와 글로리아의 사진 배경이 일치합니다. 나이로 보았을 때 글로리아는 그의 어머니 같습니다. 그는 어머니를 위해 살인을 저지른 것입니다.

죽어야만 하는 의사

사건의 진실

심장외과 전문의인 펠릭스 이달고 박사는 아랫사람들로부터 그다지 크게 환영받지 못했다. 그의 팀원은 그의 강압적이고 다혈질적인 성향을 익히 알고 있었고, 간호사들 중 한 명은 박사의 성추행을 몸소 겪기도 했다.

그의 진료 팀 소속 간호사인 히네스는 심장병을 앓던 어머니 글로리아가 최근 심혈관계의 문제로 위험한 고비를 맞았다는 끔찍한 소식을 듣게 되었다. 글로리아는 즉시 병원에 입원했지만, 상태가 너무 심각해 응급도 0의 환자로 분류되었다. 응급도 0은 이식 가능한 심장이 있을 경우, 다른 환자들보다 먼저 수술을 받을 수 있는 최우선 순위의 환자를 가리킨다. 안타깝게도, 그 무렵 글로리아에게 맞는 심장은 하나도 없었다.

어머니를 잃을지도 모른다는 생각에 괴로워하던 히네스는 어머니의 생명을 구할 수 있는 방법에 골몰했다. 결국 그는 끔찍한 아이디어를 떠올린다. 어머니에게 이식 가능한 심장을 가진 사람을 죽게 만든다면, 어머니가 즉시 심장 이식 수술을 받게 되리라는 것이었다. 그는 어머니를 살리기 위해서는 이 방법밖에 없다고 생각했다. 그리고 생각보다 가까운 곳에서 어머니와 이식 조건이 완벽하게 들어맞는 이상적인 기증자를 발견한다. 바로 그가 평소 그토록 싫어하던 펠릭스 박사였다. 펠릭스 박사의 신체 정보를 조사한 그는 이 완벽한 기증자를 살인할 계획을 세운다.

얼마 전, 진료 팀 소속의 간호사 파트리샤가 자신을 성적으로 학대했다고 펠릭스 박사를 고발했다는 소식을 모르는 사람은 없었다. 파트리샤는 단호하게 병원 측에, 심지어는 펠릭스의 아내인 마리아에게도 펠릭스 박사의 파렴치한 짓을 알렸다. 히네스는 이 사건을 이용해 살인 사건을 자살로 위장할 수 있을 거라고 판단했다. 먼저 그는 박사의 필체를 흉내 내서 유서를 준비했다. 자신의 잘못된 행동으로 모두에게 피해를 준 것에 대해 용서를 구하는 반면, 정신적인 고통을 이기지 못해 스스로 목숨을 끊는다는 내용의 편지였다. 이제 경찰이 범인을 찾지 않도록 자살로 철저하게 위장하는 일만 남았다.

사건 당일 오전, 펠릭스가 진료실에 도착하자마자 히네스는 책장에서 무엇을 찾는다는 핑계를 대고 들어왔다. 그는 거기 있던 주사기 하나에 재빠르게 강한 진정제를 채우고, 곧장 박사의 어깨에 주사를 놓았다. 펠릭스가 정신을 잃자, 히네스는 별다른 어려움 없이 박사의 정맥을 그었다. 그렇게 하면 동맥보다 천천히 피가 빠져 나가기 때문에, 심장을 이식하기에 완벽할 정도로 온전한 상태를 유지하게 될 터였다. 책상 위로 서서히 퍼져나가기 시작한 박사의 피는 모서리를 타고 흘러내리면서 바닥으로 방울방울 떨어졌다. 그 바람에 현장을 자살로 꾸미고 있던 간호사의 슬리퍼 한쪽에 피 얼룩이 지고 말았다. 그 사실을 알아차린 히네스는 책장 선반에 있던 거즈에 알코올을 묻혀 재빨리 슬리퍼를 닦아냈지만, 그 과정에서 손도 피범벅이 되었다. 그래서 그는 다시 알코올을 묻힌 거즈로 자기가 손 댄 모든 곳을 닦아내야 했다.

핏자국을 모두 없앤 히네스는 우연히 그 안에 들어갔다가 박사의 시신을 발견한 것처럼 놀란 시늉을 하면서 진료실을 빠져 나왔다. 하지만 여러 의심스러운 정황을 끝까지 물고 늘어진 탐정 덕분에 곧 히네스는 붙잡히게 된다. 그렇지만 히네스의 계획만큼은 한 치의 오류도 없이 완벽했다. 글로리아는 펠릭스 박사의 심장을 이식받아 목숨을 구할 수 있었으니까 말이다.

CASE **03**

1104호실에서 울려 퍼진 총성

한 호텔의 지배인이 당신을 급하게 찾습니다. 누군가가 방에서 권총으로 자살했다는 것입니다.
모든 정황으로 볼 때, 이번 사건은 자살인 듯합니다.
하지만 보이는 게 늘 전부가 아니라는 것을 당신은 이미 알고 있습니다….
과연 이 사건은 자살일까요, 타살일까요?

이 사건의 범인은?

그 증거는?

살해 동기는?

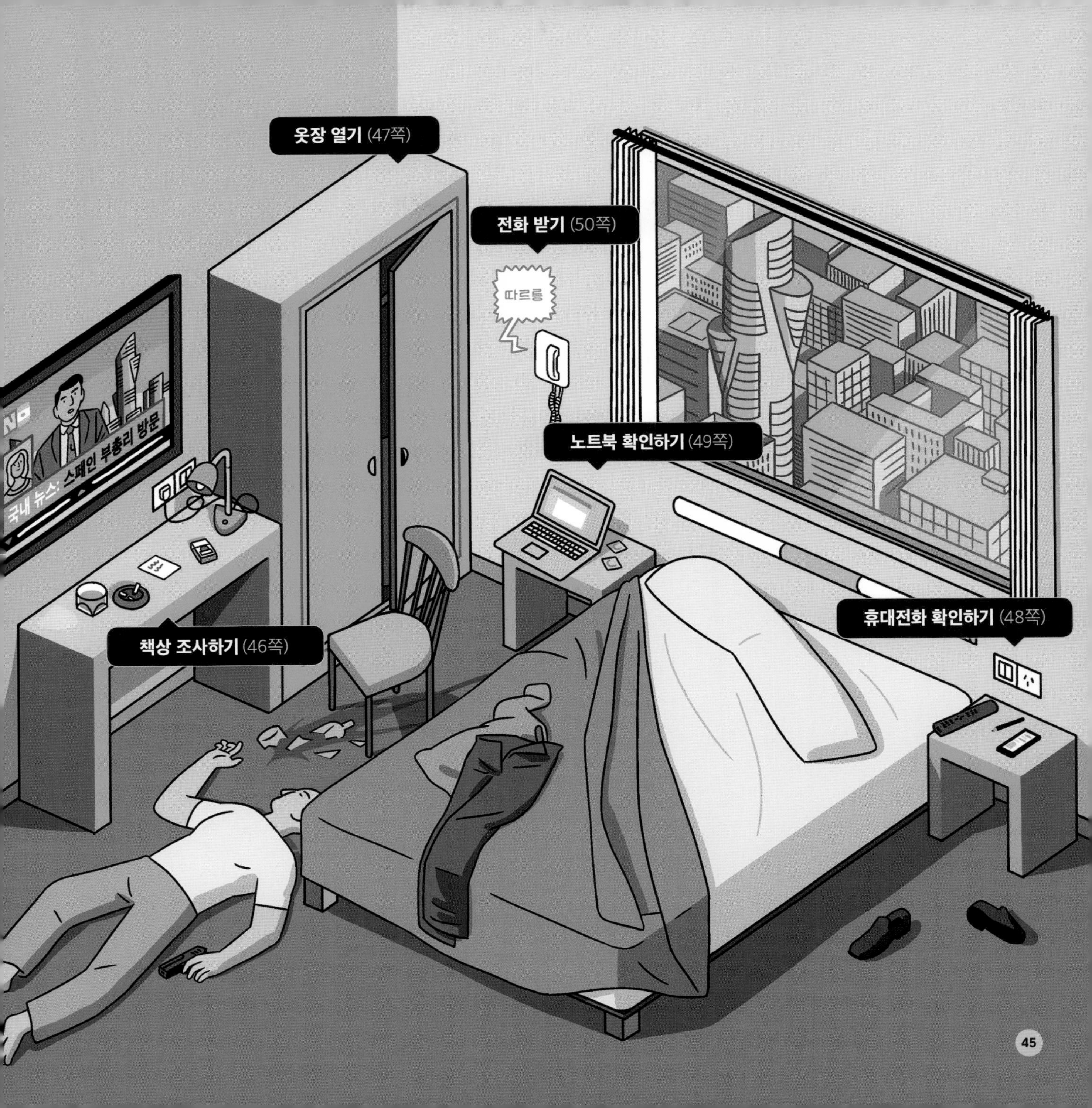
옷장 열기 (47쪽)
전화 받기 (50쪽)
따르릉
노트북 확인하기 (49쪽)
국내 뉴스: 스페인 부총리 방문
책상 조사하기 (46쪽)
휴대전화 확인하기 (48쪽)

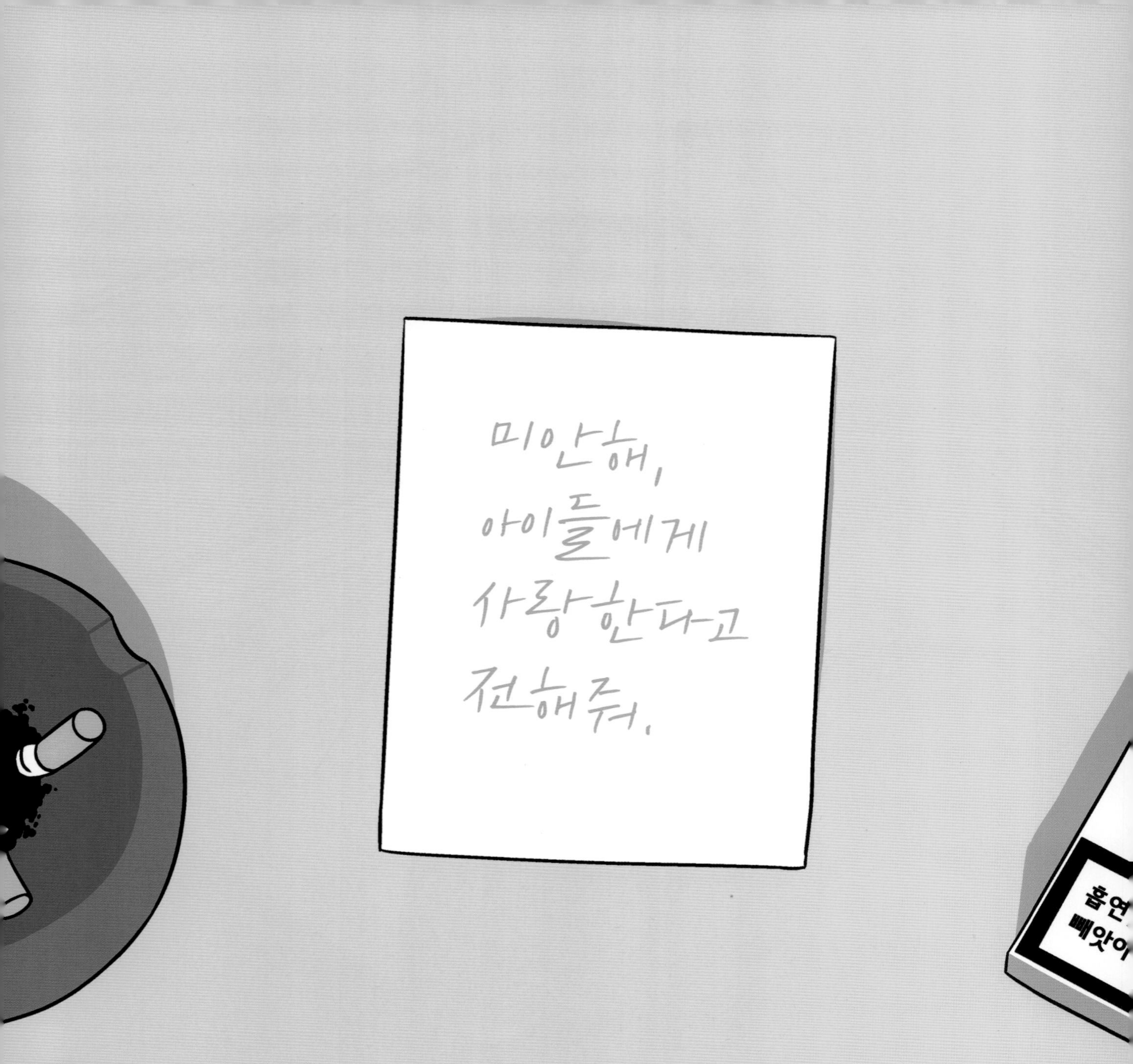
미안해,
아이들에게
사랑한다고
전해줘.

부총리 경호
J. 로드리게스
후안 두케 대로
105번지 마드리드

19:55
라우라
17:53
아이들에게 사랑한다고 전해줘
17:53
OK! 그런데 부총리하고 언제까지 있어야 하는 거야?
17:54
일요일 밤까지
17:54
당신이 보고 싶어! 사랑의 키스를 보내
17:54
17:54

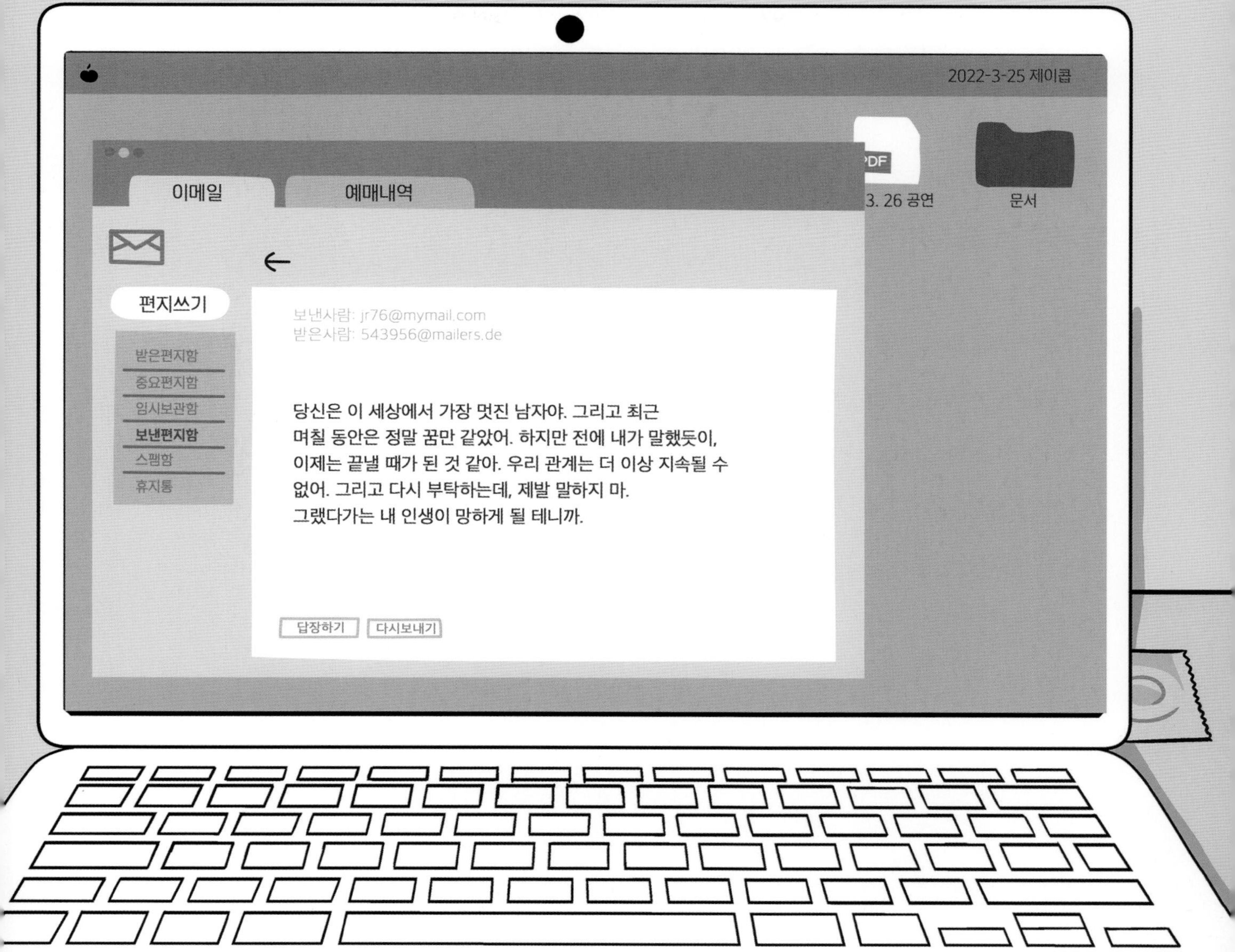
2022-3-25 제이콥
이메일
예매내역
PDF
3. 26 공연
문서
편지쓰기
받은편지함
중요편지함
임시보관함
보낸편지함
스팸함
휴지통
보낸사람: jr76@mymail.com
받은사람: 543956@mailers.de
당신은 이 세상에서 가장 멋진 남자야. 그리고 최근
며칠 동안은 정말 꿈만 같았어. 하지만 전에 내가 말했듯이,
이제는 끝낼 때가 된 것 같아. 우리 관계는 더 이상 지속될 수
없어. 그리고 다시 부탁하는데, 제발 말하지 마.
그랬다가는 내 인생이 망하게 될 테니까.
답장하기
다시보내기

전화기

객실의 전화벨이 울리고 있습니다. 당신은 전화를 받습니다.

안녕하세요, 탐정님? 안내 데스크에서 연락드립니다. 지금 로드리게스 씨의 사망 사건을 수사하고 계신 걸로 알고 있습니다.

저희 호텔에서 객실 청소를 담당하는 여직원 한 명이 우리에게 전한 바에 따르면, 19시 15분경 총소리가 들리기 몇 분 전에 그 방에서 어느 여성의 목소리를 들은 것 같다고 합니다. 안타깝게도 그 여성이 무슨 말을 했는지는 듣지 못했지만, 그 방에는 분명히 누군가가 있었다고 하네요.

아무쪼록 지금 전해드린 정보가 수사에 조금이라도 도움이 되기를 바랍니다. 감사합니다.

사건의 실마리

이 사건을 해결하기 위해 굳이 여기 나온 단서를 읽을 필요는 없습니다. 하지만 당신의 추리가 미궁에 빠져 있다면, 아래의 단서가 도움이 될 것입니다. 그렇지만 한꺼번에 다 읽으려고 하지는 마세요. 어쩌면 하나의 단서만으로도 수수께끼를 풀 수 있는 열쇠를 찾을지 모르니까요. 그럼 행운을 빌어요!

단서 1

그건 보낸 메일인가요, 아니면 받은 메일인가요?
누가 이메일을 보냈는지 살펴보세요.

단서 2

창밖의 건물들에 주목하세요. 어디선가 보지 않았나요?
살인 사건이 어느 나라에서 일어났는지를 확인하는 것이 중요합니다.

단서 3

제이콥은 마드리드에서 왔습니다.
마드리드는 어느 나라의 도시일까요?

단서 4

아르헨티나에 출장 온 제이콥에게 라우라가 몇 시에 메시지를 보냈나요?
그 대화에서 거짓말을 찾아 보세요.

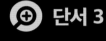

이제 사건의 내막을 재구성하고 미스터리를 해결하기 위해 세세한 부분을 하나하나씩 보겠습니다.

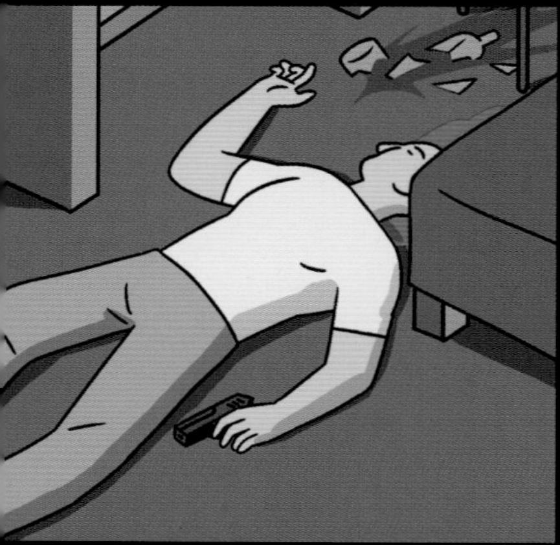

1 피해자가 자신의 권총에서 발사된 총탄을 머리에 맞고 사망했다는 것은 명백합니다.

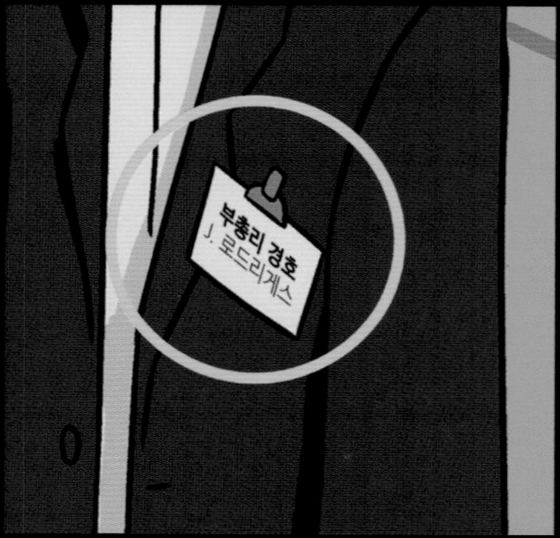

2 그는 스페인 부총리의 경호원이었기 때문에 권총을 소지하고 있었죠.

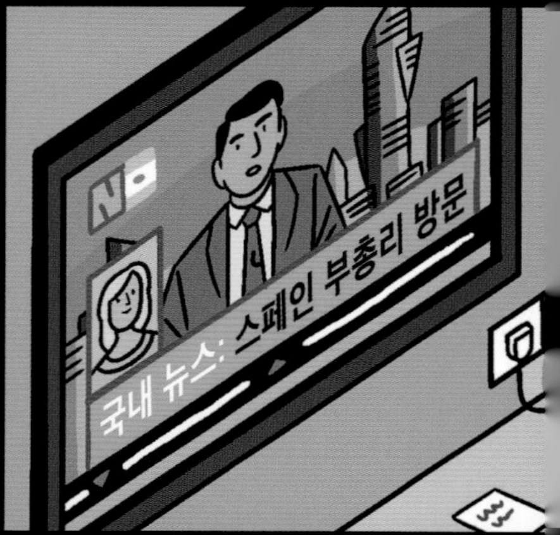

3 또한 그는 출장 중이었기 때문에 총기를 소지하고 있었던 것으로 추정됩니다.

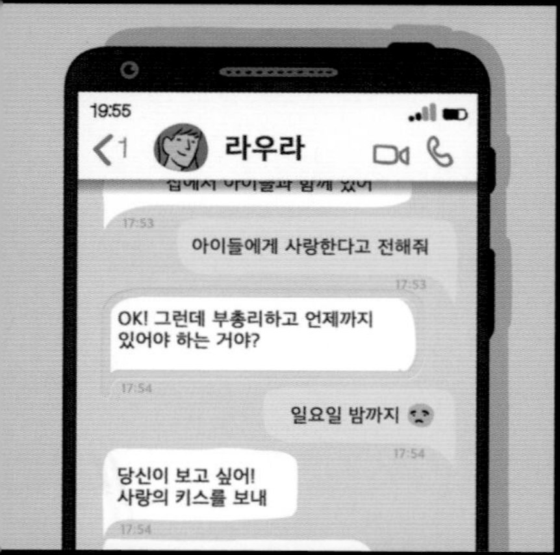

4 피해자의 아내 라우라는 남편이 업무상 출장 중이었다고 말합니다.

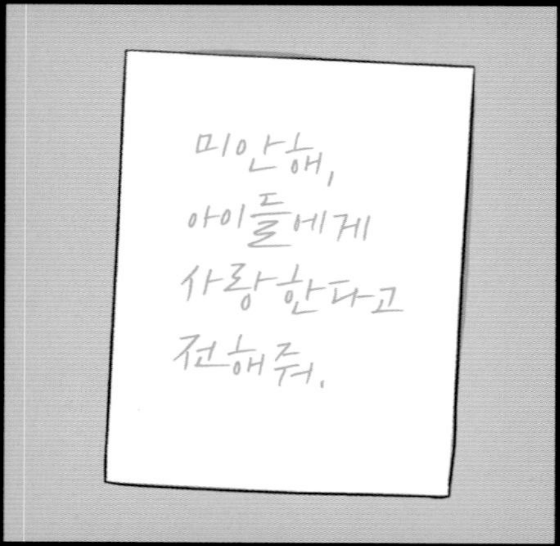

5 책상 위에 놓여 있는 쪽지는 피해자가 쓴 것으로 추정되는데, 마치 자살을 암시하는 것처럼 보

6 테이블 위에 흩어져 있던 물건을 살펴본 결과, 그는 왼손잡이로 추정됩니다. 즉, 그는 왼손으로

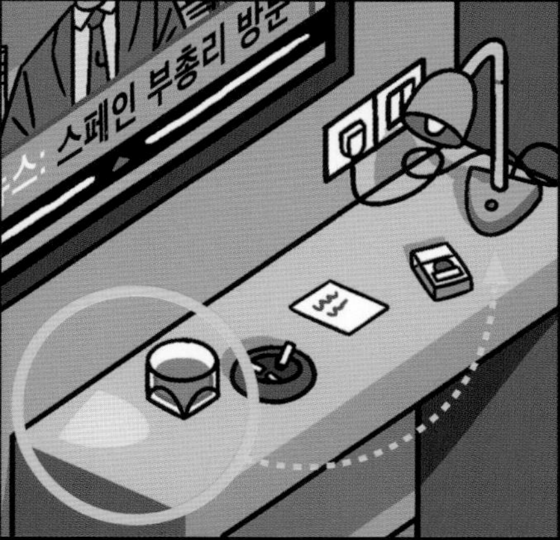

7 그리고 스탠드의 위치도 바뀌어 있습니다. 보통 글을 쓸 때, 종이에 그림자가 아른거리지 않게 글 쓰는 방향과 반대쪽에 전등을 놓아야 하니까요.

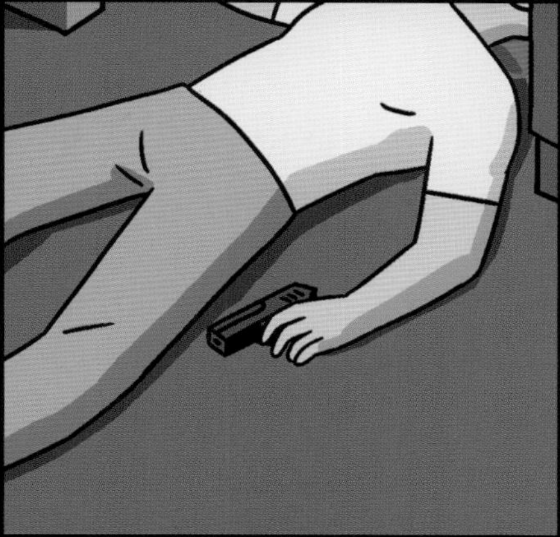

8 피해자는 왼손에 권총을 쥐고 있습니다. 이는 자살의 가능성을 뒷받침하는 유력한 증거가 되는 셈이죠.

9 하지만 쪽지와 여행가방의 필체를 비교해보면, 이상한 점이 보입니다. 자세히 보면 필체가 약간 다르다는 걸 알 수 있죠.

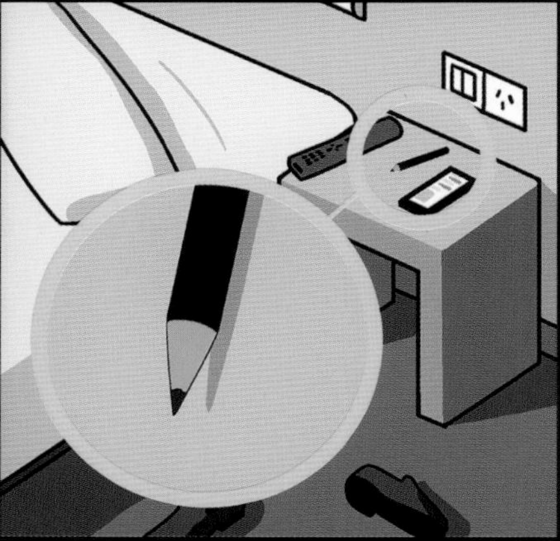

10 더구나 그 쪽지는 파란색으로 쓰여 있는데, 객실 안에는 검은색 펜밖에 없습니다. 다른 사람이 썼을 가능성이 높다는 얘기죠.

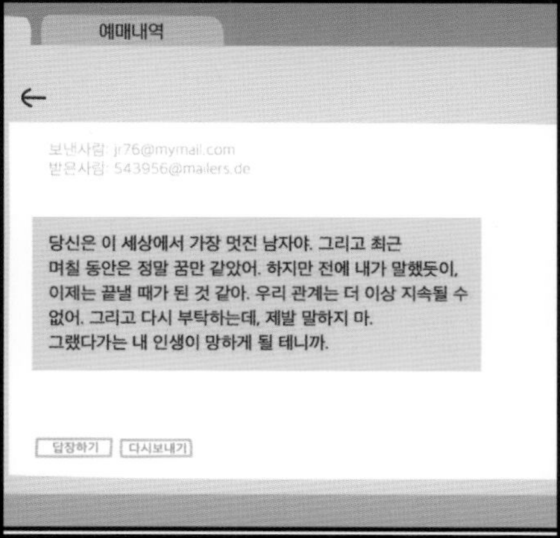

11 우리는 피해자의 노트북 컴퓨터에서 이메일을 발견했습니다. 내용을 보면 연인 관계를 정리하자는 메시지인 것으로 보입니다.

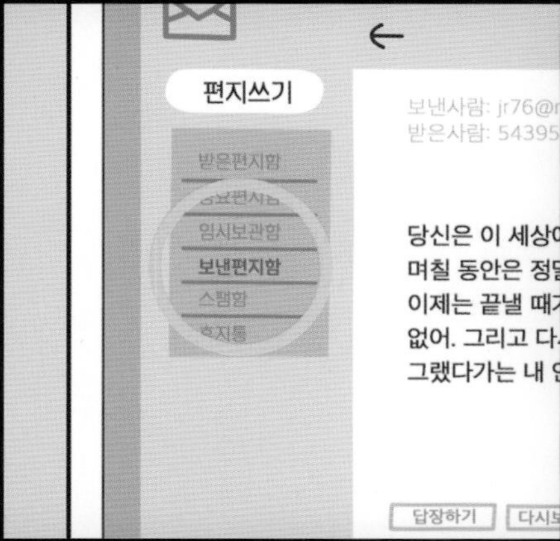

12 하지만 자세히 살펴보면, 문제의 이메일이 '보낸편지함'에 들어 있다는 것을 알 수 있습니다. 다시 말해, 이 메일을 쓴 사람이 피해자라는 것이죠.

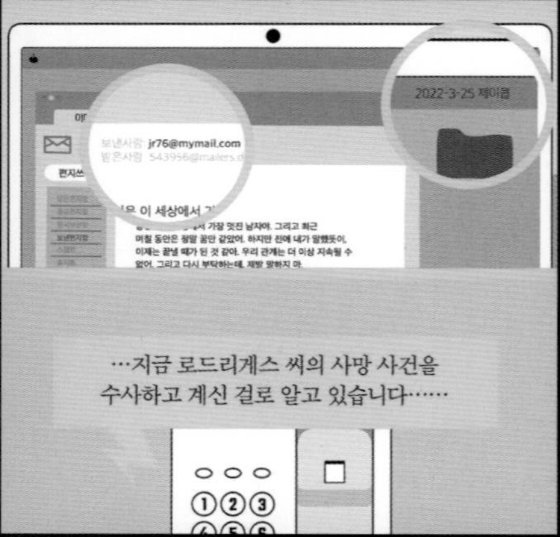

13 보낸 사람의 이메일 주소가 그의 머리글자와 일치하죠. JR=제이콥 로드리게스(Jakob Rodríguez). 이로써 그가 한 남자와 불륜 관계였고, 이를 정리하려고 했다는 사실을 알 수 있습니다.

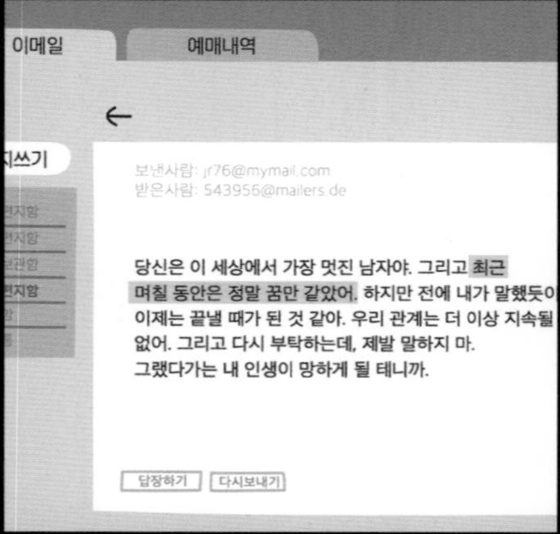

14 그 메일 내용에서 두 연인이 출장 온 며칠 동안 함께 시간을 보냈다고 추정할 수 있습니다.

15 침대 머리맡 탁자 위에 있는 콘돔은 이러한 추정을 뒷받침하는 단서로 볼 수 있죠.

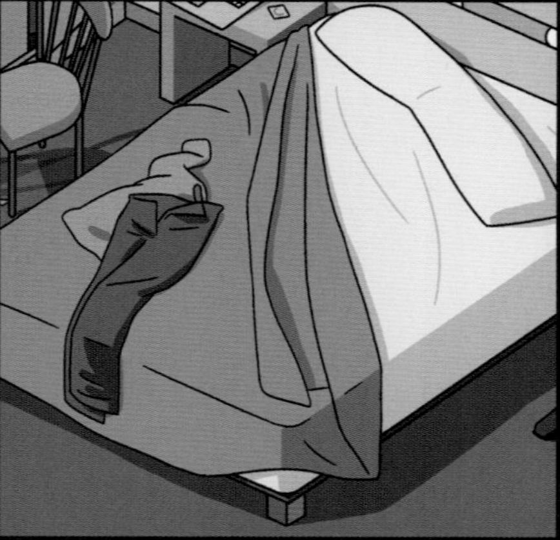

16 하지만 침대는 한쪽만 헝클어져 있습니다. 이를 통해 우리는 그날 밤, 두 사람이 만나지 않았다는 사실을 알 수 있습니다.

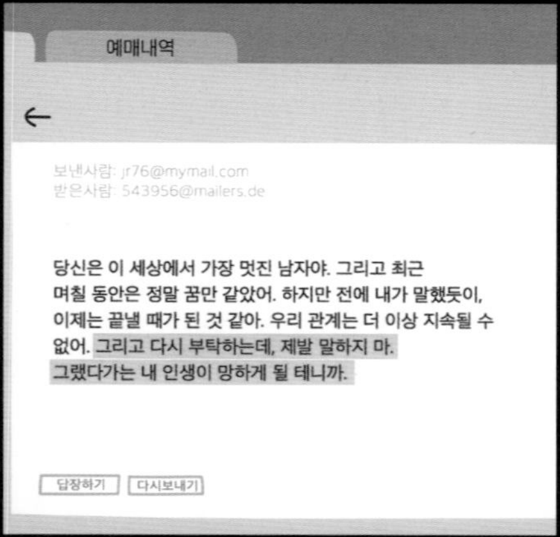

17 숨겨진 연인은 둘의 관계를 폭로하겠다고 피해자를 여러 차례 협박한 것으로 보입니다. 하지만 제이콥은 제발 그러지 말라고 그에게 하소연하고 있죠.

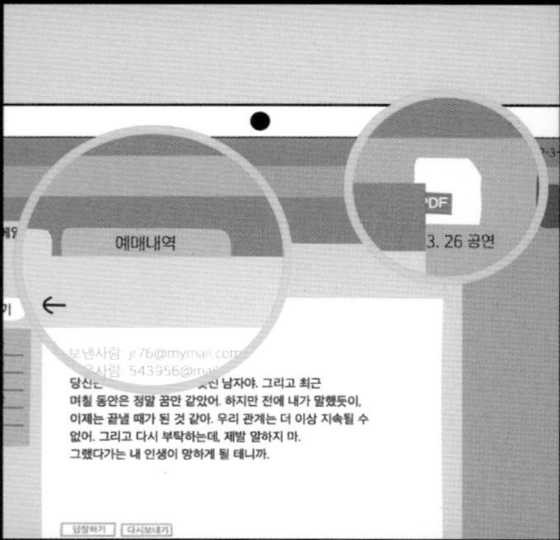

18 컴퓨터에는 그가 자살하지 않았다는 또 다른 증거가 있습니다. 제이콥이 구입한 3월 26일 극장표 파일이 그 증거죠.

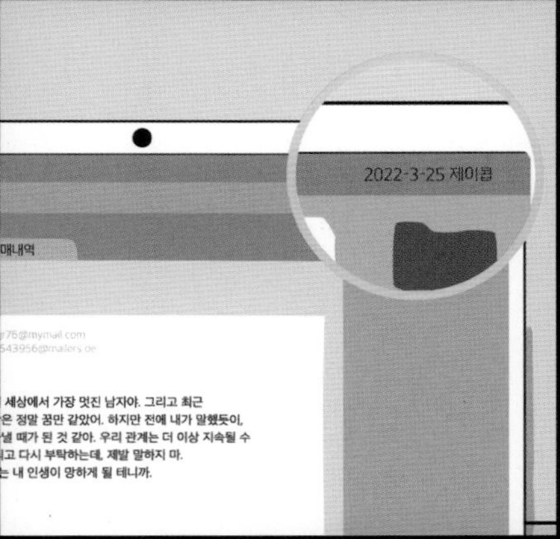

19 오늘은 3월 25일입니다. 스스로 목숨을 끊기로 작정한 사람이 그다음 날 티켓을 예매할 이유가 있을까요?

…안내 데스크에서 연락드립니다……

20 헤어지자는 말에 앙심을 품은 비밀의 연인이 그를 살해한 걸까요? 우리는 사건 당시의 목격자를 찾았습니다.

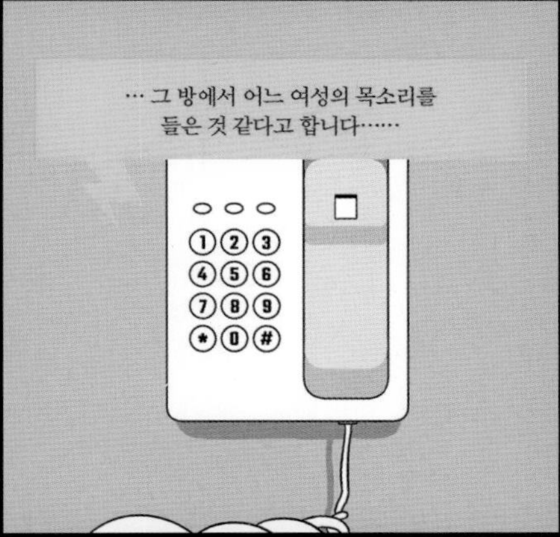

21 호텔에서 객실 청소를 담당하는 여직원 한 명이 여성의 목소리를 들었다고 진술했습니다. 그 말이 사실이라면 범인이 여성이라는 얘기죠.

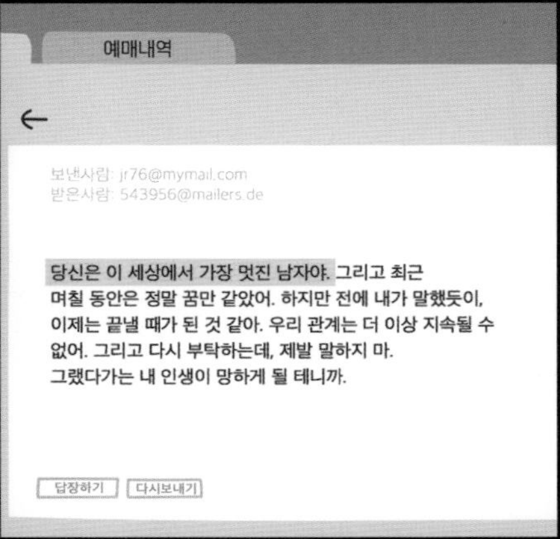

22 제이콥의 숨겨진 연인은 남성이기 때문에 일단 용의자 선상에서 제외했습니다. 그렇다면 함께 출장을 간 여성인 부총리에게 혐의를 두어야 하는 걸까요?

…19시 15분 경 총소리가 들리기 몇 분 전에……

23 살해범인 여성은 19시 45분에 거기에 있었습니다. 하지만 '거기'가 어디인지, 그 호텔이 어느 나라에 있는 것인지 확인할 필요가 있습니다.

24 뉴스에서 스페인 부총리가 어떤 나라를 방문 중이었다는 점을 감안하면 제이콥이 스페인이 아닌 다른 나라에 있다는 것이 분명합니다.

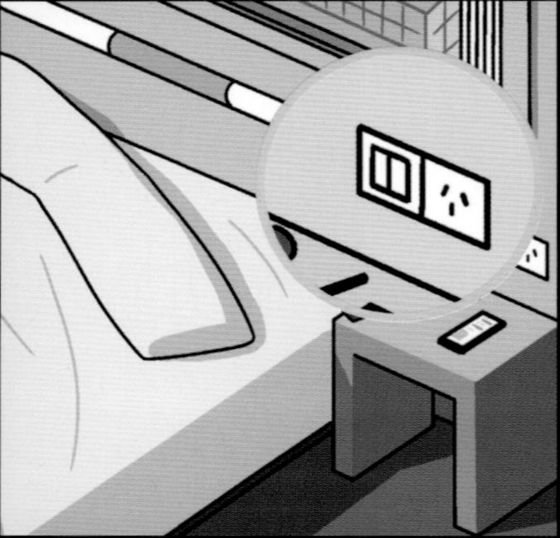

25 콘센트를 보면 그가 외국에 있다는 것을 확실하게 알 수 있습니다. 스페인은 220v를 사용하거든요.

26 창문으로 고층건물이 보입니다. 신기하게도 그 건 텔레비전의 배경 화면에 나오는 것과 같은 건물이네요.

27 텔레비전에서는 국내 뉴스가 방영 중인데 화면 좌측 상단에 아르헨티나 국기가 보이네요. 따라서 이 호텔은 아르헨티나에 있는 것이 분명합니다.

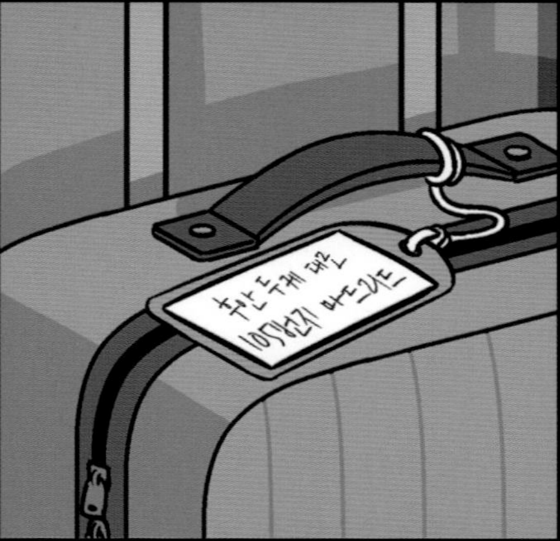

28 또 다른 여성, 피해자의 아내 라우라는 어디에 있을까요? 여행가방을 보면 제이콥과 아내가 스페인 마드리드에 거주하고 있다는 것을 알 수 있죠.

29 일부가 가려져서 잘 안 보이지만, 라우라가 아이들과 함께 집에 있다고 쓴 메시지를 추리할 수 있습니다.

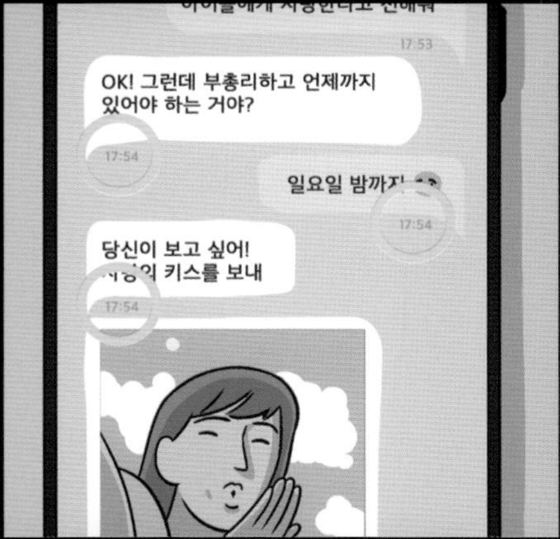

30 부부의 대화가 17시 54분(아르헨티나 기준)에 이루어진 것을 확인할 수 있습니다. 이로써 우리는 그녀가 거짓말을 하고 있다는 것을 알 수 있죠.

31 라우라가 17시 54분에 남편에게 보낸 셀카의 배경에 낮 시간의 하늘이 보입니다.

32 만약 그녀가 정말로 스페인의 집에 있었다면, 4시간의 시차가 나는 스페인은 당연히 21시 54분이어야 합니다. 밤 시간이어야 했던 거죠. 이로써 그녀의 거짓말이 탄로 난 셈입니다.

1104호실에서 울려 퍼진 총성

사건의 진실

스페인 부총리의 경호원인 제이콥은 아르헨티나에 출장 간 틈을 이용해 비밀의 연인을 만났다. 그는 결혼하고 아이도 있었지만, 몰래 만나는 동성 연인도 있었다. 해외 출장은 아내한테 들킬 위험 없이 로맨틱하게 며칠을 보낼 수 있는 절호의 기회였다.

하지만 연인과 함께 며칠을 보낸 제이콥은 그와의 은밀한 관계에 대해 예전부터 느꼈던 양심의 가책으로 점점 괴로워졌다. 결국 그는 아내 라우라와 아이들에게 전념하기 위해 연인과 결별을 선언했다. 앙심을 품은 연인은 그의 아내에게 모든 사실을 폭로하겠다고 협박했다. 하지만 이는 단순한 협박으로 끝나지 않았다. 라우라는 연인으로부터 숨겨진 사실을 전해 듣고 격분한 나머지, 곧장 아르헨티나로 날아가 경호원 공식 총기로 남편을 살해하고 말았다.

사건이 발생하기 전, 제이콥은 외출복을 벗어 침대 위에 올려둔 뒤, 편안한 옷으로 갈아입었다. 마음이 울적했던 그는 그다음 날 극장표를 예매했다. 그리고 불안함을 달래기 위해 연인에게 보낸 이메일을 몇 번이나 읽어 보았다. 그 무렵, 호텔로 몰래 들어온 라우라는 엘리베이터를 타고 남편의 방으로 올라가 문을 두드렸다. 제이콥은 급하게 문을 두드리는 소리에 살짝 문을 열었다가 열린 문틈으로 보이는 아내의 얼굴을 보고 사색이 되었다. 그가 무슨 말을 하기도 전에, 그녀는 길길이 날뛰며 그를 거짓말쟁이, 불륜이나 저지른 나쁜 놈이라고 몰아붙였다. 침대 머리맡 탁자 위에 있던 콘돔을 발견하자, 그녀는 더욱 노발대발하며 그에게 고래고래 고함을 질러 댔다. 급기야 라우라는 솟구쳐 오르는 분노를 억누르지 못하고, 총을 집어 들어 제이콥을 쏘고 말았다. 그가 힘없이 쓰러지면서 책상 위에 있던 위스키병도 함께 바닥으로 떨어졌다.

잠시 후, 정신을 차린 라우라는 이 사건을 남편의 자살로 위장하기로 마음먹었다. 어쨌든 제이콥이 이중생활을 하면서 커다란 심적 고통을 받았던 데다, 권총 또한 그의 것이었기 때문에 아무도 그의 자살을 의심하지 않을 것 같았다. 더군다나 그녀가 아르헨티나에 있었다는 사실을 아무도 모르고 있었다.

그래서 그녀는 사건 현장을 조작하기 시작했다. 그녀는 남편이 왼손잡이라는 것을 알고 있었기 때문에, 권총을 그의 왼손에 쥐여 주었다. 그리고 그의 주머니에 있던 파란색 볼펜으로 유서를 쓰고, 실수로 자신의 주머니에 그대로 챙긴 채 몰래 호텔을 빠져 나왔다.

그녀의 계획은 거의 성공할 뻔했지만, 스페인과 아르헨티나의 시차를 고려하지 않고 셀카를 제이콥에게 보내는 실수를 저질렀었다. 다행히 탐정의 날카로운 추리 덕분에 숨겨진 진실이 밝혀질 수 있었다. 곧바로 연락을 받은 공항 보안경비대가 스페인행 항공편을 타려고 하던 라우라를 체포함으로써 사건은 마무리되었다.

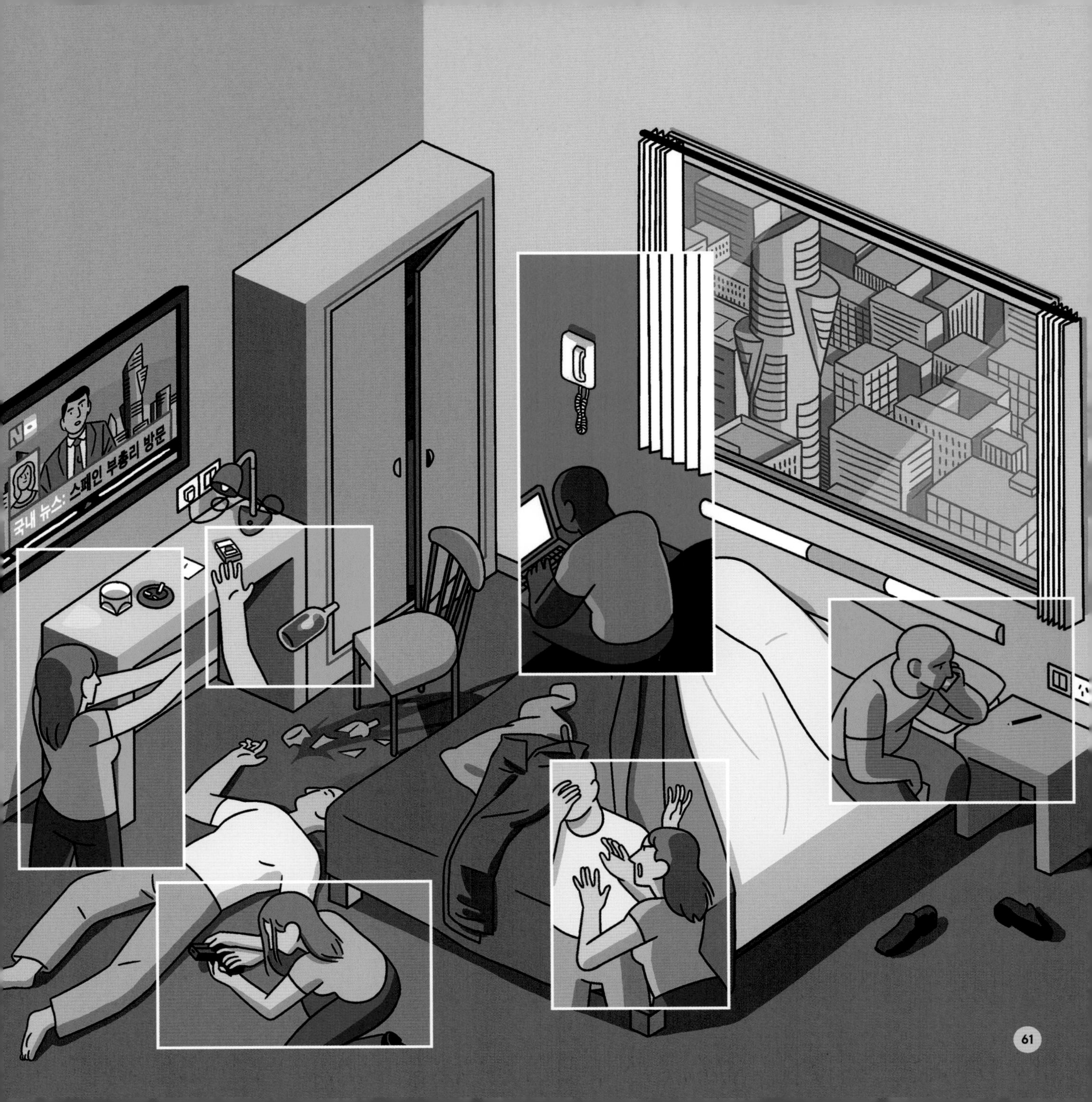

국내 뉴스: 스페인 부총리 방문

CASE **04**

몬테마요르 저택의 비밀

조용한 생활을 이어가던 몬테마요르가(家)에 어느 날 거센 풍파가 몰아쳤습니다.
집사가 거실에서 죽은 채 발견된 것입니다. 누군가가 그의 등에 마체테*를 꽂았습니다.
거실 창문의 유리창이 깨져 있는 점으로 미루어볼때, 외부의 살인자가 범행을 저지르기 위해
침입한 것으로 보입니다. 하지만 당신은 탐정의 직감으로 저택 안에 있던 사람들이 의심스럽습니다.
과연 몬테마요르가의 누군가가 집사를 살해할 수 있었을까요?

*중남미 밀림에서 벌채용으로 쓰는 칼

이 사건의 범인은?

그 증거는?

살해 동기는?

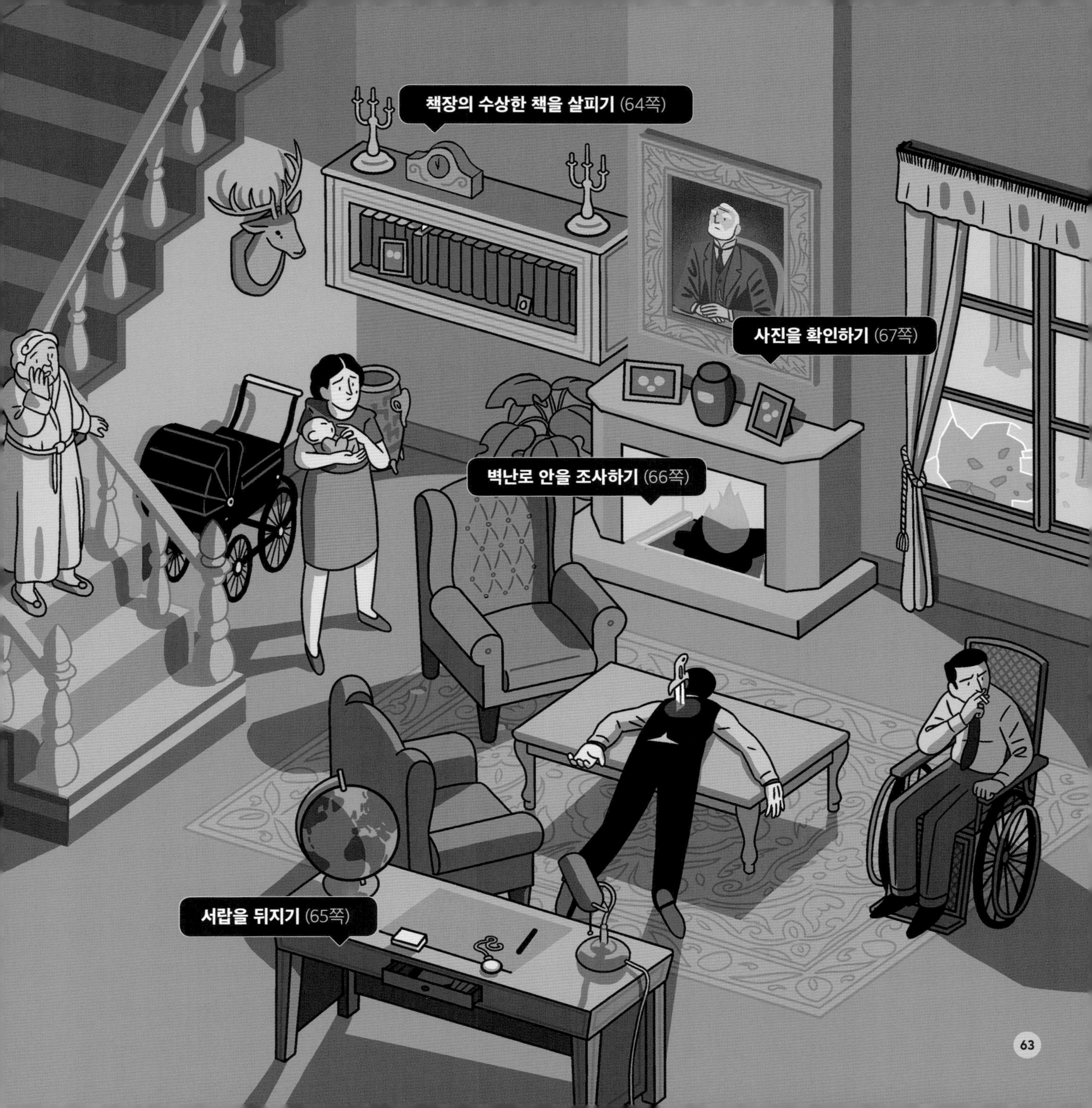
책장의 수상한 책을 살피기 (64쪽)
사진을 확인하기 (67쪽)
벽난로 안을 조사하기 (66쪽)
서랍을 뒤지기 (65쪽)

거센 파도가 바위에 부딪혀 산산이 부서졌다.
"안녕하신가, 선장?" 그는 심각한 표정으로 디마스에게 말했다.
"전에 말했듯이, 자네가 가진 능력이라면 충분히 할 수 있어.
몇 주 전에 우리가 약속한 것을 얻을 수 있는 기회
그러려면 모든 것을 잘 활용했어야 한다는 건 말
"생각 좀 해봐, 그 비밀 납골당에 숨겨진 암호가
나는 희생을 했다고, 부하들 중 두 명을 보냈는
"글쎄, 그들이 진짜 훌륭했다면 벌써 목적을 달
"당신은 여러 차례에 걸쳐 그들이 있었던 것을
밀림과 섬을 들어갔지… 그런데도 당신은 정
"그 문제라면 내가 알아서 처리한다고 몇 번
"자네는 오래전부터 그 문제를 그런 식으로
하지만 말이야, 내 부하들은 몇 주 전에 있
제발 바라건대 파도가 우리를 도와서 빨
부디 보물의 단서를 찾기를 기도하고 있어
"그래서 당신 생각에 나는 보상이 얼마
"나는 말일세, 별로 얻을 게 있을까도 싶
부하들이랑 한탕 할 수 있으면 돼! 단
나는 예전부터 당신을 좋은 녀석이라
"어쩌면 자네가 진짜로 생각하는 건
"바람이 다시 불기 시작하는군. 이제
오! 동에서 서로, 북에서 바람이 불
145 어느 뱃사람의 회고록
어뱃회 145
1 (0), 2 (1), 3 (1,2), 4 (5),
5 (0), 6 (5, 8), 7 (8), 8 (0),
9 (1), 10 (3), 11 (0), 12 (0),
13 (5,6,7), 14 (6), 15 (3,4),
16 (1, 5), 17 (4), 18 (4,5,6),
19 (3), 20 (4), 21 (0), 22 (1)

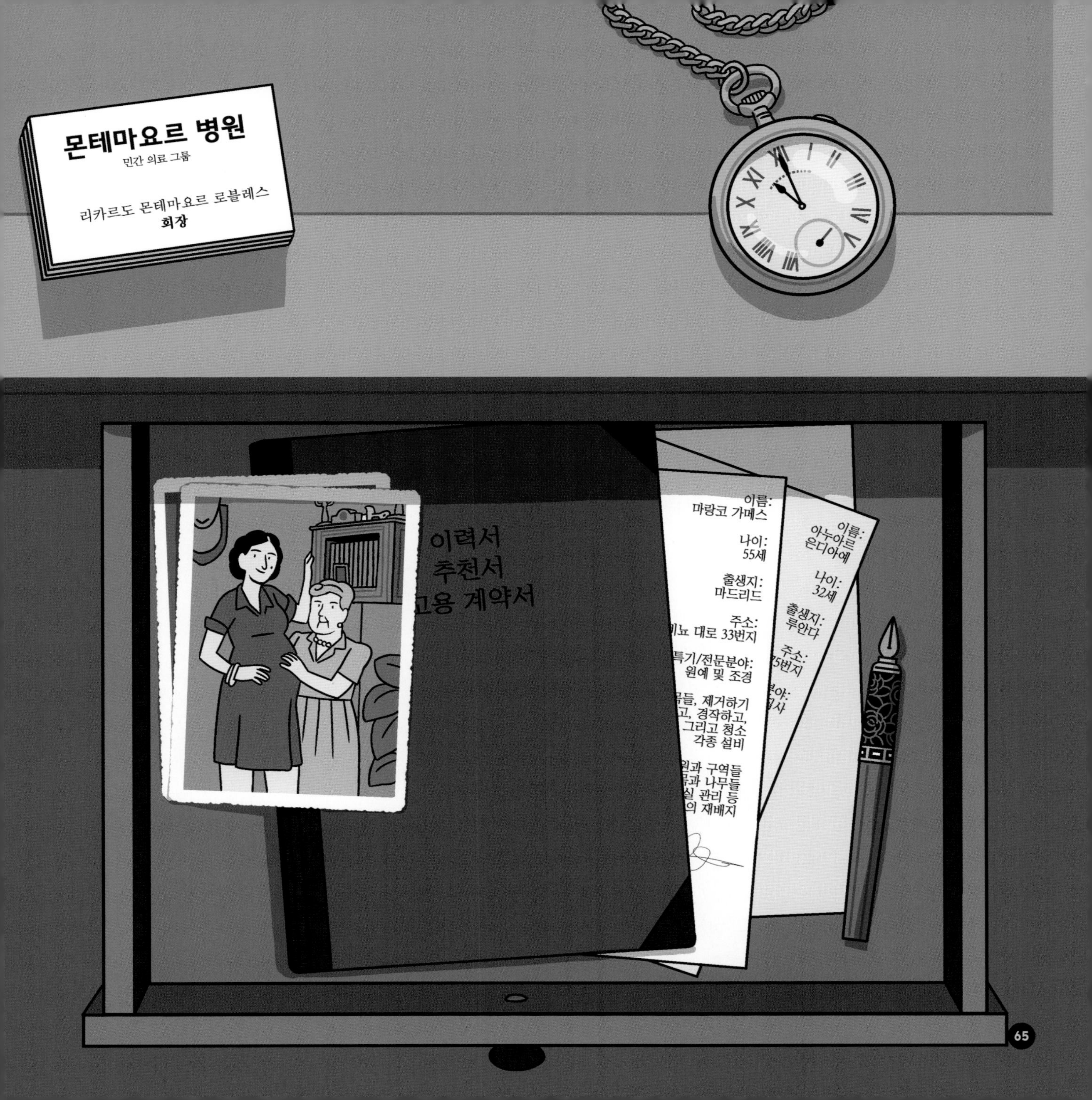

몬테마요르 병원
민간 의료 그룹
리카르도 몬테마요르 로블레스
회장
이력서
추천서
고용 계약서
이름:
마랑코 가메스
나이:
55세
출생지:
마드리드
원예 및 조경
그리고 청소
각종 설비
이름:
나이:
32세
출생지:
루안다

진 아기
계속되다
여객선 타이타닉 호 침몰
수색 작업이
세계 최대

故 펠라요
몬테마요르 비달
1876~1936

사건의 실마리

이 사건을 해결하기 위해 굳이 여기 나온 단서를 읽을 필요는 없습니다. 하지만 당신의 추리가 미궁에 빠져 있다면, 아래의 단서가 도움이 될 것입니다. 그렇지만 한꺼번에 다 읽으려고 하지는 마세요. 어쩌면 하나의 단서만으로도 수수께끼를 풀 수 있는 열쇠를 찾을지 모르니까요. 그럼 행운을 빌어요!

단서 1

유골함의 명패를 보면, 펠리사 몬테마요르 씨가 1936년에 사망했다는 것을 알 수 있죠. 명함을 보면 이름인 리카르도 몬테마요르가 회장이 되었습니다. 가족 사진에 어머니의 모습이 비슷한 걸로 보아 살인 사건이 벌어진 것은 그 직후라는 걸 알 수 있습니다.

단서 2

메모에 기재된 각각의 숫자는 해당 페이지의 행 번호를, 그리고 괄호 안의 숫자는 그 행에 들어 있는 단어의 순서를 가리킨다는 것을 알면 암호문을 풀 수 있습니다. 딱 맞지는 않지만, 문맥을 통해 메시지를 추리해보세요.

단서 3

벽난로 안에 있는 신문 스크랩을 자세히 살펴본다면, 1912년 타이타닉 호 침몰 관련 기사가 실려 있다는 것을 알게 될 겁니다. 지금이 1937년이라면 아기가 이제 몇 살이 되었을지 추측할 수 있습니다.

단서 4

누군가 그 위에 올라가려고 의자를 옮긴 것으로 보입니다.
혹시 카펫에 남은 자국을 보셨나요?

사건 해결

이 사건의 범인은 누구일까요?
이제 사건의 내막을 재구성하고 미스터리를 해결하기 위해 세세한 부분도 하나하나씩 살펴볼 겁니다.

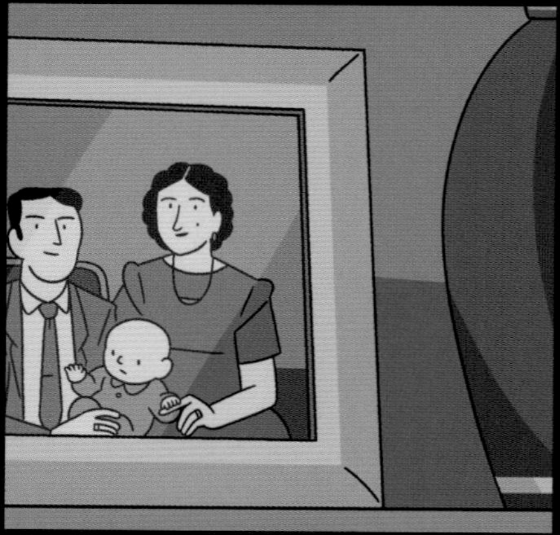

1 사건이 벌어진 곳은 으리으리한 저택입니다. 그 집에는 휠체어를 탄 리카르도가 아내 펠리시아, 그리고 아들과 함께 살고 있습니다.

2 사건 현장에는 리카르도의 어머니도 있습니다. 실내복을 입고 있는 걸 봐서 그녀는 아들과 함께 그 집에 살고 있는 것으로 보입니다.

3 리카르도의 아버지는 펠라요 몬테마요르 비달 씨인데, 유골함 명패에 1936년에 사망한 것으로 되어 있네요.

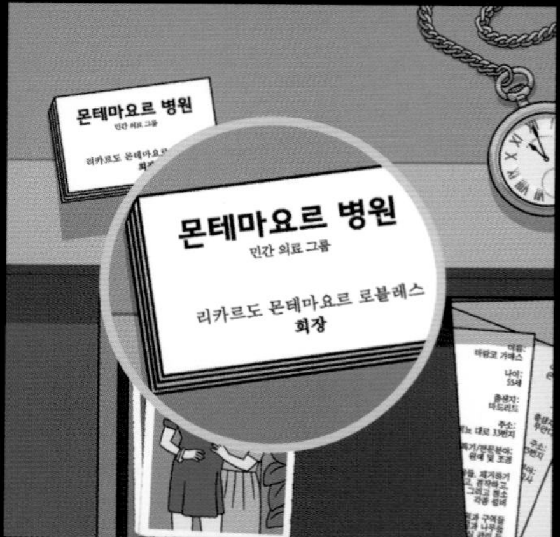

몬테마요르 병원
민간 의료 그룹
리카르도 몬테마요르 로블레스
회장

4 가족사진을 살펴보면, 리카르도는 외아들인 것 같습니다. 따라서 아버지의 사업체인 몬테마요르 병원 그룹과 재산을 혼자 물려받았던 거죠.

5 찢어진 신문 조각을 모아 보면, 누군가 훔쳐간 아기에 관한 기사임을 알 수 있습니다.

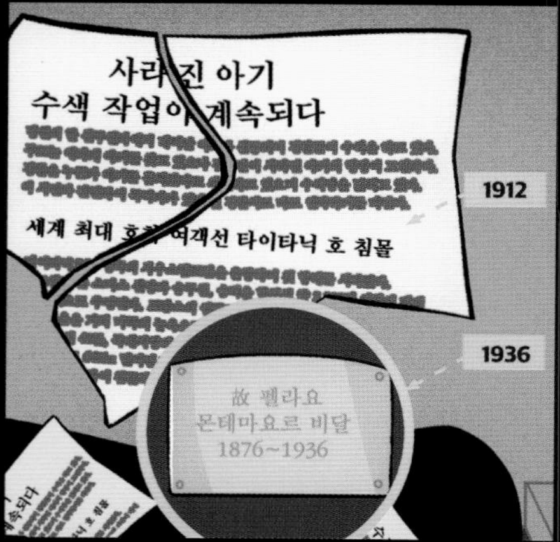

6 하지만 그 신문에는 1912년에 침몰된 타이타닉 호에 관한 기사도 실려 있습니다. 펠라요 씨가 1936년에 사망했기 때문에, 아주 오래된 신문이라는 것을 알 수 있죠.

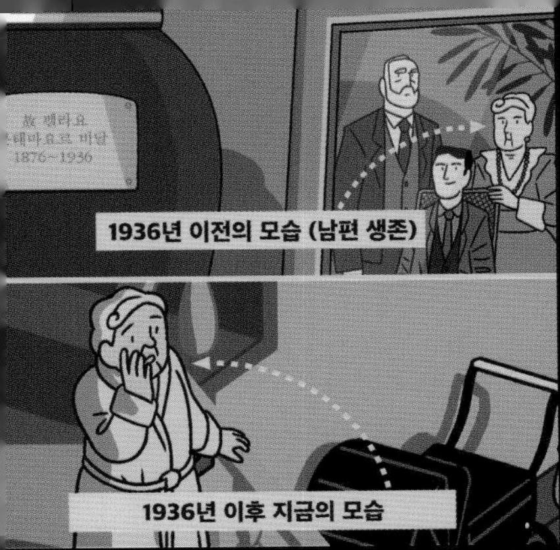

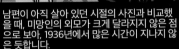

7 남편이 아직 살아 있던 시절의 사진과 비교했을 때, 미망인의 외모가 크게 달라지지 않은 점으로 보아, 1936년에서 많은 시간이 지나지 않은 듯합니다.

8 1912년에 누군가 훔쳐간 아기는 이제 스물다섯 살가량 되었을 겁니다. 따라서 그 아기는 커서 리카르도나 펠리시아, 아니면 집사가 되었을 수도 있습니다.

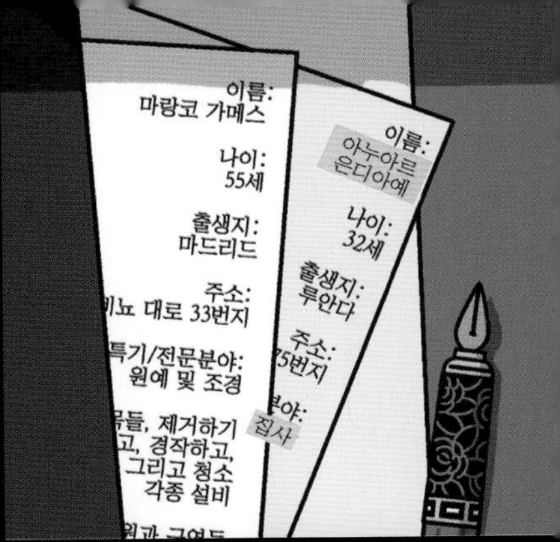

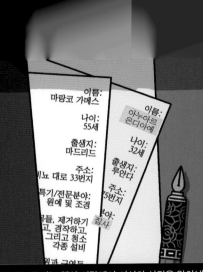

9 우리는 책상 서랍에서 시신의 신원을 알아냈습니다. 그의 이름은 아누아르입니다.

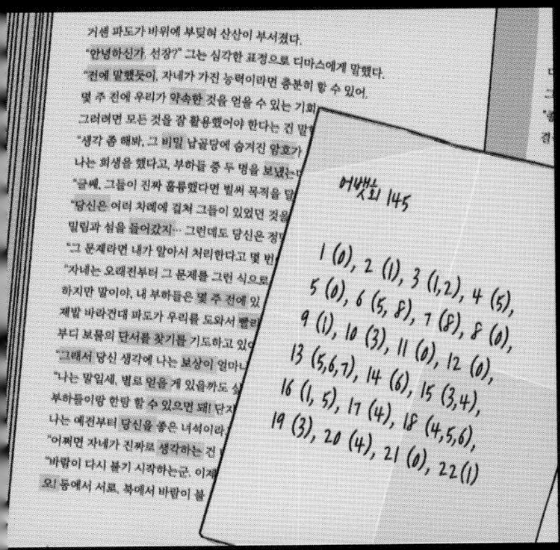

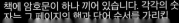

10 책에 암호문이 하나 끼어 있습니다. 각각의 숫자는 그 페이지의 행과 단어 순서를 가리킵

11 암호를 문맥에 따라 추리하면 아누아르가 무언가를 찾아내 돈을 벌 목적으로 몬테마요르 저택

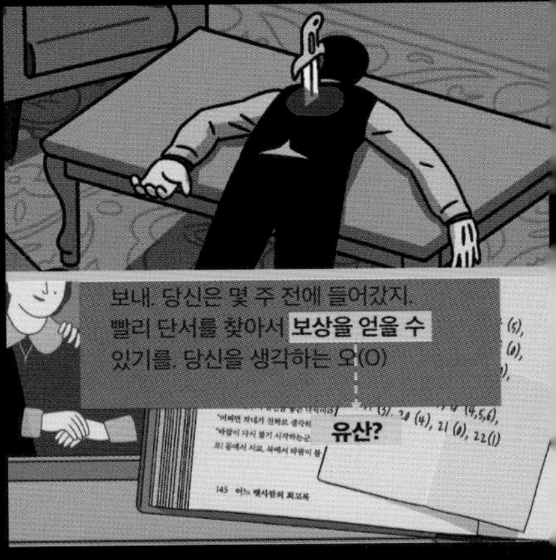

12 그렇다면 1912년에 실종된 아기가 아누아르일까요? 그가 자신의 정체를 알고 자기 몫의 유산을

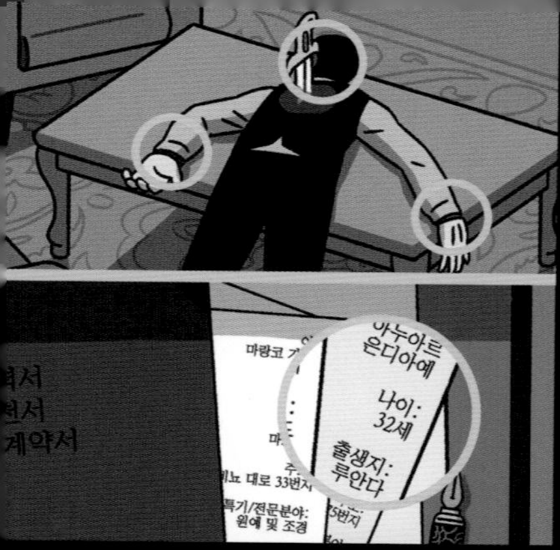

13 하지만 이것은 맞는 가설은 아닌 것 같습니다. 아누아르는 앙골라의 루안다 출신이고, 자세히 보면 그의 귀와 손목에 검은 피부가 드러나 보이죠.

14 훔쳐간 아기가 펠리시아나 그녀의 쌍둥이 여동생일 리도 없습니다. 그랬더라면 그 당시 신문 기사 제목에 '아기들' 이라는 복수(複數)로 나왔을 테니까요.

15 그리고 정원사도 대상에서 제외해야 할 것 같습니다. 1912년에 태어난 아기라고 보기에는 나이가 너무 많으니까 말이죠.

6 결국 도난당한 아기는 리카르도가 분명합니다.

17 만약 아누아르가 돈을 요구한 것이 사실이라면,

18 사진에 나온 쌍둥이를 자세히 보세요. 목걸이에

19 협박을 당한 사람은 리카르도의 어머니가 틀림없습니다. 어린 리카르도를 훔칠 수 있는 사람은 바로 그녀밖에 없으니까요. 아기를 훔친 사실이 들통 나면, 그녀는 모든 것을 잃게 됩니다.

몬테마요르 병원
민간 의료 그룹
리카르도 몬테마요르 로블레스
회장

20 몬테마요르가는 여러 개의 병원을 가지고 있어요. 따라서 그녀는 이 병원들 중 한 곳에서 아기를 훔쳤을 것이 분명합니다.

21 리카르도가 어머니를 지키려고 살인을 저질렀을 수도 있습니다. 그런데 사진을 보면 마체테는 책장 위에 있었는데 휠체어를 탄 리카르도는 거기까지 손이 닿지 않죠.

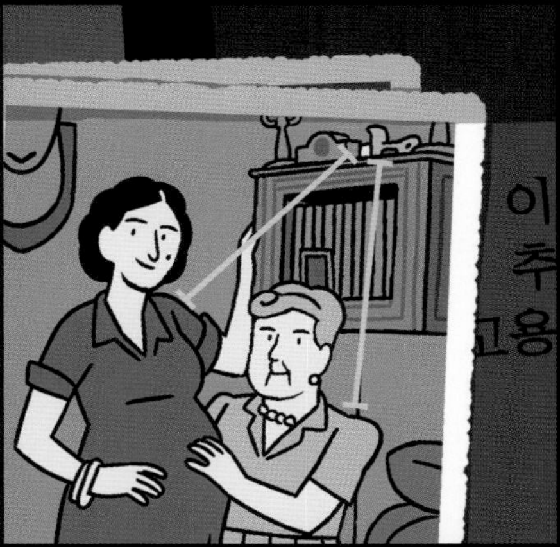

22 리카르도의 어머니도 키가 너무 작아서 책장 위까지 손이 닿지 않을 거예요. 거기에 손이 닿을 정도로 키가 큰 사람은 펠리시아밖에 없습니다. 그렇지만 그녀에게는 살해 동기가 없습니다.

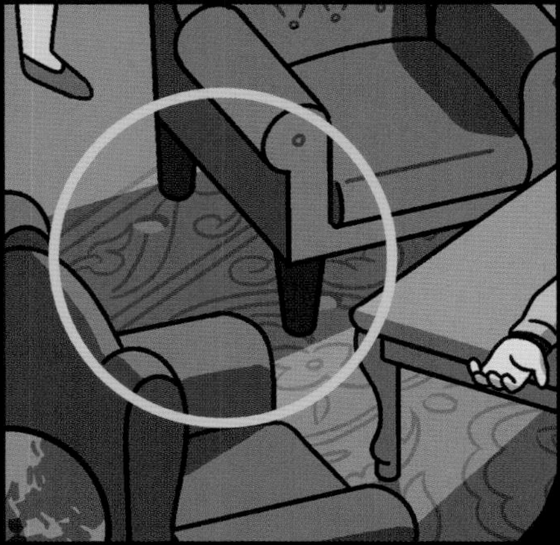

23 카펫에 남은 자국은 의자가 누군가에 의해 옮겨졌다는 것을 의미합니다. 이로써 의자에 올라가 마체테를 꺼내야 하는 인물, 즉 미망인이 범인이라는 것을 추리할 수 있습니다.

24 마지막으로 그녀는 집사를 살해한 범인이 외부에서 침입한 것처럼 보이기 위해 일부러 유리창을 깼습니다. 하지만 깨진 유리조각은 집 밖에서 발견되었습니다. 이는 유리창이 안쪽에서 깨어졌다는 얘기죠.

몬테마요르 저택의 비밀

사건의 진실

야심만만하지만 생활고에 시달리고 있던 올리비아(Olivia)는 우연히 자기 쌍둥이 자매인 펠리시아의 남편 리카르도에게서 석연치 않은 구석을 발견한다. 리카르도 몬테마요르는 거대한 민간 의료 그룹을 소유하고 있는 귀족 가문의 외동아들이다. 그런데 그 부모와 리카르도는 너무 닮지 않은 것처럼 보였다. 이상함을 느낀 올리비아는 몰래 몬테마요르가를 조사한다. 그리고 몬테마요르 가문이 대를 이을 자손을 얻지 못하자, 자기 소유의 병원 한 곳에서 아기를 훔쳤을 것이라고 의심한다.

보다 확실한 증거를 얻기 위해 그녀는 앙골라 출신 남편 아누아르를 몬테마요르 가문의 집사로 들여보냈다. 아누아르가 집 안에서 그 의혹을 뒷받침해줄 만한 증거를 찾기만 하면 입을 다물어주는 대가로 미망인에게 돈을 요구할 계획이었다.

아누아르는 몇 주에 걸쳐 집 안을 샅샅이 뒤졌다. 그 사이, 그는 우편으로 올리비아와 편지를 주고받으며 자신이 조사한 모든 것을 공유했다. 혹시 편지가 그 가족 누군가의 손에 들어갈 것에 대비해 그들은 암호문으로 메시지를 썼다.

아누아르는 마침내 신문 스크랩과 또 다른 증거들을 찾아냈다. 이는 몬테마요르 부인이 아들을 훔쳤다는 사실을 명백하게 입증하는 증거였다. 그래서 그는 부인에게 증거를 들이밀며 돈을 요구했다. 겁에 질려 얼굴이 새파래진 부인은 고개를 끄덕이며 돈을 가지고 오겠다고 했다. 그녀는 돈을 준비하기 위해 시간을 달라고 했고, 그들은 그날 밤에 거실에서 다시 만나기로 했다.

시간이 흘러 어둠이 내려왔다. 약속 시간보다 빨리 나온 미망인은 거실의 의자를 책장이 있는 쪽으로 옮겼다. 그녀는 의자 위에 올라가 손을 뻗어 책장 위에 있던 마체테를 집어 든 다음, 다시 의자를 원래 자리로 옮겼다. 이때 의자의 위치가 살짝 바뀌며 오랫동안 위치했던 다리 자국이 카펫에 남았다.

준비를 마친 부인은 책상 쪽으로 가 아누아르를 기다렸다. 약속 시간이 되어 거실에 들어온 아누아르가 거들먹거리며 소파에 앉으려 등을 보이는 순간, 그녀는 있는 힘을 다해서 달려들며 그의 등을 찔렀다. 미망인은 돈보다 확실하게 비밀을 지키는 법을 택한 것이다. 그가 쓰러지자, 그녀는 누군가 밖에서 침입한 것처럼 꾸미기 위해 일부러 유리창을 깨고, 아누아르가 증거로 들이민 신문 스크랩과 증거들을 벽난로 안에 던져 태워버렸다. 그렇게 해서 자신의 엄청난 비밀을 영원히 묻어버리기만 하면, 아들이 그 사실을 까맣게 모를 거라고 생각했다.

하지만 철저하게 수사한 탐정 덕분에 사건의 진상이 샅샅이 밝혀졌다. 결국 몬테마요르가의 미망인은 살인 혐의로, 그리고 올리비아는 공갈미수 공범으로 체포되었다.

CASE **05**

미스터리한 여배우의 분장실

1970년대, 극장에서 어떤 여배우의 자살 사건이 일어났습니다.
사건 현장은 분명 자살처럼 보입니다. 하지만 당신은 사건이 겉으로 드러나 보이는 것과 전혀 다를 수도 있다는 의심이 들기 시작합니다.
분장실에 숨겨진 놀라운 진실은 무엇일까요?

이 사건의 범인은?

그 증거는?

살해 동기는?

라디오 듣기 (83쪽)
캐서린 B.
불 끄기 (79쪽)
화장대를 조사하기 (82쪽)
타일을 떼어보기 (78쪽)
휴지통을 뒤지기 (80쪽)
팸플릿을 확인하기 (81쪽)

13/01
13/16
13/08
13/09
고객 기록부
20.30
L.P.........................1g 13/01
T.G.........................10g 13/08
A.S.........................5g 13/09
D.H.........................20g 13/16
22.30
T.O.........................10g 13/01
M.G.........................10g 13/08
M.R.........................5g 13/09
V.F.........................15g 13/16

캐서린 B.
금발이 미스터리

당신의 연기를 보러 사흘 연속으로 왔어요.
당신을 볼 때마다 감탄을 금할 길이
없네요. 부디 당신에게 보낸 이 장미꽃과
향수를 받아주기 바랍니다.
당신의 열렬한 팬이 보내는
작은 선물이에요.

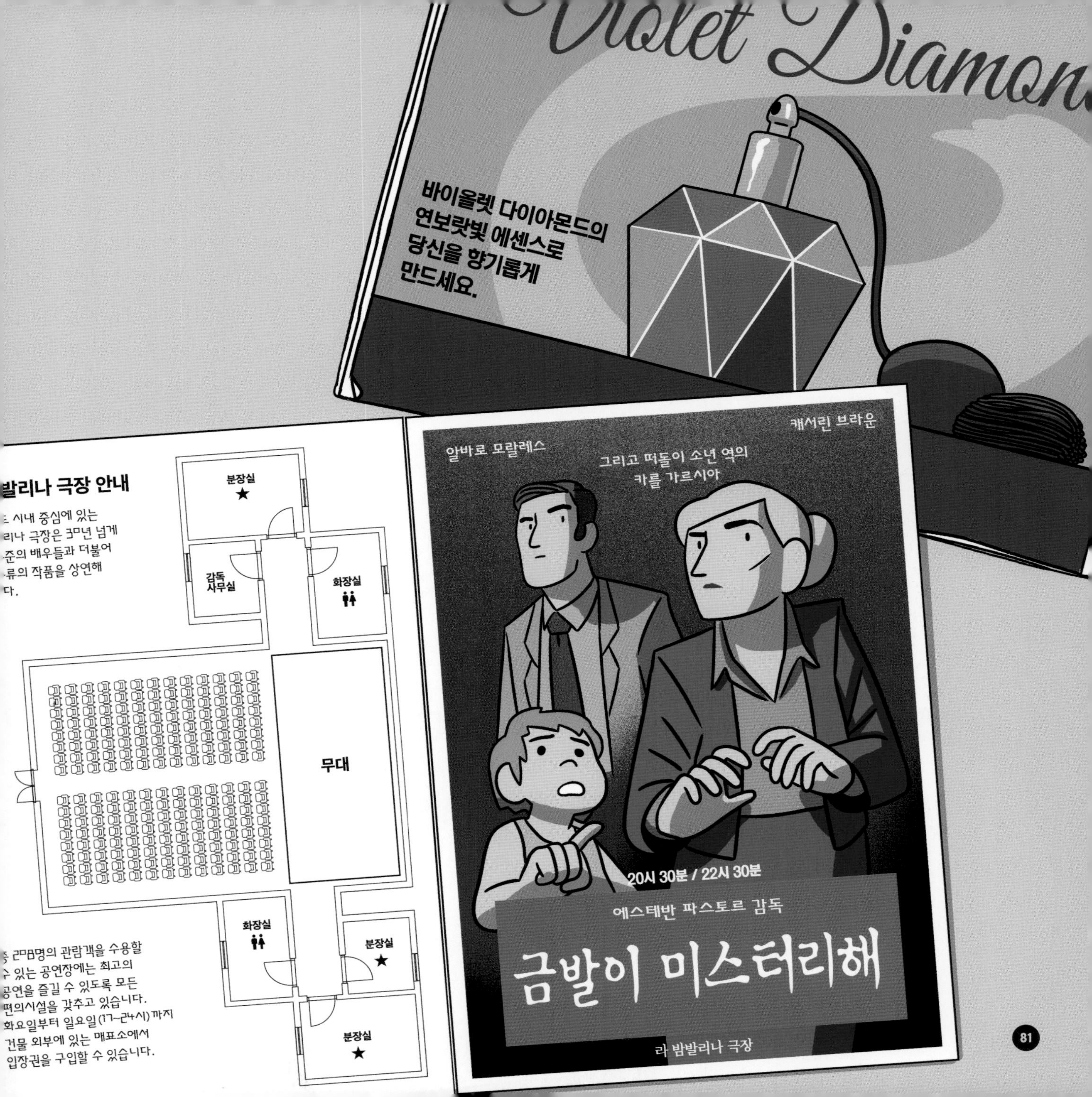
Violet Diamon
바이올렛 다이아몬드의
연보랏빛 에센스로
당신을 향기롭게
만드세요.
발리나 극장 안내
시내 중심에 있는
리나 극장은 30년 넘게
준의 배우들과 더불어
류의 작품을 상연해
다.
분장실
감독 사무실
화장실
무대
화장실
분장실
분장실
208명의 관람객을 수용할
있는 공연장에는 최고의
공연을 즐길 수 있도록 모든
편의시설을 갖추고 있습니다.
화요일부터 일요일(17~24시)까지
건물 외부에 있는 매표소에서
입장권을 구입할 수 있습니다.
알바로 모랄레스
캐서린 브라운
그리고 떠돌이 소년 역의
카를 가르시아
20시 30분 / 22시 30분
에스테반 파스토르 감독
금발이 미스터리해
라 밤발리나 극장

이 모든 것과 조금 거리를 두기
위해서는 그러는 게 좋을지도 모른다.
다행히 남편은 손님을 맞이하고
작품이 계속 공연될 수 있도록 여기에 남아
있을 예정이다.
반면 오늘 나는 분장실에 있다가
또다시 예상치 못한 방문을
남편이 같은 건물 안에 있는
그는 다시 내게 키쓰를 하려
아무쪼록 그가 하루 빨리
벗어나길 바랄 뿐이
함께 일해야 하는

라디오

라디오 방송의 아나운서가 지금 당신이 수사하고 있는 사건과 관련된 이야기를 하고 있는 듯합니다. 주의 깊게 들어보세요.

…실오라기 하나 걸치지 않은 여배우의 사진이 오늘 오후 수많은 뉴스 매체의 편집 및 보도국으로 보내졌습니다. 물론 각종 매체들은 이미 이 스캔들을 앞다투어 보도하고 있는 실정이죠. 하지만 당사자는 그 문제에 대해 일체 함구하고 있습니다.

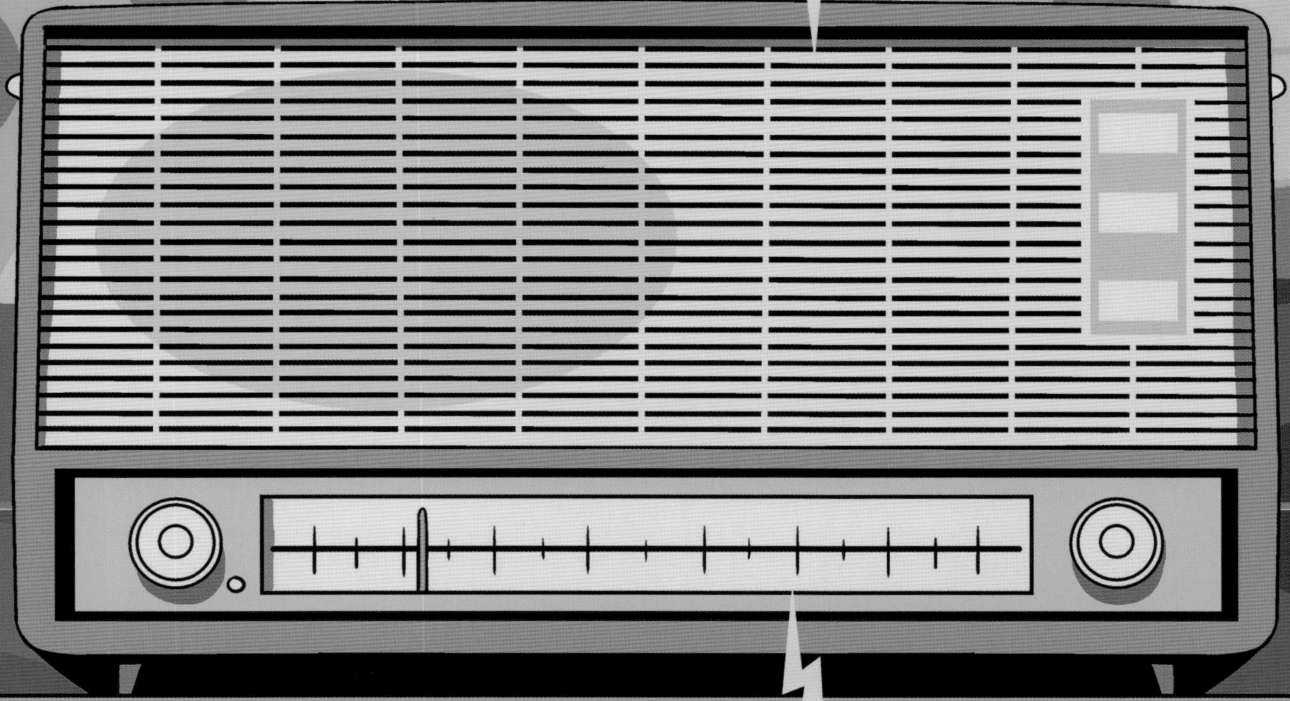

그래서 우리 취재팀은 여배우가 연극 작품을 공연하고 있는 라 밤발리나 극장을 직접 찾아가, 그녀의 의견을 듣기 위해 접촉을 시도 중입니다. 하지만 극장 측의 설명에 따르면, 공연 시작 시간이 이미 삼십 분이나 지났는데, 그녀는 아직도 분장실에 있다고 합니다. 현장에서 새로운 소식이 나오는 대로 청취자 여러분에게 전해드리겠습니다. 그 사이, 아름다운 금발과 완벽한 곡선을 자랑하는 몸매로 잘 알려진 이 여배우의 프로필에 대해 살펴보겠습니다…

사건의 실마리

이 사건을 해결하기 위해 굳이 여기 나온 단서를 읽을 필요는 없습니다. 하지만 당신의 추리가 미궁에 빠져 있다면, 아래의 단서가 도움이 될 것입니다. 그렇지만 한꺼번에 다 읽으려고 하지는 마세요. 어쩌면 하나의 단서만으로도 수수께끼를 풀 수 있는 열쇠를 찾을지 모르니까요. 그럼 행운을 빌어요!

단서 1

일기를 쓴 여배우가 한 달 내내 머물 예정인 샌 버나디노는 미국의 캘리포니아 주에 있는 도시입니다. 일기장에 나오는 날짜는 '12/03'입니다. 다시 말해, 그녀는 12월 한 달 동안 출국해서 미국에 머물 거라는 얘기가 됩니다. 그런데 지금이 언제죠? 불을 끄고 창밖을 내다보기만 하면, 지금이 어떤 특별한 시기인지 알 수 있을 거예요.

단서 2

죽은 여배우의 머리는 금발이고, 유출된 사진의 여배우도 금발입니다. 그런데 탁자 위에 금발의 가발이 있습니다. 왜 가발이 따로 필요할까요? 즉, 이 분장실은 원래 금발 가발을 쓰던 다른 여배우가 사용하던 곳이라고 추리할 수 있습니다. 일기장에서 캐서린은 12월 한 달 동안 미국에 머문다고 했습니다.

단서 3

그녀의 열성 팬이 남긴 쪽지를 잘 살펴보세요. 그러면 그가 쓴 타자기의 활자 '기' 자가 망가졌다는 것을 알 수 있을 겁니다.
그리고 백타임 위에 있던 고객 기록부를 보면, '기' 자가 제대로 찍혀 있지 않아요.
따라서 그것도 같은 타자기로 쓰였다는 얘기가 됩니다.

단서 4

극장의 도면을 확인해보면, 캐서린의 분장실로 추정되는 곳은 극장의 양쪽 끝 중 한 곳입니다.
맞불이 있는 벽의 구멍 뒤에 누가 있었는지도 여배우의 분장실이 어디 있는지에 따라 달라집니다.
분장실의 정확한 위치를 찾으려면, 문을 하나씩 잘 살펴봐야 할 거예요.
그러면 작지만 확실한 단서를 발견하게 될 겁니다.

이제 사건의 내막을 재구성하고 미스터리를 해결하기 위해 세세한 부분도 하나하나씩 살펴보겠습니다.

1 여기는 어느 극장의 분장실입니다. 문에는 캐서린이라는 여배우의 이름이 보이네요.

2 죽은 여배우의 복장은 벽에 붙어 있는 홍보 포스터의 인물과 비슷합니다. 따라서 연극의 주인공이 숨졌다는 걸 알 수 있습니다.

3 목을 맨 밧줄을 자세히 보면 커튼 끈으로 만들었습니다. 현장만 봐서는 그녀가 자살한 것이 분명해 보입니다.

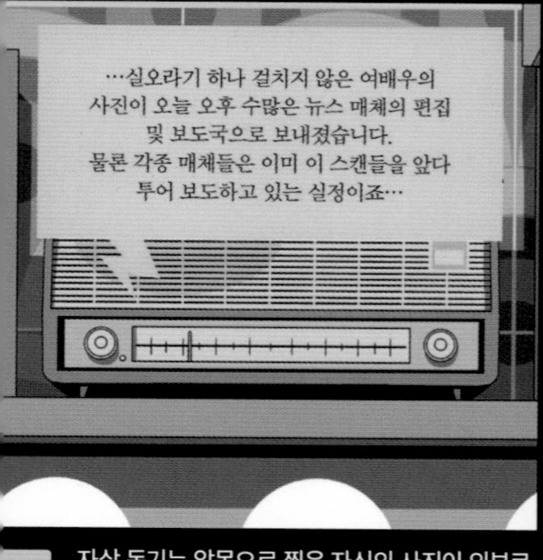

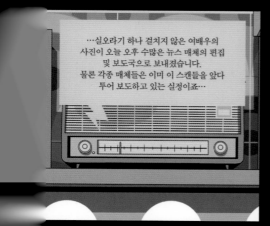

4 자살 동기는 알몸으로 찍은 자신의 사진이 외부로 유출되면서 수치심을 이기지 못했기 때문일 것으

5 분장실의 불을 끄면, 벽에 나 있는 구멍이 하나 보입니다. 이는 그녀의 동료 중 누군가가 이 구멍

6 그런데 거울에 비친 모습을 보면, 여배우의
두 손가락에만 매니큐어가 칠해져 있다는 것을

7 만일에 자살이 아니라 살인 사건이라면, 대체 누가 그녀를 죽였을까요? 극장 안에 있었던 두 명이 유력한 용의자로 부각됩니다. 다른 배우인 알바로 모랄레스와 감독 에스테반 파스토르입니다.

8 제3의 용의자는 휴지통에서 찾아낸 쪽지의 주인공인 팬이겠죠. 하지만 그는 그녀를 일방적으로 좋아했을 뿐인데, 죽일 수 있었을까요?

9 연극 작품의 제목은 '금발이 미스터리해'입니다. 따라서 주인공은 원래 금발 머리거나, 아니면 가발을 써야만 하겠죠. 탁자 위에는 주인공 역할을 위한 금발 가발이 있습니다.

10 라디오에서는 유출된 사진의 주인공이 '금발로 유명한' 여배우라고 말합니다. 그렇다면 라 밤발리나 극장의 여배우는 2명이어야 합니다. 한 명은 금발의 여배우이고, 다른 한 명은 금발 가발이 필요한, 즉 금발이 아닌 여배우입니다.

11 원래 주연 여배우인 캐서린 브라운이 죽은 것인지 아니면 대역 배우의 사진이 유출되어 죽은 건지 아직 모릅니다.

12 타일을 떼어냈더니 번호표가 붙어 있는 봉지가 나왔네요. 하얀 가루가 있는 걸로 봐서 미리 준비한 마약 봉지가 분명합니다.

13 봉지에 달려 있는 숫자들이 날짜일 리는 없습니다. 13월이나 16월은 없으니까요. 하지만 그 숫자들은 극장의 열과 좌석 번호와 일치합니다.

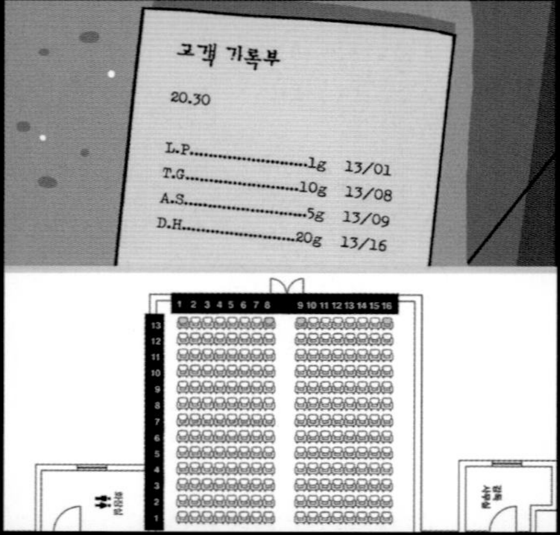

14 따라서 고객 기록부의 숫자는 극장 제일 뒤, 통로 쪽 좌석 아래 마약이 숨겨져 있다는 것을 의미합니다. 미리 약속한 고객들은 조심스럽게 그 봉지를 찾아서 아무도 방해하지 않고 나가면 되는 거죠.

15 결국 극단에서 일하는 누군가가 마약 거래를 하고 있다는 말이 됩니다. 그렇다면 캐서린이 그랬을 가능성이 가장 높습니다. 그곳은 바로 그녀의 분장실이었으니까요.

16 화장대 위에 그녀의 일기가 펼쳐져 있는데, 자물쇠가 뜯긴 자국이 있네요. 누군가가 옆에 있던 머리핀을 구부려서 연 것으로 보입니다.

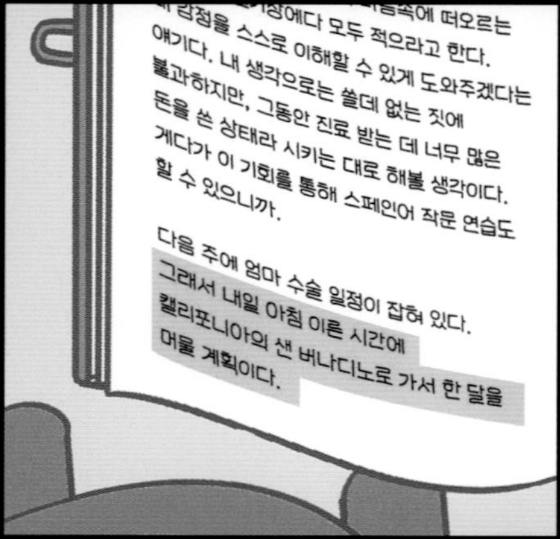

17 거울에 비친 글을 읽어보면, 일기장의 주인이 여배우라는 것을 알 수 있습니다. 내일부터 그녀는 샌 버나디노에서 한 달을 보낼 예정이라고 했죠.

이 모든 것과 조금 거리를 두기
위해서는 그러는 게 좋을지도 모른다.
다행히 남편은 손님을 맞이하고
작품이 계속 공연될 수 있도록 여기에 남아
있을 예정이다.
반면 오늘 나는 분장실에 있다가
또다시 예상치 못한 방문을 받았다.
남편이 같은 건물 안에 있는데도,
그는 다시 내게 키스를 하려고 했다.
아무쪼록 그가 하루 빨리 이런 집착에서
벗어나길 바랄 뿐이다. 그런데 아직

18 일기장에 따르면, 그녀의 남편도 극장에서 일하고 있습니다. 극장에 남아 '손님'을 맞이할 것이라고 암시하는 내용이 나오죠. 부부가 함께 마약 거래를 하고 있다는 걸 추리할 수 있습니다.

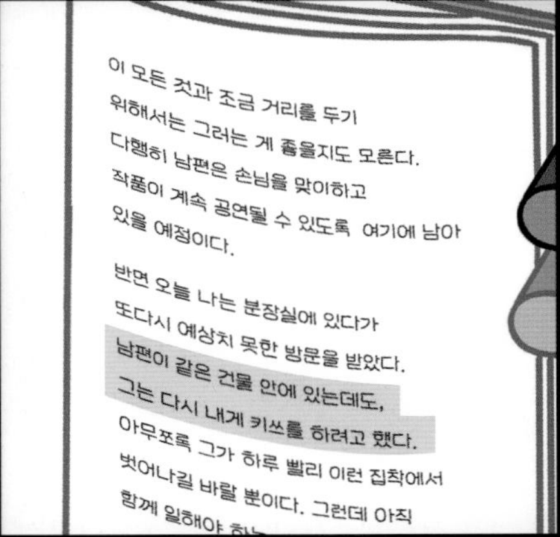
이 모든 것과 조금 거리를 두기
위해서는 그러는 게 좋을지도 모른다.
다행히 남편은 손님을 맞이하고
작품이 계속 공연될 수 있도록 여기에 남아
있을 예정이다.
반면 오늘 나는 분장실에 있다가
또다시 예상치 못한 방문을 받았다.
남편이 같은 건물 안에 있는데도,
그는 다시 내게 키스를 하려고 했다.
아무쪼록 그가 하루 빨리 이런 집착에서
벗어나길 바랄 뿐이다. 그런데 아직

19 남편이 아닌 어떤 남자가 그녀에게 키스를 하려고 했어요. 아직 그녀의 남편이 감독인지, 아니면 배우인지 모르는 상황입니다.

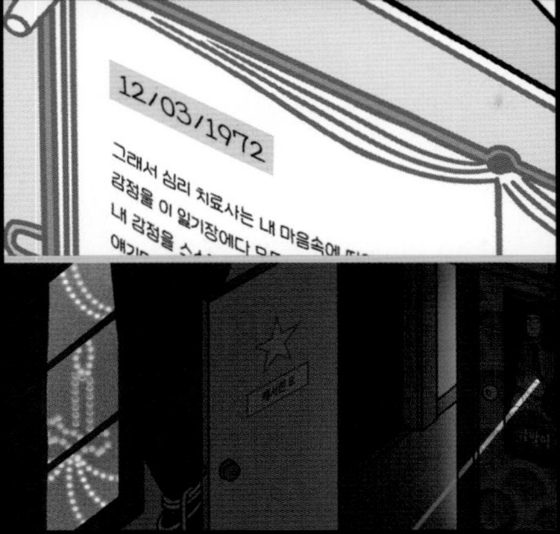
12/03/1972
그래서 심리 치료사는 내 마음속에

20 일기장의 날짜는 12/03/1972입니다. 하지만 지금은 3월이 아니라 크리스마스 때죠. 불을 끄면 밖에서 크리스마스 장식이 빛나고 있는 걸 볼 수 있으니까요. 그렇다면 오래전에 쓴 일기일까요?

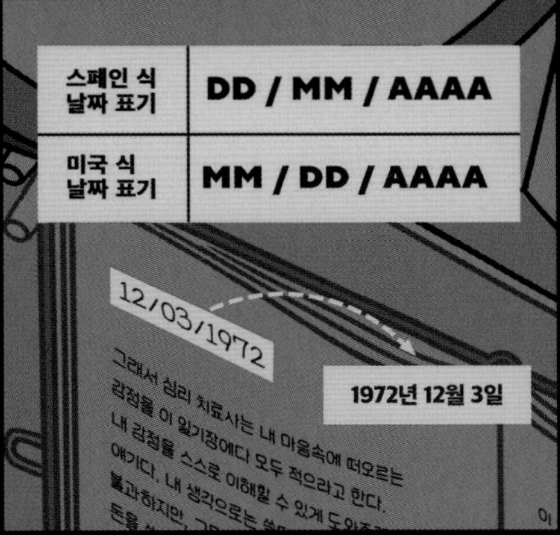
스페인 식 날짜 표기
DD / MM / AAAA
미국 식 날짜 표기
MM / DD / AAAA
12/03/1972
1972년 12월 3일
그래서 심리 치료사는 내 마음속에 떠오르는
감정을 이 일기장에다 모두 적으라고 한다.
내 감정을 스스로 이해할 수 있게 도와준다
애기다. 내 생각으로는

21 하지만 여배우가 미국인이라면 이야기가 완전히 달라집니다. 나라마다 날짜 표기 방법이 다르니깐요. 그렇다면 그녀는 '12월 3일'이라고 쓴 겁니다. 지금 창밖의 풍경과 딱 맞아 떨어지는 셈이죠.

22 만약 일기장의 주인인 주연 여배우, 캐서린 브라운이 12월 한 달 동안 자리를 비웠다면, 지금 주연을 맡은 이는 대역 배우가 틀림없습니다. 따라서 분장실에서 발견된 여배우는 바로 대역 배우입니다.

13/16
13/08
13/09
이 모든 것과 조금 거리를 두기
위해서는 그러는 게 좋을지도 모른다.
다행히 남편은 손님을 맞이하고
작품이 계속 공연될 수 있도록 여기에 남아
있을 예정이다.
반면 오늘 나는 분장실에 있다가

23 대역 여배우는 머리핀으로 자물쇠를 뜯어본 캐서린의 일기장과 마찬가지로, 타일도 찾아낸 것 같습니다. 이를 통해 그녀는 캐서린과 그 남편의 모든 비밀을 알아버리고 말았죠.

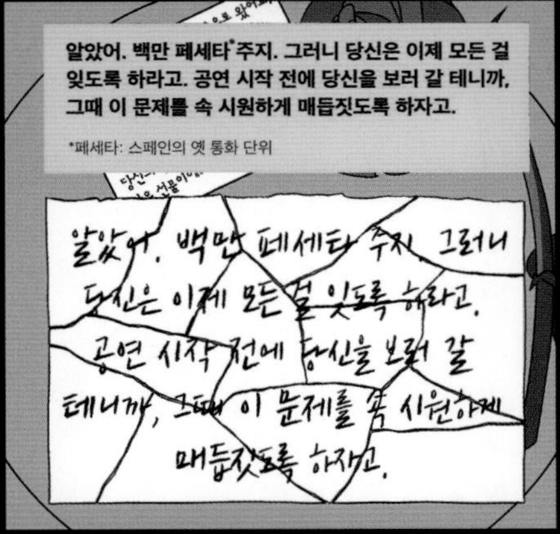
알았어. 백만 페세타* 주지. 그러니 당신은 이제 모든 걸 잊도록 하라고. 공연 시작 전에 당신을 보러 갈 테니까, 그때 이 문제를 속 시원하게 매듭짓도록 하자고.
*페세타: 스페인의 옛 통화 단위
알았어. 백만 페세타 주지. 그러니
당신은 이제 모든 걸 잊도록 하라고.
공연 시작 전에 당신을 보러 갈
테니까, 그때 이 문제를 속 시원하게
매듭짓도록 하자고.

24 휴지통에서 발견된 찢어진 종잇조각을 이어 붙이면, 누군가가 협박에 굴복해 상대의 요구 조건을 수락한다는 내용의 쪽지가 완성되네요. 따라서 그녀가 입을 다무는 대가로 캐서린의 남편에게 백만 페세타를 요구했다는 사실을 알 수 있습니다.

사건 해결

25 그래서 그는 그녀를 죽이기로 결심합니다. 하지만 그 전에 그녀의 알몸 사진을 언론에 뿌리죠. 그렇게 하면 사람들은 그녀가 수치심을 이기지 못해 자살했다고 여길 테니까요.

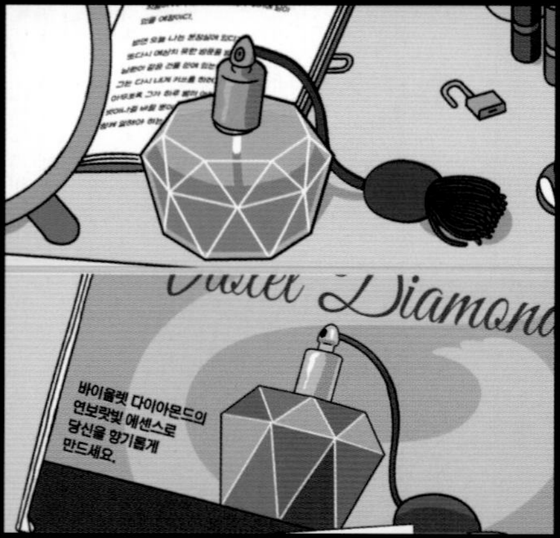

26 화장대 위에는 잡지의 향수와 비슷해보이지만, 색깔이 다르고 뚜껑이 제대로 닫히지 않은 향수가 있습니다. 누군가 내용물을 바꿔치기한 향수가 분명합니다.

27 그 향수는 어느 팬이 보낸 걸로 되어 있지만, 그 쪽지를 쓰는 데 사용된 활자를 자세히 보면, 'ㄱ' 자의 일부가 잘 찍혀 있지 않은 것을 알 수 있어요.

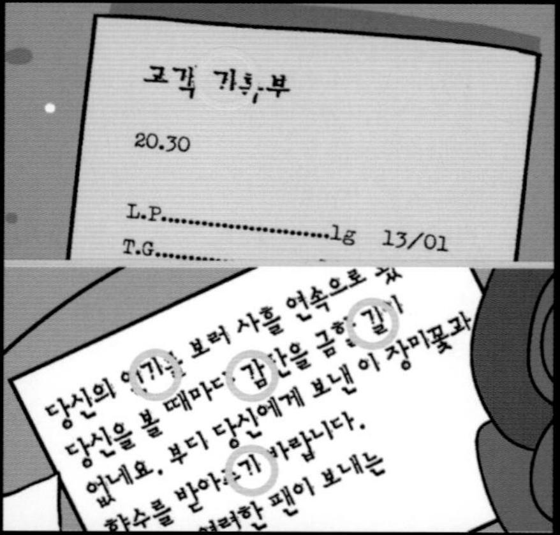

28 그렇다면 고객 기록부도 'ㄱ' 자의 일부가 잘 찍혀 있지 않은 점을 미루어볼 때, 이와 동일한 타자기로 쓰인 것으로 추리할 수 있죠.

29 실제로 그 팬은 존재하지 않습니다. 그는 수면제를 넣어 만든 가짜 향수를 선물하기 위해 그녀의 팬을 가장한 캐서린의 남편이에요. 그래서 대역 여배우가 그 향수를 뿌려 잠이 든 사이, 그는 그녀의 목을 매단 것이죠.

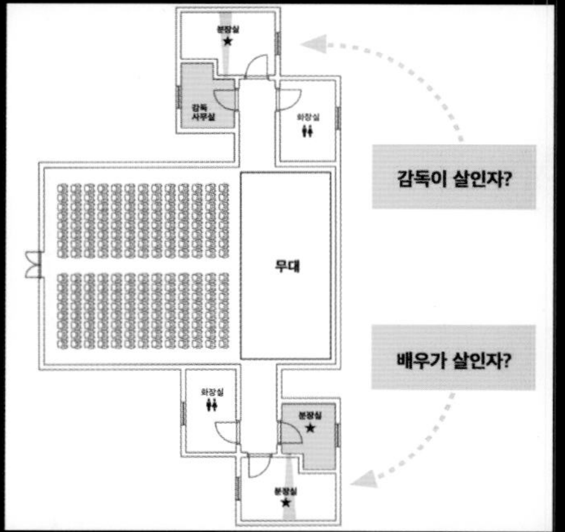

30 그런데 캐서린의 남편은 누구일까요? 구멍이 어디에 있는지를 잘 생각해보면 남편이 누구인지 알아낼 수 있어요. 그 구멍은 다른 배우의 분장실에서 뚫었을 수도 있고 아니면 감독 사무실에서 뚫었을 수도 있습니다.

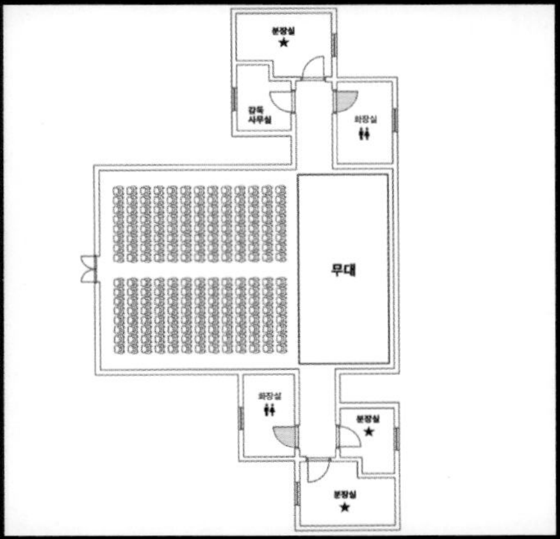

31 배우와 감독 중 누가 범인인지 판단하려면 화장실 문을 잘 살펴보아야 합니다. 두 문은 서로 다른 방향으로 열리죠.

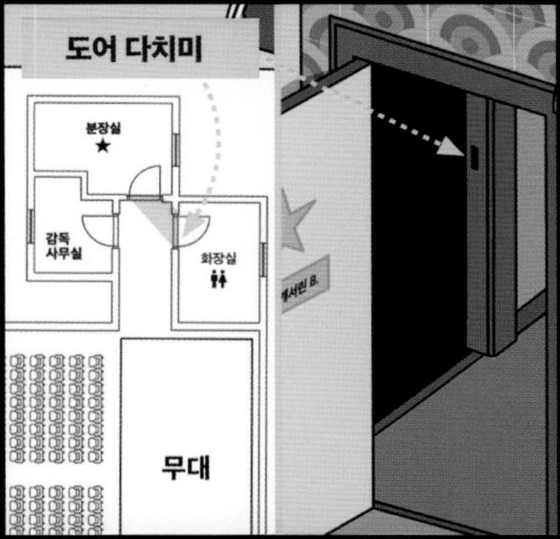

32 분장실에서 경첩이 보인다면 무대 오른쪽이 사건 현장입니다. 반대로 문틀에 도어 다치미가 보인다면 사건 현장은 무대 왼쪽이 됩니다. 여배우의 분장실에서는 경첩이 아니라 도어 다치미가 보입니다. 즉 사건 현장은 무대의 왼쪽입니다.

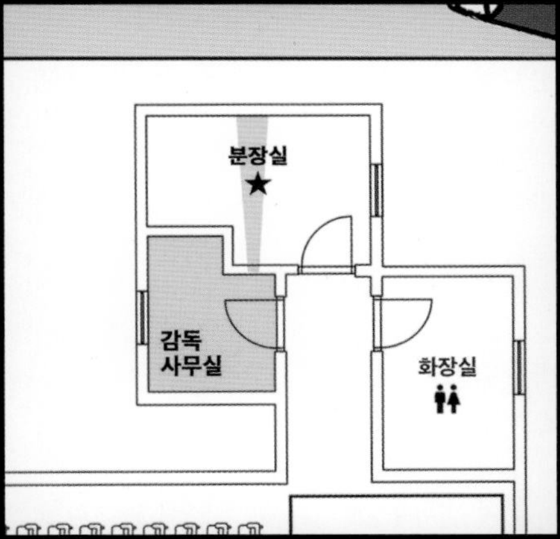

33 분장실의 벽에 구멍을 낼 수 있는 사람은 감독입니다. 그는 캐서린의 남편으로, 아내와 함께 마약을 밀거래한 것을 들켜서, 대역 배우를 살해한 것이죠.

미스터리한 여배우의 분장실

사건의 진실

라 밤발리나 극장의 여배우 캐서린 브라운은 곧 수술을 받게 될 어머니를 간호하기 위해 12월에 캘리포니아로 떠났다. 그래서 한 신인이 그녀 대신 공연에 합류했다. 이 신인 여배우는 캐서린과 같은 분장실을 사용했는데, 공연을 준비하던 어느 날 놀라운 사실을 알게 되었다. 벽에 붙어 있는 어느 타일 뒤에 미리 예약한 고객들에게 나눠주기 위해 미리 준비한 코카인 봉지가 잔뜩 숨겨져 있었던 것이다.

깜짝 놀란 그녀는 분장실을 더 조사하다가 캐서린의 일기장을 찾아냈다. 머리핀을 이용해 일기장의 자물쇠를 연 대역 배우는 놀라운 사실을 알게 된다. 주연 배우인 캐서린과 그녀의 남편인 극단 감독이 극장에서 코카인을 몰래 거래하고 있던 것이다. 부부가 제일 마지막 객석에 주문받은 물건을 숨겨두면, 고객들은 연극을 보는 척 좌석에 앉았다가 불이 꺼지면 좌석 아래에 숨겨진 코카인을 집어 들고 조용히 밖으로 나갔다. 그들은 고객들이 물건을 가지고 공연 중간에 나가더라도, 다른 관객에게 방해가 되지 않도록 언제나 통로 바로 옆 좌석을 이용했다.

엄청난 비밀을 알아낸 대역 여배우는 감독 에스테반 파스토르를 협박해, 경찰에 알리지 않는 대가로 백만 페세타를 요구했다. 고민 끝에 에스테반은 그녀에게 요구를 받아들이겠다고 했지만, 사실은 그녀를 살해해서 돈을 주지 않으려는 계획을 세웠다.

그는 우선 자기 사무실에서 여배우의 분장실이 보이도록 벽에 구멍을 하나 뚫었다. 그러곤 그녀의 알몸 사진을 몰래 찍었다. 또 대역 여배우의 팬으로 가장해서 분장실 앞에 향수 선물과 쪽지를 두었다. 사실 그 향수는 뿌리는 즉시 잠이 들게 만드는 가짜 향수였다. 몰래 분장실을 지켜보던 감독은 대역 배우가 받은 선물을 뿌려보다가 정신을 잃는 모습을 지켜보았다. 그는 바로 대역 배우의 사진을 여러 언론에 보내고, 재빨리 분장실로 가 밧줄을 그녀의 목에 걸고 자살한 모습으로 위장해 살해했다. 언론에 누드 사진이 유출되면서 신인 여배우가 수치심을 이기지 못하고 스스로 목숨을 끊은 것처럼 보이게 만들려는 계획이었다.

다행히 철저히 수사한 탐정 덕분에 살인자뿐만 아니라, 라 밤발리나 극장에서 활동하는 마약 조직의 정체 또한 밝혀낼 수 있었다. 결국 에스테반과 캐서린은 체포되었다.

금발이 미스터

CASE **06**

사무실의 이상한 자살 사건

영화 〈Intuition〉에서 충격적인 사건들이 일어난 뒤, 주인공인 후아네스 형사는 또 다른 미스터리한 사건과 맞닥뜨리게 됩니다. 작은 사무실에서 한 변호사가 자살한 것이죠. 겉으로 볼 때 평범한 자살 사건 같지만, 사건 현장은 무언가 미심쩍습니다. 최고의 수사관인 후아네스와 그의 파트너 피파 형사를 도와 사건의 진실을 찾아보세요.

이 사건의 범인은?

그 증거는?

살해 동기는?

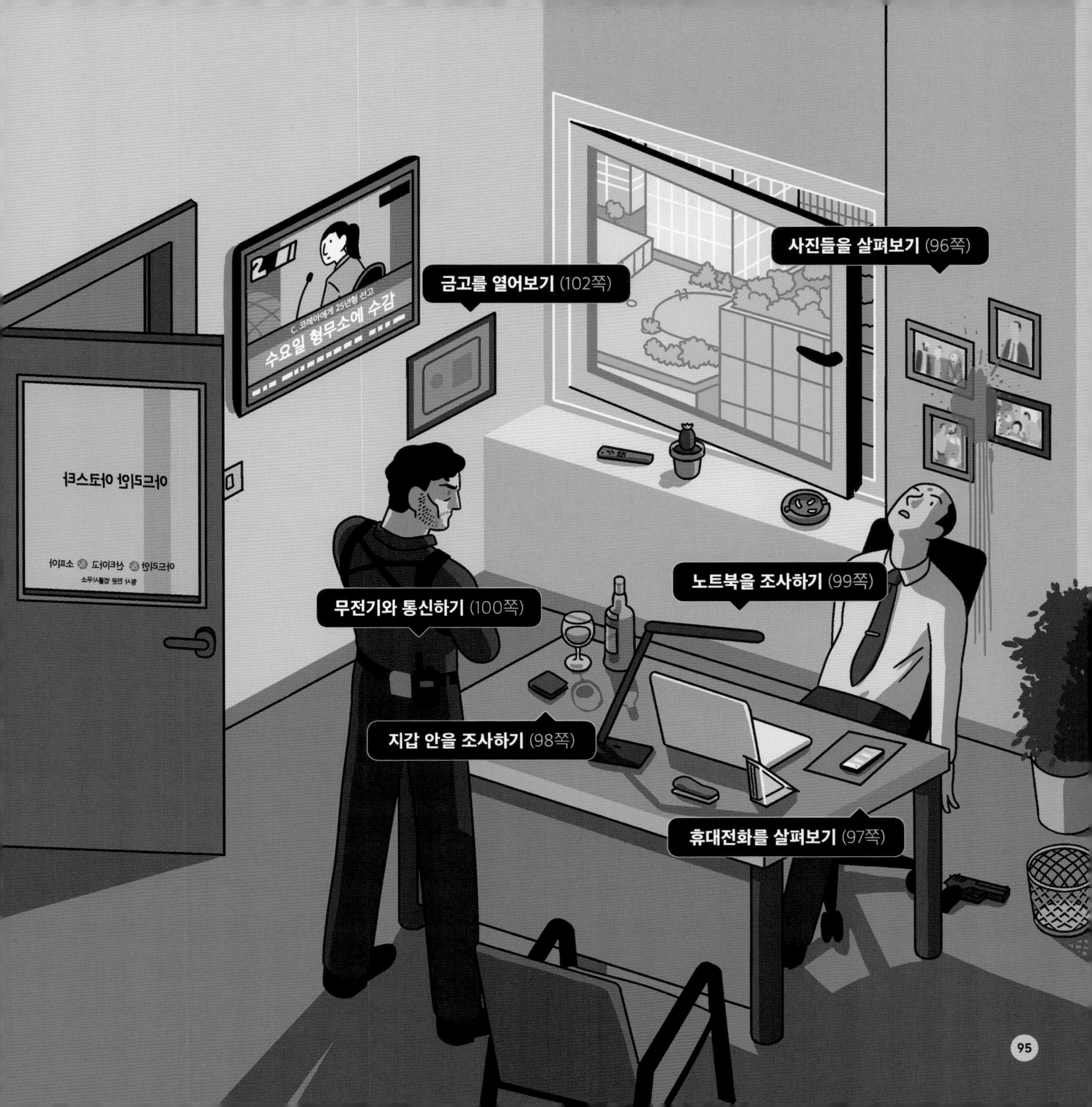
C. 코레아에게 25년형 선고
수요일 형무소에 수감
금고를 열어보기 (102쪽)
사진들을 살펴보기 (96쪽)
노트북을 조사하기 (99쪽)
무전기와 통신하기 (100쪽)
지갑 안을 조사하기 (98쪽)
휴대전화를 살펴보기 (97쪽)

개소식

2/10 사건번호 452

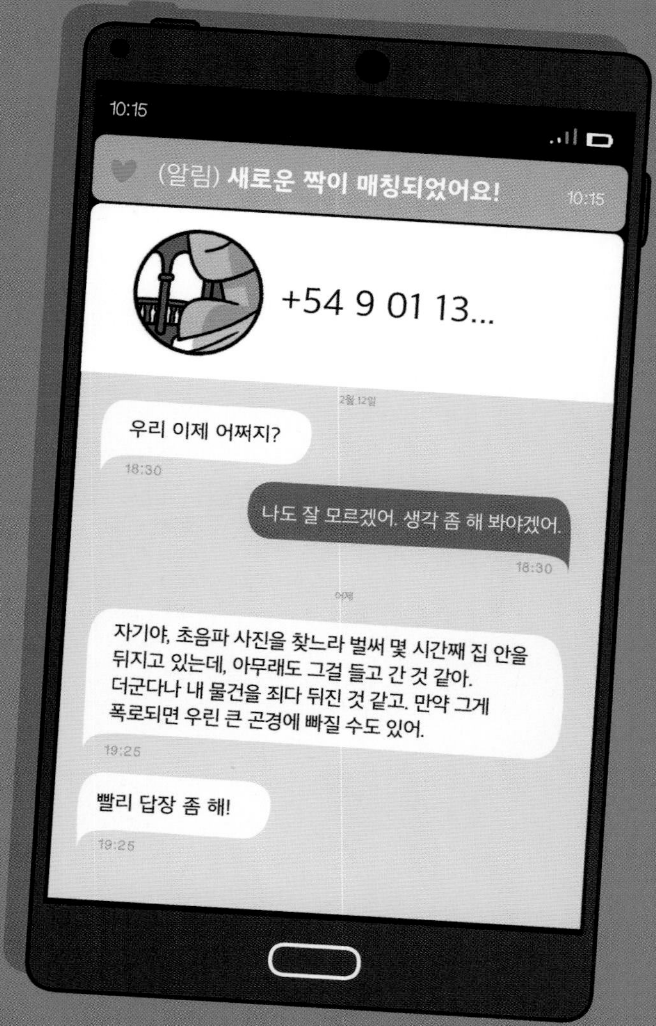

아드리안, 우리 둘이 이 소송 사건을 맡기로 한 이상,
자네가 이 문서들을 검토해주기 바라네. 사실 난 조금 놀랐어.

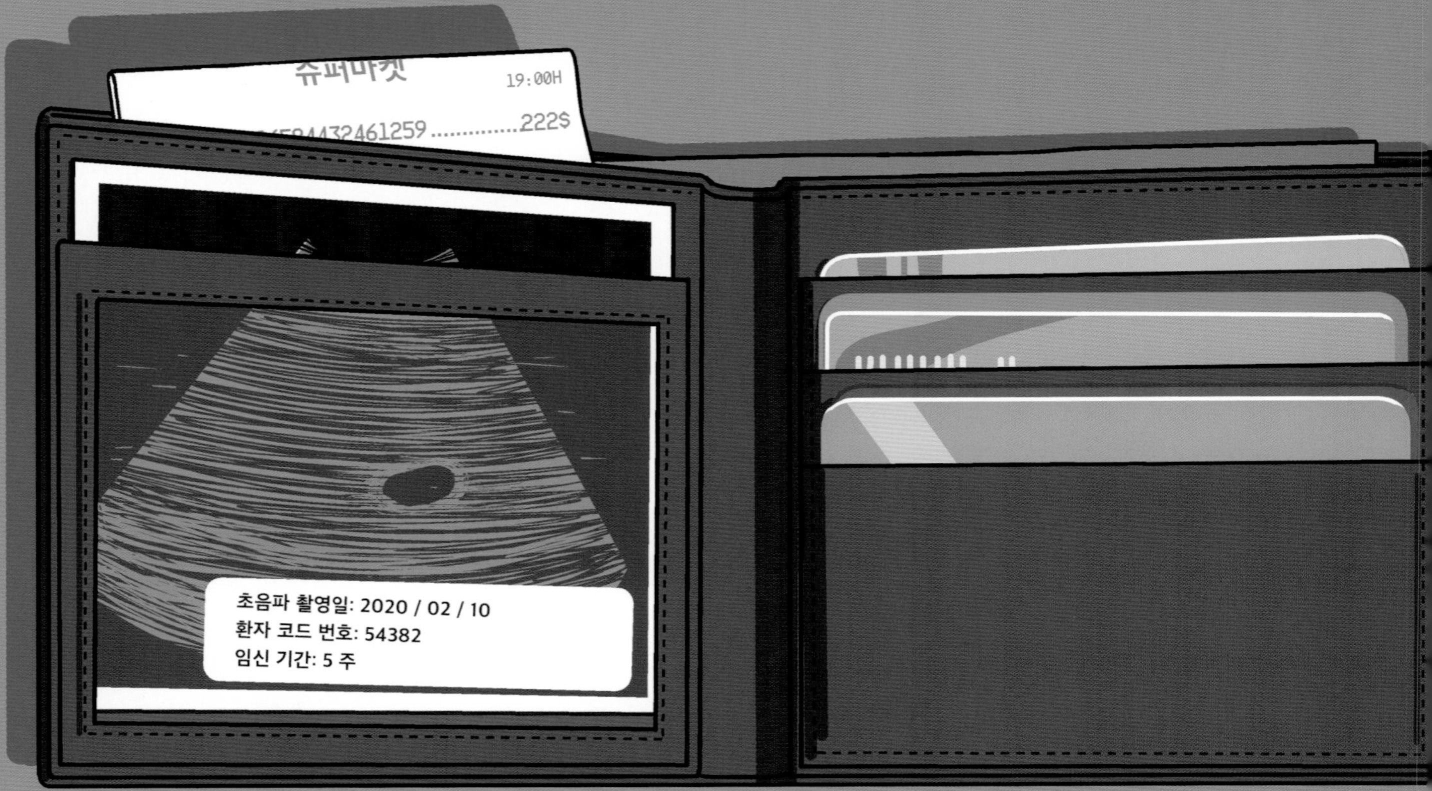
슈퍼마켓
19:00H
222$
초음파 촬영일: 2020 / 02 / 10
환자 코드 번호: 54382
임신 기간: 5 주

10:15
2020-02-14
이메일
검색 : 임신중절 수술
이메일
받은편지함(1)
중요메일함
채팅
보낸편지함
임시보관함
전체메일
스팸메일함(4)
휴지통
광고 20% 할인 인기 아이템, 곧 품절! 지금 확인하세요 2020.02.13 21:30
소피아 프린터 프린터가 잘 작동돼? 2020.02.13 17:45
소피아 RE: 사건번호331 도움 OK. 고마워. 2020.02.13 11:45
산티아고 사건번호452 회의 내일 회의가 열리는 시간과 장소를 공지함. 잊지 말 것… 2020.02.12 19:30
소피아 비용 처리 난 먼저 갈게. 그리고 식대 영수증은 잘 보관해. 그래야 나중에… 2020.02.12 18:52
산티아고 사건번호452 회의 내일 회의 시간과 장소에 관해 공지함 2020.02.11 19:30
소피아 사건번호331 내가 담당하고 있는 사건과 관련해 한 가지 물어봐도 될까? 2020.02.11 12:34
산티아고 사건번호452 회의 이번 주 내내 의뢰인과 회의를 가질 예정임. 내일 회의 시간과… 2020.02.10 19:30
소피아 회의실 예약 오늘 오후 내내 제2회의실이 필요함을 공지함. ok? 2020.02.10 10:35
32461259

피파의 무전

동료인 피파 형사가 자신이 수사한 내용을 알려주기 위해 무전기로 이야기하고 있습니다.

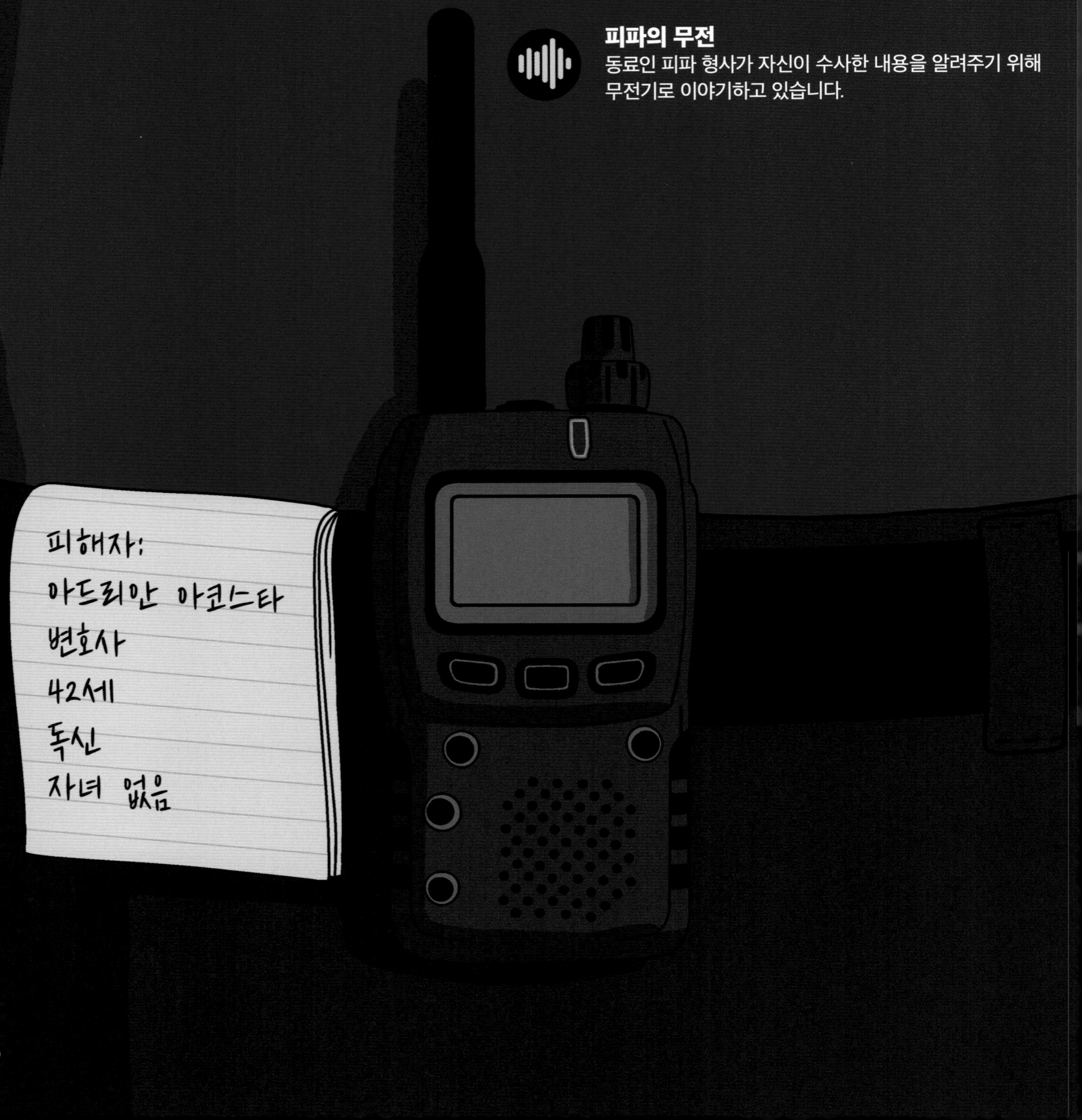

후아네스 형사님. 지금까지 알아낸 내용을 알려드립니다. 시신은 오늘 아침 이른 시간에 한 인부가 이 건물의 창문을 닦다가 발견했다고 합니다. 그 인부는 심문하기 위해 경찰서로 데려왔어요.

방금 피해자의 동료인 소피아와 산티아고에게 연락을 했는데, 두 명 모두 어제 저녁에 사무실을 나섰다고 하네요. 반면 그들이 퇴근할 때, 아드리안은 사무실에서 계속 일하고 있었답니다. 그들이 진술한 바에 따르면, 아드리안은 어제 하루 종일 좀 이상했다고 하더군요. 최근에 중요한 사건에서 패소해 그런 줄로만 알았답니다. 그가 자살하리라고는 꿈에도 생각하지 못했대요.

전화로 아드리안의 사망 소식을 전했을 때, 그들은 정말 망연자실해 하더군요. 언뜻 보기에 소피아는 몇 년 전부터 그와 내연 관계에 있었던 것 같습니다. 반면에 산티아고는 몇 달 전 아내가 죽은 후에 아드리안과의 우정이 크게 위로가 되었다고 진술했어요.

아무튼 위의 참고인들로부터 더 많은 진술이 나올 것 같습니다. 새로운 사실이 나오는 대로 알려드리겠습니다.

아드리안 & 산티아고 & 소피아
형사 전문 법률사무소
2012년 창립
사건번호 115: 카를로타 코레아
지난 7월에 본인을 습격한 강도를 살해한 혐의를 받고 있습니다. 피고는 그의 손에서
빠져나오기 위해 몸부림을 치다가, 간절히 기다리던 배 속의 아기를 유산하고 말았습니다.
50
days No Drink

사건의 실마리

이 사건을 해결하기 위해 굳이 여기 나온 단서를 읽을 필요는 없습니다. 하지만 당신의 추리가 미궁에 빠져 있다면, 아래의 단서가 도움이 될 것입니다. 그렇지만 한꺼번에 다 읽으려고 하지는 마세요. 어쩌면 하나의 단서만으로도 수수께끼를 풀 수 있는 열쇠를 찾을지 모르니까요. 그럼 행운을 빌어요!

단서 1

아르미안의 숨겨진 애인은 누구일까요? 프로필 사진을 자세히 관찰해보세요.

단서 2

변호사 사무실 개소식 사진이 언제 촬영된 것인지 알아내야 할 겁니다. 그러면 사진에 나오는 사람들 중의 한 명이 현재 몇 살인지 알 수 있을 거예요.

단서 3

이메일의 내용과 받은 시간을 주의 깊게 살펴보면서, 증거를 찾아보세요. 살인범이 결정적인 실수를 저지른 것은 바로 이메일입니다.

사건 해결

후아네스 형사와 함께 범인을 찾았나요?
이제 현장에 흩어진 단서를 재구성해서 사건의 숨겨진 진실을 찾아보세요.

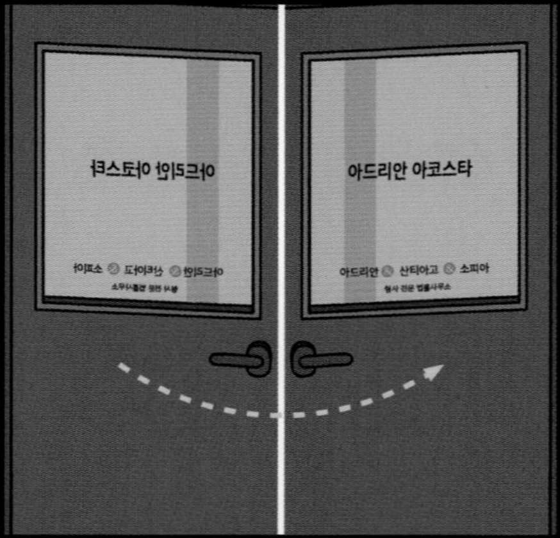

1 사건 현장은 두 명의 동료와 함께 일하는 형사 전문 변호사 아드리안 아코스타의 사무실입니다.

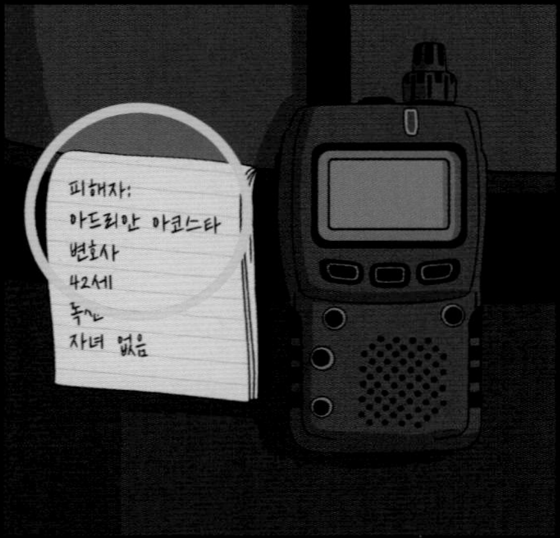

2 후아네스 형사가 수첩에 적어놓은 바에 따르면, 피해자는 아드리안 본인입니다.

3 이 사건은 자살일 수도 있습니다. 권총이 발사된 후 손에서 떨어진 것으로 보이니까요.

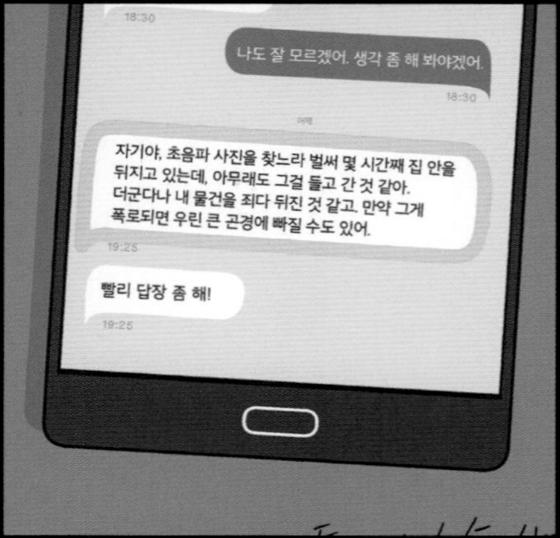

4 아드리안에게는 임신한 애인이 있습니다. 그녀는 누군가 초음파 사진을 찾아내 두 사람의 비밀을 알아낸 것이 틀림없다고 생각하네요.

5 컴퓨터 화면의 웹사이트 탭을 보면, 아드리안이 임신 중절을 위한 방법을 찾고 있었습니다. 원치 않은 임신 때문에 아드리안은 스트레스가 심했던 것 같습니다.

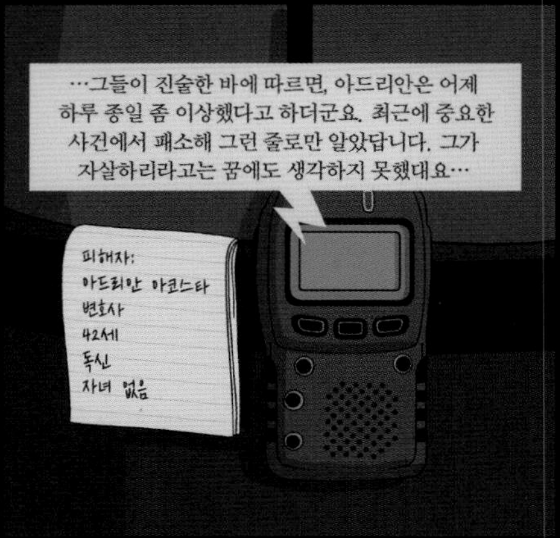

6 피파 형사가 무전기로 전한 바에 따르면, 아드리안은 최근에 중요한 소송 사건에서 패소했습니다. 어쩌면 이것이 자살의 원인이었을지도 모릅니다.

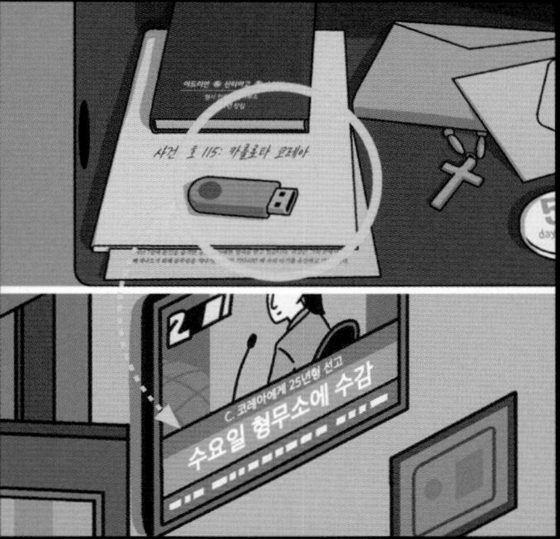

7 그가 패소한 소송은 카를로타 코레아 사건입니다. 그녀는 강도 때문에 아기를 유산하자 나중에 그를 살해했습니다. 아드리안의 아이를 임신한 것은 카를로타였던 걸까요?

8 그런데 초음파 사진은 카를로타가 유산한 아기의 것이 아니군요. 날짜가 서로 맞지 않습니다. 물론 그 사건 이후에 두 사람이 연인 관계가 되어 임신했을 가능성도 여전히 남아 있습니다.

9 아드리안은 알코올 중독자였습니다. 그의 책상 위에 술병이 놓여 있는데, 알코올 중독이 재발해서 술에 취해 우발적으로 자살했을 수도 있겠군요.

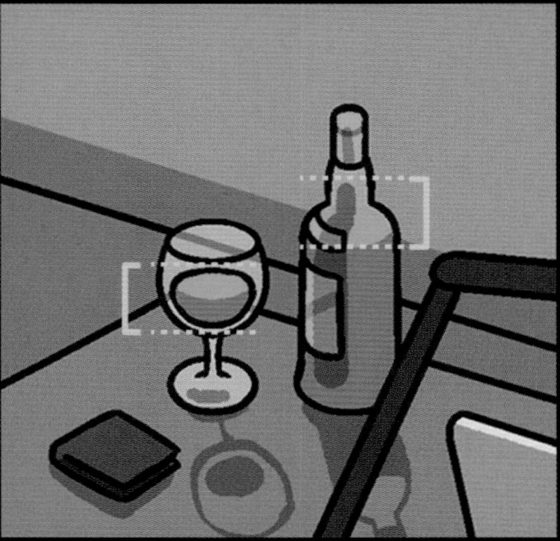

10 그런데 이상한 점이 있네요. 병에서 따른 술이 잔에 그대로 남아 있습니다. 따라서 아드리안은 술을 입에도 대지 않았던 거죠. 누군가가 책상 위에 술병을 갖다놓은 것 같습니다.

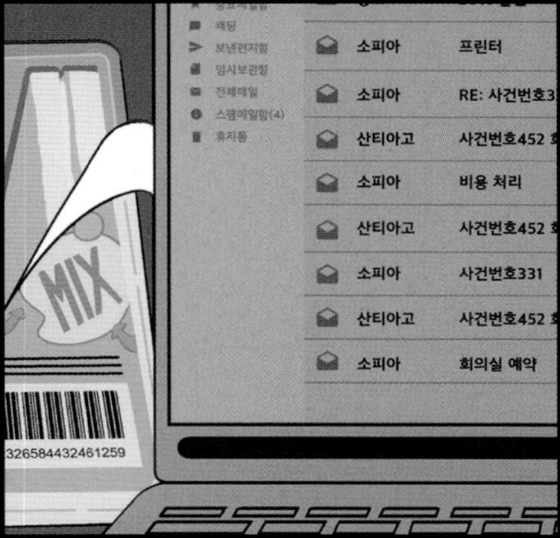

11 더군다나 누구든 샌드위치를 먹다 말고 스스로 목숨을 끊을 리는 없을 겁니다.

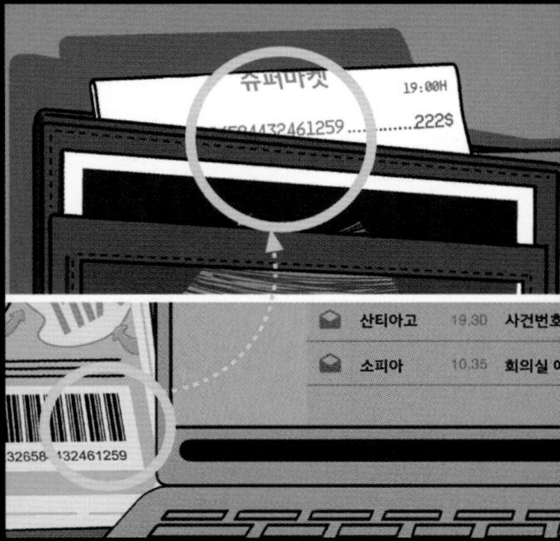

12 샌드위치 포장지에 찍힌 바코드 번호와 지갑 속 영수증의 끝자리 숫자가 일치하는군요. 따라서 그 영수증은 샌드위치를 사고 받은 것이 분명합니다.

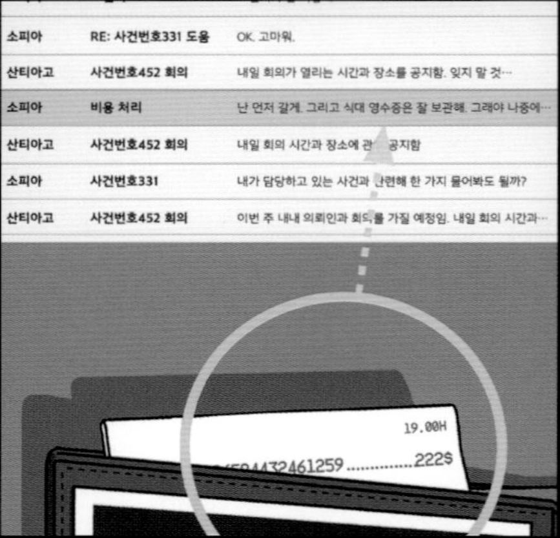

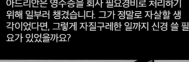

13 아드리안은 영수증을 회사 필요경비로 처리하기 위해 일부러 챙겼습니다. 그가 정말로 자살할 생각이었다면, 그렇게 자질구레한 일까지 신경 쓸 필요가 있었을까요?

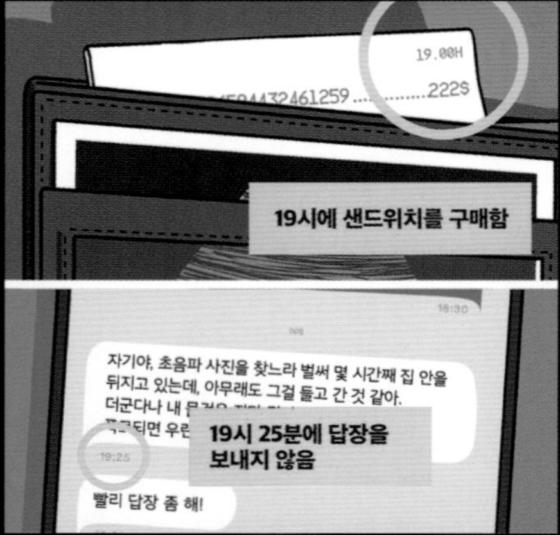

14 여러 정황으로 미루어 볼 때, 그는 샌드위치를 산 19시 직후, 그리고 메시지에 답장하지 않은 19시 25분 이전에 죽은 것이 분명합니다.

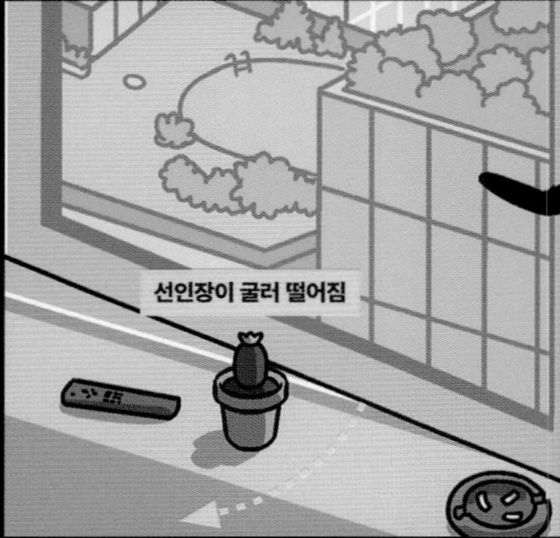

15 하지만 누가 그를 죽였을까요? 일단 유리창을 닦던 인부는 용의선상에서 배제할 수 있습니다. 만약 그가 범행을 저지르기 위해 들어왔다면, 창문을 여는 순간 선인장이 쓰러졌을 테니까요.

16 중요한 것은 아드리안의 숨겨진 애인이 누구인지 밝히는 겁니다. 카를로타는 애인일 리가 없습니다. 그녀는 지금 형무소에 수감되어 있어서 마음대로 휴대전화를 쓸 수 없을 테니까요.

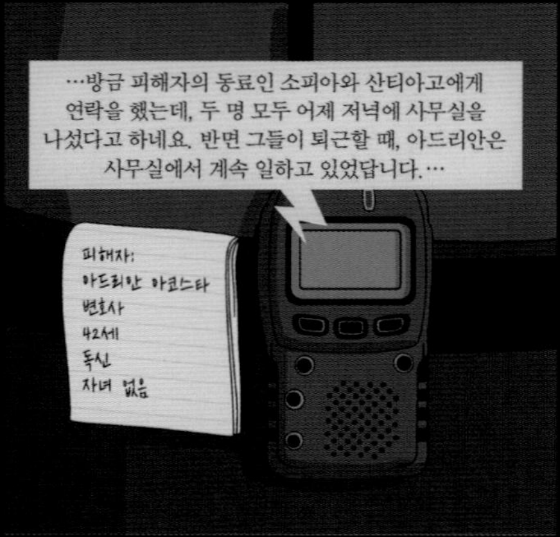

17 동료인 소피아도 임신한 애인일 리가 없습니다. 메시지를 보낸 사람은 초음파 사진을 찾느라 벌써 몇 시간째 집 안을 뒤지고 있다고 했으니까요. 하지만 소피아는 하루 종일 사무실에 있었습니다.

18 사진을 보면 개소식이 2012년에 열렸다는 것을 알 수 있습니다.

19 한 여자아이의 생일도 개소식과 같은 날이었습니다. 모두 같은 옷을 입고 있는 데다, 소피아의 셔츠에 똑같은 얼룩이 묻어 있어요.

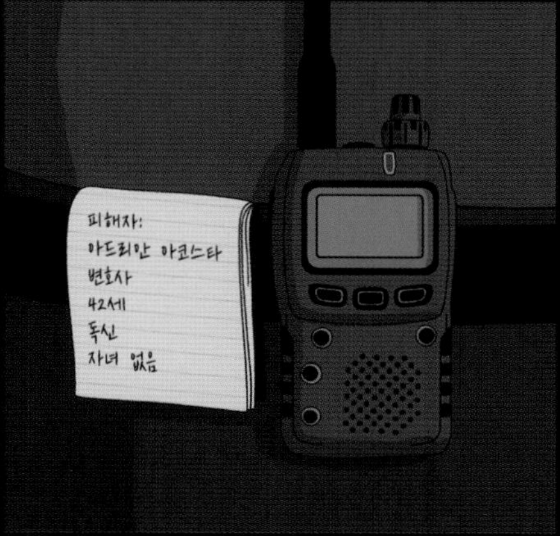

20 생일을 맞이한 아이는 아드리안의 딸이 아닙니다. 후아네스 형사의 수첩을 보면, 그는 자식이 없다고 되어 있으니까요.

21 여자아이가 2012년에 여덟 살이 되었다면, 2020년에는 열여섯 살이겠죠. 임신이 가능한 나이가 된 겁니다.

22 또 다른 단서는 휴대전화의 프로필 사진에 있습니다. 사진에 나오는 창문은 생일 파티가 열렸던 집의 창문과 정확히 똑같아요.

23 더구나 금고 안에 있던 십자가 목걸이는 사진 속의 여자아이가 목에 걸고 있던 것과 같은 겁니다. 그녀는 사랑의 징표로 그 목걸이를 아드리안에게 선물한 것입니다.

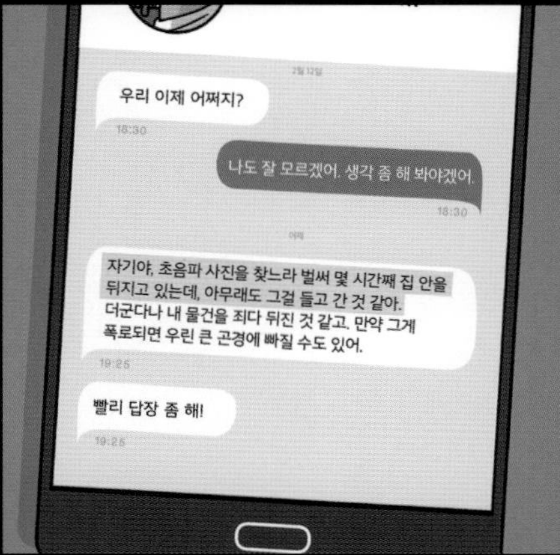

24 초음파 사진이 집에서 사라졌다면, 그것을 발견한 사람은 그녀의 아버지나 어머니일 겁니다. 결국 그녀의 비밀을 알게 된 산티아고나 소피아 중 한 명이 아드리안을 죽인 것이죠.

누가 그 여자아이의 아버지 혹은 어머니일까?

25 살인 동기는 밝혀냈지만, 살인범이 누군지는 아직 모릅니다. 그 여자아이는 대체 누구의 딸일까요? 산티아고의 딸일까요? 아니면 소피아의 딸일까요?

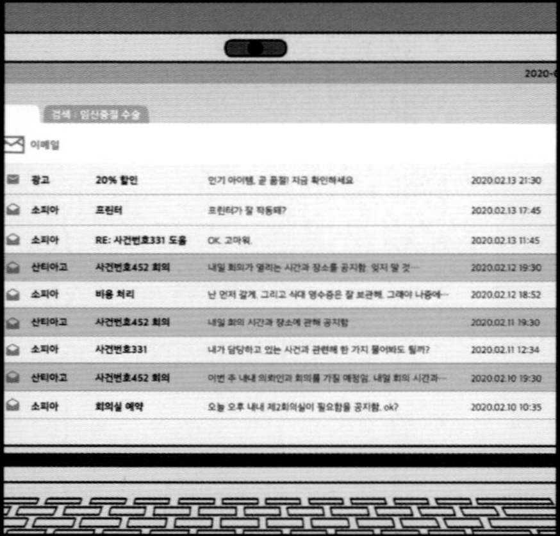

26 이메일을 자세히 살펴보면, 산티아고가 매일 저녁 아드리안에게 메일을 보내 그다음 날 있을 회의에 관해 알려주고 있다는 것을 알 수 있어요.

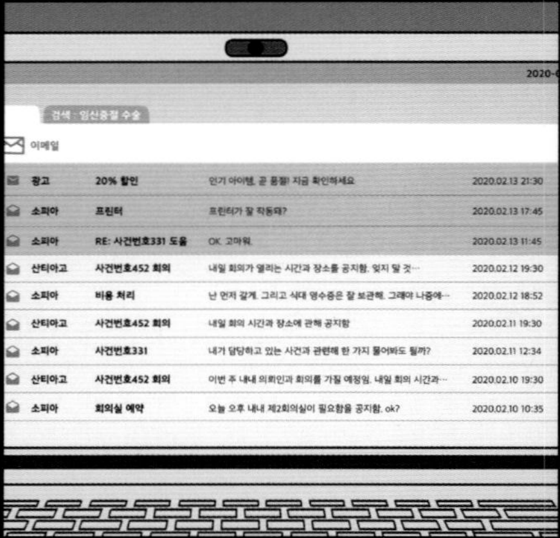

27 하지만 살인 사건이 일어난 13일에는 깜박 잊고 메일을 보내지 않았습니다. 이미 죽였으니까 더 이상 메일을 보낼 필요가 없어진 거죠.

LA CORAZONADA | NETFLIX

이 사건은 넷플릭스의 영화 〈Intuition〉에 등장하는 인물들을 바탕으로 각색함

사무실의 이상한 자살 사건

사건의 진실

소피아, 산티아고, 그리고 아드리안은 오래전부터 막역한 친구 사이였다. 서로 마음이 잘 맞았던 그들은 생일이나 다른 기념일 같은 날이면 한 가족처럼 모여 서로 축하해주었다. 그리고 2012년 그 셋은 함께 형사 전문 법률사무소를 설립하기로 결정했다.

산티아고에게는 누구보다 소중한 어린 딸이 하나 있었다. 세 친구는 자연스럽게 서로의 가족과도 함께 자주 어울렸다. 그 아이가 사춘기가 될 무렵, 그녀는 평소 존경하던 아드리안에게 깊은 사랑을 느끼게 되었다. 아드리안 역시 그녀에게 끌리기 시작했고 결국 둘은 비밀스러운 관계를 맺는다. 그녀는 사랑의 징표로 자신의 십자가 목걸이를 그에게 선물하기도 했다. 그러나 아드리안에게 있어서 그녀는 자신이 정복한 또 한 명의 여자에 지나지 않았다. 이 여자, 저 여자를 만나는 것이 그의 낙이었기 때문이다. 그러던 어느 날, 그녀가 덜컥 임신을 하게 되었다.

갑작스러운 임식 소식에 둘이 우왕좌왕할 때, 또 다른 사람도 그 사실을 곧바로 알게 되었다. 바로 산티아고였다. 우연히 자기 딸의 방에서 초음파 사진을 발견한 것이다. 화가 난 산티아고는 딸의 방을 죄다 뒤지던 중, 아기의 아버지가 자신의 가장 친한 친구이자 동료 변호사인 아드리안이라는 사실을 알고 충격에 빠지고 말았다. 분노에 휩싸인 그는 초음파 사진을 가지고 사무실로 향했다. 그는 소피아가 퇴근할 때까지 기다리다, 아드리안의 사무실로 쳐들어갔다. 19시 5분이었다. 당시 아드리안은 샌드위치를 먹으면서 노트북 컴퓨터로 작업을 하고 있었다. 격노한 산티아고는 아드리안이 자기 딸을 꼬드겼고, 결국 그 아이의 인생을 망쳐버렸다고 비난을 퍼부어댔다. 울부짖으며 고함을 지르던 끝에 그는 결국 아드리안의 머리에 총을 쏘고 말았다.

정신을 차린 산티아고는 아드리안이 자살한 것처럼 위장하기로 했다. 그는 아드리안이 최근 중요한 사건에서 패소하는 바람에 잔뜩 풀이 죽어 있다는 것을 알고 있었다. 게다가 그는 아드리안이 그의 딸을 임신시켰다는 사실을 자연스럽게 폭로하기 위해, 초음파 사진을 아드리안의 지갑 속에 넣어두었다. 짐승만도 못한 짓을 저질렀다는 죄책감을 이기지 못한 아드리안이 스스로 목숨을 끊었다고 여기게 만들려는 생각이었다. 아드리안이 예전에 알코올 중독자였다는 것을 떠올린 그는 자살처럼 꾸미기 위해 책상 위에 위스키 한 잔을 따라놓기로 했다. 하지만 현장을 보다 사실적으로 꾸미기 위해 술을 마신 것처럼 조금 버려야 한다는 것을 잊고 말았다. 그리고 하루도 거르지 않고 매일 19시 30분에 아드리안에게 보내던 사건번호 452 관련 회의 소집 메일을 보내지 않았다.

다음 날 오전, 피파 형사로부터 동료 아드리안의 사망 소식을 들었을 때 그는 충격을 받고 슬픈 척했다. 하지만 현장을 철저히 조사한 탐정이 사건의 진실을 밝혀냈고, 결국 그는 체포되고 말았다.

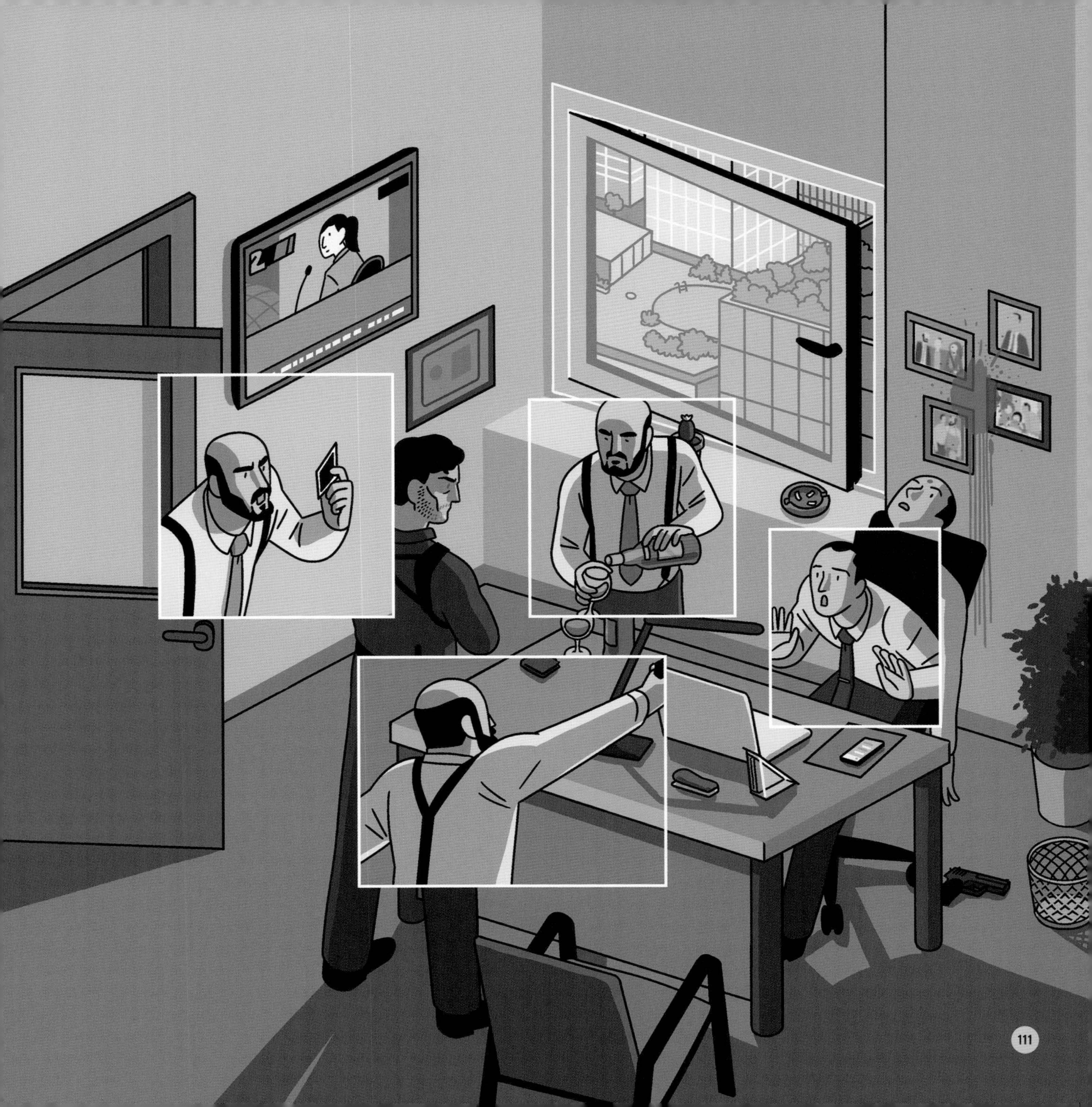

CASE **07**

산타마리아호의 비극

당신은 이번 여름 휴가에 대서양 크루즈를 타고 푹 쉬기로 결정했습니다.
하지만 선상에서 일어난 뜻밖의 사건 때문에 평온한 시간을 즐기던 당신의 휴가는 생각보다 금방 끝나버리고 맙니다. 크루즈를 운영하는 거대 해운회사의 회장이 시체로 발견된 것입니다.
이제 용의자들의 진술 속에서 진짜 범인을 가리키는 결정적인 단서를 찾아보세요.

이 사건의 범인은?

그 증거는?

살해 동기는?

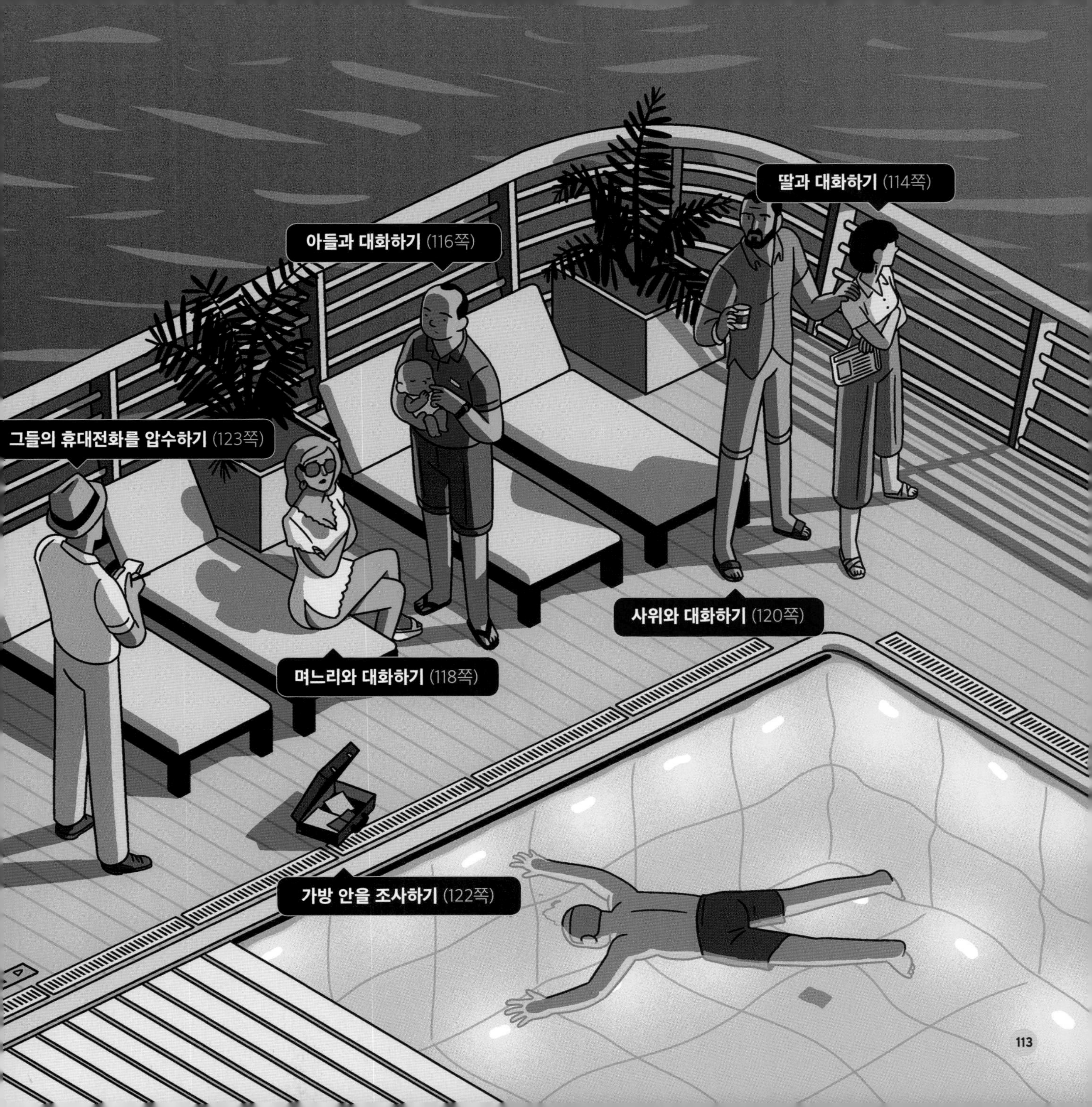
딸과 대화하기 (114쪽)
아들과 대화하기 (116쪽)
그들의 휴대전화를 압수하기 (123쪽)
사위와 대화하기 (120쪽)
며느리와 대화하기 (118쪽)
가방 안을 조사하기 (122쪽)

카타나의 진술

피해자의 딸이 용의자들 중 한 명이라는 데는 의심의 여지가 없습니다. 당신은 그녀에게 살인 사건이 발생했을 때 어디 있었는지를 확인합니다.

산타마리아 가문은 회사 창립 기념일을 축하하고 누가 차기 회장이 될 것인지 발표하기 위해 가문 소유의 대서양 횡단 크루즈를 타고 여행을 떠날 예정이다
사진: 2020년 6월 25일
커미션 부당 수수 혐의로 RTA당 당사 압수수색

탐정님, 우리가 얼마나 행복해 보이는지 이 기사 좀 보세요. 물론, 뭐 사실하고는 전혀 다르지만요. 우리 가족들은 모두 아빠를 싫어했죠. 하기야 어리석기 짝이 없는 데다, 자기밖에 모르고 탐욕스러우니까 그럴 수밖에요. 특히 엄마가 돌아가시고 나서부터 더 그래요. 아빠한테 중요한 건 회사와 평판, 그리고 돈밖에…

아 참, 죄송해요. 내 이름을 물어보셨죠? 난 카타나, 카타나 산타마리아라고 해요. 맞아요. 그리고 고인의 장녀고요. 아빠의 시신을 발견한 건 바로 나예요. 하지만 나는 맹세코 아빠를 죽이지 않았어요.

난 그때 갑판 위를 산책하고 있었죠. 시원한 공기를 쐬면서 생각을 하고 싶었거든요. 아마 20시 30분쯤 됐을 거예요. 여기를 지나가려는데, 풀장 옆에 아빠의 가방이 떨어져 있는 걸 보고 깜짝 놀랐어요. 그런데 보니까 풀장에 덮개가 씌워져 있더라고요. 갑자기 이상한 생각이 들어서, 덮개를 열어보기로 했죠. 그런데 덮개가 열리니 아빠가 죽은 채로 물에 둥둥 떠 있지 뭐예요.

그런데 내가 왜 아빠를 죽이겠어요? 물론 우리는 조만간 아빠의 회사와 재산을 모두 물려받을 거예요. 하지만 아빠는 어차피 살날도 얼마 남지 않은 상태였다고요. 병에 걸려 시름시름 앓더니 점점 쇠약해졌죠. 의사들도 앞으로 얼마 못 버틸 거라고 했어요. 사실 아빠가 돌아가시면 가장 이득을 보는 건 남동생이에요. 더구나 걔는 전부터 돈이 필요하다고 그러더라고요. 그러니까 그 아이한테 가서 물어보세요. 아까 내가 사고 소식을 알려주었더니, 자기는 하루 온종일 거기에 처박혀 지냈다고… 네, 남동생이 항상 있는 바로 그곳에서요.

루카스의 진술

피해자의 아들은
아기 줄리안을 재우고
있는데 침착한 모습이
수상쩍습니다.
당신은 그가 하는 말을
꼼꼼히 듣습니다.

안녕하세요, 탐정님. 저는 루카스라고 합니다. 피해자의 아들이죠. 아버지의 정식 이름을 물어보셨죠? 네, 아버지의 이름은 레오나르도 산타마리아 산타마리아예요. 같은 성을 두 번이나 쓰다니, 참 이상한 이름이죠.

솔직히 말씀드리면, 나는 아버지를 증오했습니다. 정말이지 죽도록 미워했어요. 물론 평소 아버지를 알고 지내던 사람들도 다 그랬지만요. 하지만 맹세코 나는 아버지를 죽이지 않았어요.

사실 저는 최근 몇 달 동안, 개인적인 문제로 골치를 썩이고 있었죠. 돈 문제로요. 아버지만 나서서 도와주었더라면 쉽게 해결할 수도 있었죠. 아시다시피, 아버지는 돈이 많았으니까요. 그런데 처음 한 번은 도와주더니, 그다음부터는 등을 돌려버리더라고요. 생각해보세요! 얻어온 자식도 아니고, 자기 친자식한테 말이죠.

그런데 아버지는 저한테 돈을 무제한으로 퍼준다고 해도 제 문제를 해결하지 못할 거라고 하더군요. 그러면서 내가 저지른 실수로부터 배우고, 스스로의 힘으로 삶의 방향을 바꾸어야 한다고 했죠. 그 망할 노인네가 나를 내팽개쳐 버린 거라고요.

지금 당신이 무슨 생각을 하는지 알아요. 아버지의 죽음으로 내 문제가 저절로 해결될 거라고 생각하겠죠. 어차피 아버지 유산의 상당 부분을 내가 상속받을 테니까, 그런 생각이 들 만도 할 겁니다. 하지만 맹세코 나는 아버지의 죽음과 아무 관련도 없어요!

애슐리의 진술

피해자의 며느리는 억양을 보니 미국 출신이네요. 당신은 그녀의 말을 주의 깊게 듣습니다.

탐정님이 우리와 같은 배를 타고 있다니, 정말 다행스러운 일이네요. 얼른 사건의 진상이 밝혀지기를 진심으로 바랍니다.

아 참, 내 이름은 애슐리 프랫이에요. 2년 전에 루카스와 약혼한 사이죠. 하지만 그이의 아버지를 안 지는 꽤 오래됐어요. 나는 오래전부터, 그러니까 그들이 여기 미국에 자리 잡고 살기 시작할 무렵부터, 이 대서양 횡단 크루즈에서 승무원으로 일했으니까요.

이 얼룩이오? 아, 이건 커피를 쏟아서 얼룩이 진 거랍니다. 그이로부터 그 소식을 듣자마자, 나는 레스토랑에서 뛰쳐나갔어요. 그러다 그만 커피를 들고 있던 라몬과 부딪히고 말았거든요.

네, 사실 나는 레오나르도와 사이가 그다지 좋지 않았어요. 물론 늘 그랬던 건 아니지만요. 내가 여기서 일할 때만 해도, 그분은 그렇게 어리석게 굴지 않았어요. 그런데 내가 루카스와 사귀기 시작할 무렵부터, 갑자기 나를 못살게 굴기 시작하더라고요. 아마 내가 돈 때문에 자기 아들에게 접근한 거라고 생각했던 모양이에요. 하지만 그건 절대 사실이 아니에요. 나는 루카스를 진심으로 사랑하니까요.

물론 나는 레오나르도를 죽이지 않았어요. 그가 언제나 나를 무시했던 것과는 별개로, 나는 그분에 대한 반감이 전혀 없으니까요.

라몬의 진술
피해자의 사위를 만나
여러 가지 질문을 던져본
당신은 그에게서
새로운 사실을 듣습니다.

아, 네. 내 이름은 라몬 리바스예요. 나는 카타나의 남편입니다. 그러니까 피해자의 사위죠. 사실 사건이 일어났을 때, 나는 배의 반대쪽에 있었습니다. 자세히 말씀드리면, 나는 그때 주문한 커피를 들고 난간에 기대어 서서 배가 지나간 자취를 멍하니 바라보고 있었어요.

그런데 20시 35분경 아내가 내게 메시지를 보냈습니다. 아버님의 시신이 발견되었다고 하더군요. 나는 소식을 듣고 곧장 달려 나갔습니다. 배를 한 바퀴 돌아 현장에 도착했죠. 그런데 너무 서두르다가 애슐리와 부딪히는 바람에 그녀의 옷에 커피를 쏟고 말았죠. 그녀도 그 소식을 듣고 레스토랑을 나서던 참이었다고 하더군요.

뭐, 여러 사람들한테 들으셨겠지만, 나는 장인과 사이가 그다지 좋지 못했습니다. 장인은 내가 가족과 떨어져 있기를 바랐죠. 한마디로 자기 딸과 헤어지기를 원했던 겁니다. 심지어 나에 관한 문제를 폭로하겠다면서 나를 협박하기도 했으니까요… 개인적인 문젭니다. 그리 심각한 것도 아니고요. 오해하지는 마세요. 그저 개인적인 문제일 뿐이니까요.

그러니까 내가 몇 시간 동안 피해자 주변을 어슬렁거리는 것을 본 직원이 여러 명 있다는 말씀이군요… 네, 맞아요. 이왕 이렇게 된 마당에 사실대로 말씀드리겠습니다. 나는 오늘 한동안 장인 뒤를 계속 쫓아다녔어요. 하지만 그건 장인의 가방 때문이에요. 개인적인 문제를 해결하려면 그 안의 것이 필요했어요. 하지만 노인네는 단 한순간도 서류 가방에서 떨어지지 않더군요. 하루 종일 가방을 끼고 살더라고요. 그래서 결국 포기하고 말았죠. 하지만 그러는 동안 나는 이상한 낌새를 전혀 눈치채지 못했습니다. 대체 누가 그를 죽였는지, 전혀 모르겠어요. 물론 맹세컨대, 나는 살인 사건과 아무 관련도 없습니다.

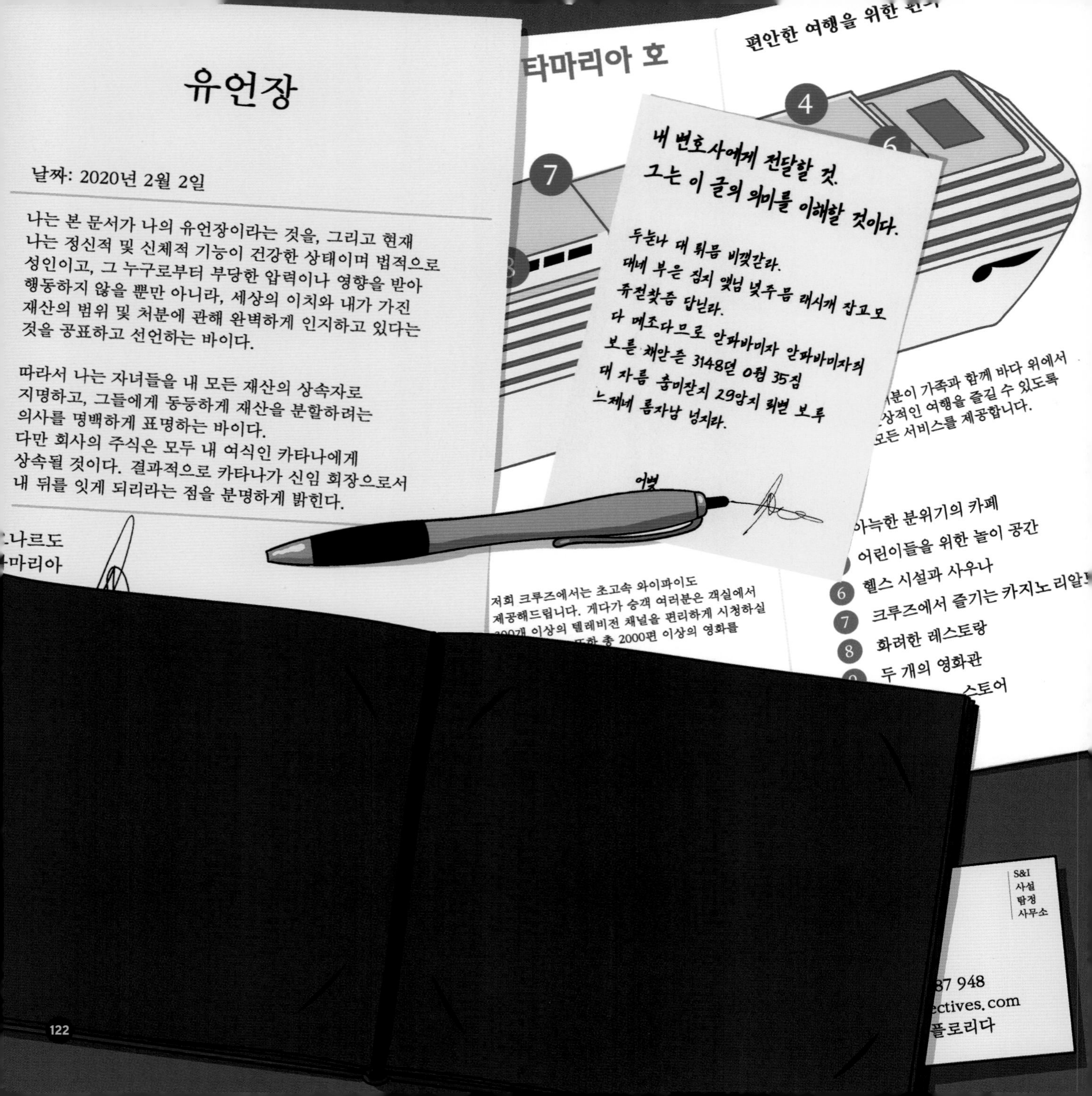
유언장
날짜: 2020년 2월 2일
나는 본 문서가 나의 유언장이라는 것을, 그리고 현재 나는 정신적 및 신체적 기능이 건강한 상태이며 법적으로 성인이고, 그 누구로부터 부당한 압력이나 영향을 받아 행동하지 않을 뿐만 아니라, 세상의 이치와 내가 가진 재산의 범위 및 처분에 관해 완벽하게 인지하고 있다는 것을 공표하고 선언하는 바이다.
따라서 나는 자녀들을 내 모든 재산의 상속자로 지명하고, 그들에게 동등하게 재산을 분할하려는 의사를 명백하게 표명하는 바이다.
다만 회사의 주식은 모두 내 여식인 카타나에게 상속될 것이다. 결과적으로 카타나가 신임 회장으로서 내 뒤를 잇게 되리라는 점을 분명하게 밝힌다.
타마리아 호
편안한 여행을 위한
내 변호사에게 전달할 것.
그는 이 글의 의미를 이해할 것이다.
두눈나 대 뤼믐 비깼갇라.
대네 부은 짐지 얘님 녗주믐 래시개 잡고모
쥬젇찿즘 답닏라.
다 메조다므로 안파바미자 안파바미자의
보른 채안즘 3148덛 0훰 35짐
대 자름 춤미잔지 29압지 뢰볃 보루
느제네 롬자남 넝지라.
어벚
분이 가족과 함께 바다 위에서
상적인 여행을 즐길 수 있도록
모든 서비스를 제공합니다.
저희 크루즈에서는 초고속 와이파이도
제공해드립니다. 게다가 승객 여러분은 객실에서
아늑한 분위기의 카페
어린이들을 위한 놀이 공간
6 헬스 시설과 사우나
7 크루즈에서 즐기는 카지노
8 화려한 레스토랑
두 개의 영화관
S&I
사설
탐정
사무소
87 948
ectives.com
플로리다

다시 찾아가서 말했어. 그들이 나를 잡으러 온다고. 그리고 이번 주 내로 그들에게 돈을 주지 않으면 나를 죽일 거라고 말이야. 그런데도 끝내 나를 도와주지 않겠다고 하는군. 게다가 계속 그런 식으로 나오면 유언장에서 우리 이름을 모두 파버릴 거라고 엄포를 놓지 뭐야. 빌어먹을. 도대체 나더러 어쩌라는 거지?
16:18
망할 놈의 노인네!!! 그래도 지금 몸이 안 좋으니까, 조금만 더 기다려보자고. 하루라도 빨리 죽으면 좋을 텐데.
16:18
솔직히 말하면 그렇지.
16:19
여보, 지금 전화하려고 하는데, 여기서는 전화가 안 터지는 모양이야. 사람들이 풀장에 빠져 죽은 아버지를 발견했나 봐. 어서 달려와.
20:37
맙소사!!! 당장 달려갈게. 가까운 곳에 있어, 여기 레스토랑이야. 일 분 후면 도착할 거야.
20:37
15:40
그 녀석에게 이 사진을 보여주면서 나가라고 했다. 당장 집을 떠나라고 말이야. 너는 못할 것 같아서 내가 대신 말해준 거니까 그리 알고 있어. 그 녀석이 한 짓이 세상에 알려지면 네 이름은 물론, 회사와 우리 가문의 이름에 먹칠을 하게 되리라는 걸 넌 왜 모르는 거냐?
15:40
만약 녀석이 오늘 당장 네 곁을 떠나지 않으면 내가 그 사진을 폭로하고 말 테다. 하지만 그보다 먼저 너희 둘의 이름을 내 유언장과 회사에서 빼버릴 거야. 내일 당장 기자회견을 열 테니까 그리 알아둬.
15:41
아빠, 제발 내게 시간을 좀 더 줘. 우리도 지금 내 결혼 생활에 대해 이야기를 하고 있는 중이란 말이야.
15:42
21:12
1 방금 루카스한테 들었는데, 유언장에서 우리 가족 이름을 다 빼버리겠다고 했다면서!!!
19:50
1 미쳤어?? 그러면 당신 아들한테 한 푼도 물려주지 않겠다는 거야? 정말 우리한테 아무것도 안 남겨줄 거냐고?
19:50
1 크리스마스 건은 당분간 비밀로 묻어두겠지만… 언젠가 둘이서 이야기를 좀 해야겠어.
19:51
1 무슨 말인지 알겠어???? 어서 답장해!!!!
19:53
그가 내 객실에 오더니 다짜고짜 그 사진을 내밀더라고. 그러곤 당장 집에서 나가라는 거야. 그러지 않으면 당신 이름을 유언장에서 빼버리겠다면서 말이지. 미국에서는 특별한 이유가 없어도 자식들의 상속권을 박탈할 수 있다는 말도 했어. 우린 이제 독 안에 든 쥐 신세가 된 것 같아.
15:04
빌어먹을, 죽여 버릴 테야!!!
15:05
아냐. 그전에 내가 먼저 그를 죽일 거야.
15:06
하느님 맙소사! 풀장 안에 아버지가 죽어 있어! 이를 어째! 이리로 와, 어서.
20:35
이런 젠장! 당신 괜찮아? 당장 거기로 갈게.
20:35

사건의 실마리

이 사건을 해결하기 위해 굳이 여기 나온 단서를 읽을 필요는 없습니다. 하지만 당신의 추리가 미궁에 빠져 있다면, 아래의 단서가 도움이 될 것입니다. 그렇지만 한꺼번에 다 읽으려고 하지는 마세요. 어쩌면 하나의 단서만으로도 수수께끼를 풀 수 있는 열쇠를 찾을지 모르니까요. 그럼 행운을 빌어요!

단서 1

레오나르도가 같은 상을 두 번이나 쓴다는 사실이 쪽지에 쓰인 암호문을 해독하는 가장 중요한 열쇠입니다. 그 쪽지에서 두 개의 같은 단어를 찾아, 암호 코드를 풀어보도록 하세요.

단서 2

쪽지는 '치환암호'라고 알려진 카이사르 암호로, 이런 종류의 암호문에서는 각 글자가 몇 자리 앞 혹은 뒤에 있는 다른 글자로 치환됩니다. 이 쪽지의 경우, 한글 자음 중 하나 뒤의 글자로 대체된 거죠. 예를 들어 'ㄱ'은 'ㄴ'으로, '1'은 '2'로 치환되었습니다. 먼저 암호표를 만들고 이를 보면서 글자를 치환해보세요.

단서 3

평균적인 임신 기간은 9개월입니다. 애슐리가 말한 크리스마스 건과 줄리안이 18살이 되는 날짜를 확인해보면 그의 진짜 아버지를 추리할 수 있습니다.

단서 4

피해자의 사위인 라몬은 크루즈의 반대쪽 난간에 기대서서 배가 지나간 자취를 바라보고 있었다고 진술했죠. 그런데 크루즈 안내 팸플릿을 보면, 그 부분에도 풀장이 있는 것을 확인할 수 있습니다. 따라서 크루즈에는 서로 비슷한 모양의 풀장이 하나는 선수에, 다른 하나는 선미에 있는 것으로 보입니다. 그렇다면 시신은 어디서 발견되었을까요?

사건 해결

이제 단서를 모아 살인을 저지른 범인을 찾고 숨겨진 이야기를 추리해보세요.

1 당신은 지금 산타마리아 가문 소유의 크루즈에 타고 있습니다. 산타마리아 가문은 해운회사를 소유하고 있죠.

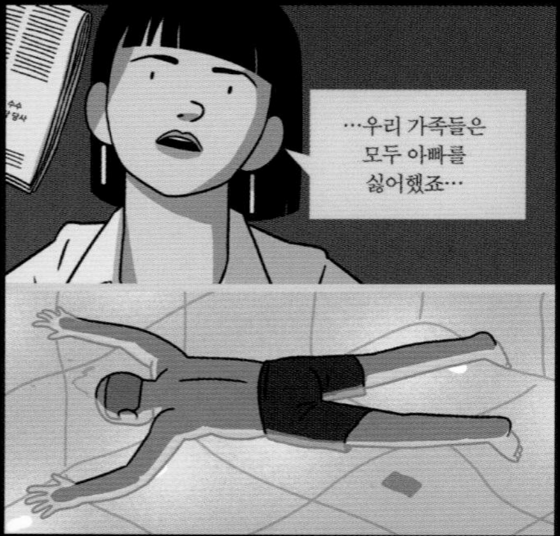

2 피해자는 산타마리아가의 가장인 레오나르도 산타마리아 산타마리아입니다.

3 피해자의 딸에 의하면, 그는 홀아비로 깊은 병에 시달리고 있었다고 합니다. 그래서 조만간 그가 죽으면 기업과 회장직을 포함한 엄청난 재산을 유산으로 남기게 되겠죠.

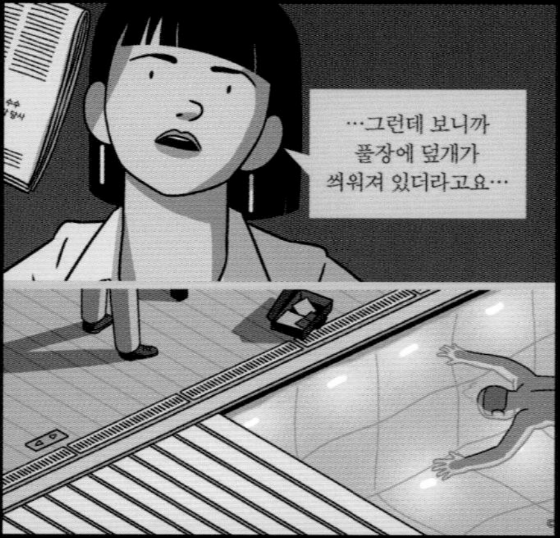

4 주변 정황으로 미루어볼 때, 누군가 그를 풀장으로 밀어서 떨어뜨린 다음, 덮개를 닫아 익사에 이르게 한 것으로 추정됩니다.

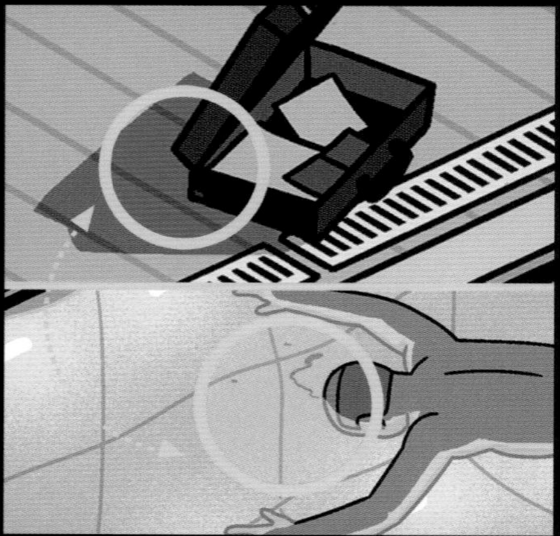

5 하지만 그전에 누군가가 서류 가방으로 그를 내리친 것으로 보이네요. 자세히 보면 가방 모서리뿐만 아니라, 피해자의 머리에도 핏자국이 남아 있습니다.

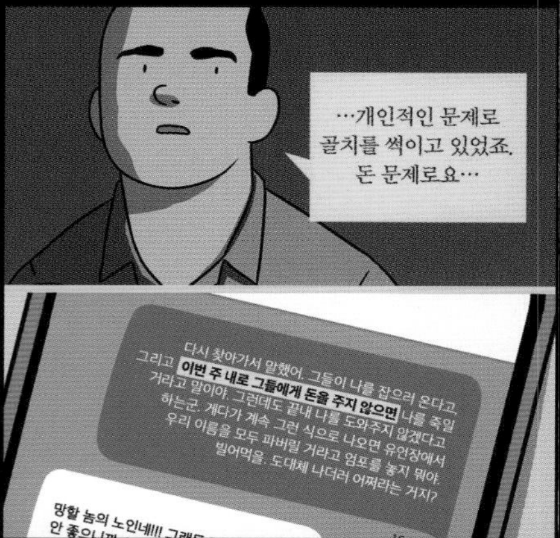

6 압수한 휴대전화가 누구의 것인지 먼저 확인해볼까요? 빨간색은 아들 루카스의 것입니다. 메신저에서 돈 문제로 골치를 썩이고 있다고 털어놓는데, 이는 그의 진술과 일치합니다.

7 대화 내용을 보면 그는 아내인 애슐리와 이야기하는 것 같네요. 또한 그의 아버지가 어떤 이유에서인지 유언장에서 그들의 이름을 빼버리겠다고 위협하고 있는 것으로 보입니다.

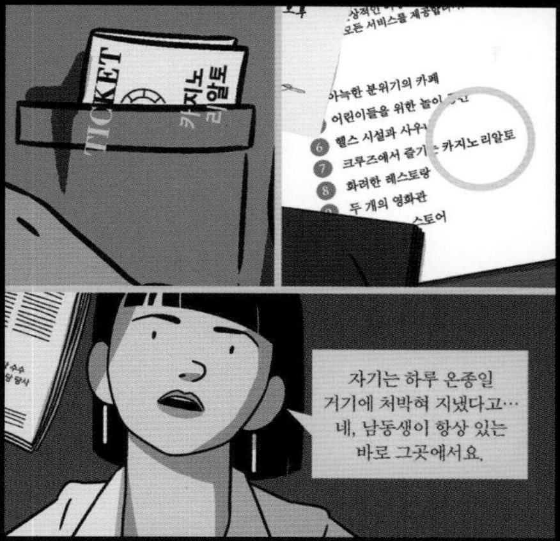

8 그 이유는 바로 루카스가 도박 중독에 빠졌기 때문이에요. 그의 상의 주머니에 꽂혀 있는 것은 선상 카지노 입장권입니다. 카타나는 그가 '항상 있는 바로 그곳'에 종일 있었다고 진술했죠.

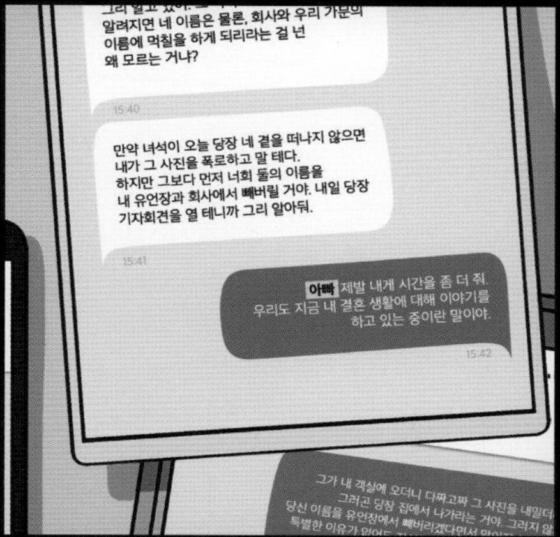

9 메신저에서 상대를 '아빠'라고 부르는 것을 보면, 핑크색 휴대전화가 그의 딸인 카타나의 것임을 알 수 있죠.

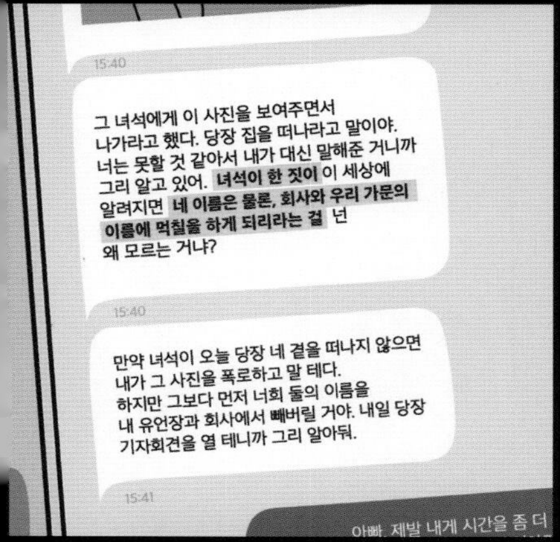

10 카타나는 지금 진퇴양난에 빠져 있네요. 아버지가 당장 남편 라몬과 헤어지라고 성화를 부리고 있으니까요. 레오나르도는 라몬이 자신과 회사의 이름에 먹칠을 하게 될 거라고 합니다.

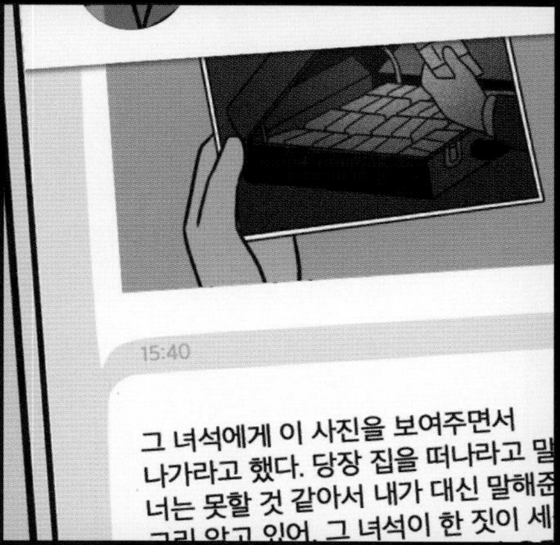

11 대화에서 레오나르도는 라몬을 협박한 문제의 사진을 딸에게도 보여줍니다. 돈다발로 가득 찬 여행 가방 사진입니다.

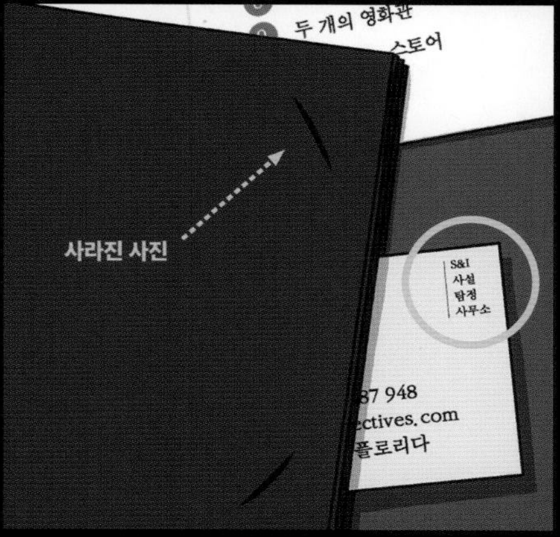

12 사진을 찍은 것은 레오나르도가 계약한 사설탐정입니다. 가방 속에 사진이 사라졌다는 것은 누군가가 그것들을 훔쳐갔다는 뜻이겠죠. 그의 딸이 그랬을까요? 그렇다면 그녀가 범인일까요?

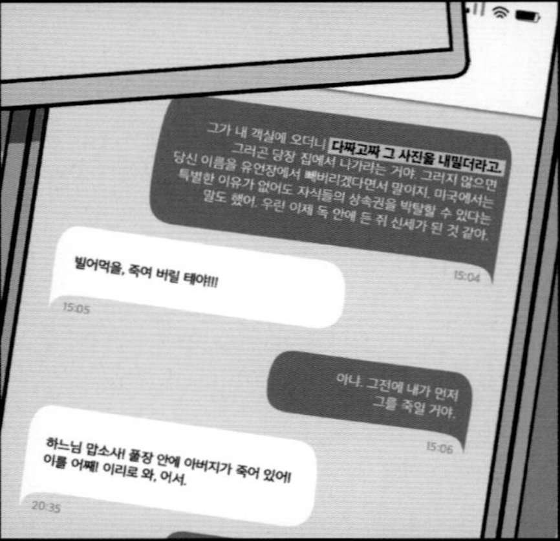

13 레오나르도가 사진을 보여주면서 자기를 협박했다는 것을 보면, 사위의 휴대전화는 파란색이라는 것을 알 수 있습니다.

14 그런데 그는 무슨 부당 거래를 한 걸까요? 신문에는 사위 라몬이 소속된 정당인 RTA 당내의 부정부패 스캔들에 관한 기사가 실려 있습니다.

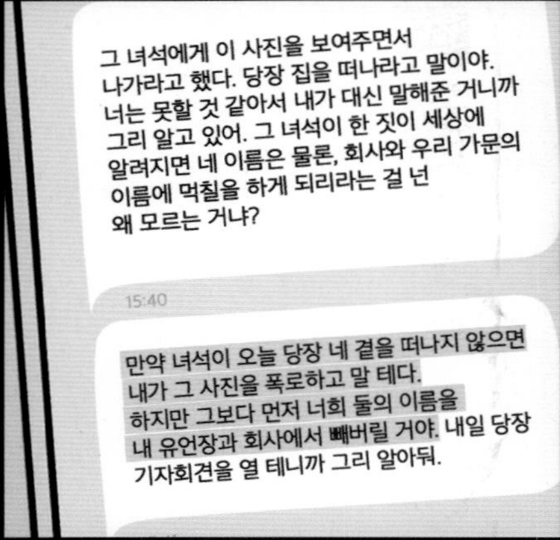

15 레오나르도는 카타나와 회사에 이 사건의 불똥이 튀지 않기를 바라기 때문에 사위를 협박한 것이죠.

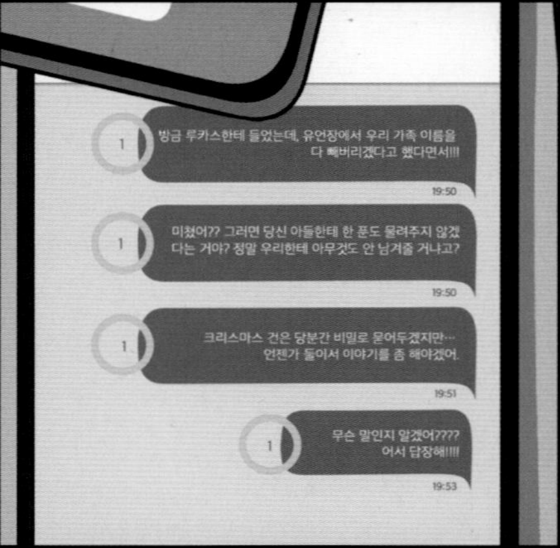

16 검은색 휴대전화는 며느리 애슐리의 것입니다. 그런데 수신자인 레오나르도는 19시 50분에 그녀가 보낸 메시지를 전혀 읽지 않았어요. 그 시간에 이미 사망했던 걸까요?

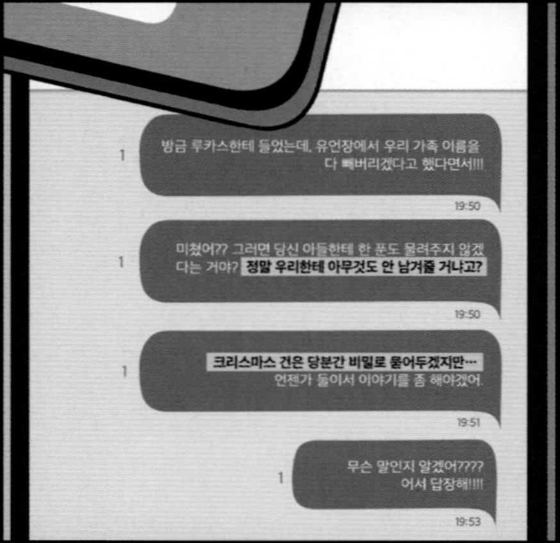

17 이 대화에서 그녀는 그에게 자기들의 상속권을 박탈하지 말아 달라고 애원하네요. 그러곤 그동안 비밀로 묻어 왔던 크리스마스 사건을 언급하는군요.

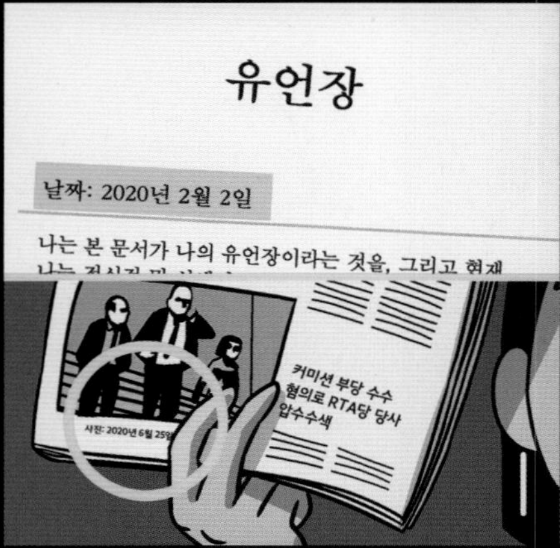

18 레오나르도의 가방에서 유언장이 발견됩니다. 하지만 그 날짜가 신문 기사의 날짜보다 이전인 걸로 봐서는 수정 전의 유언장이라는 사실을 알 수 있습니다.

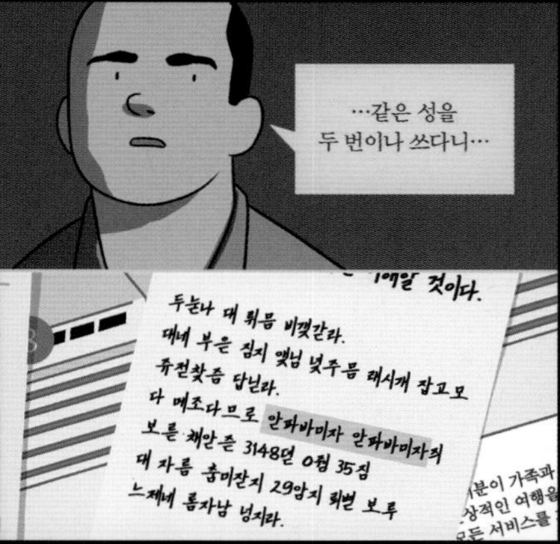

19 암호를 해독하려면 유언장을 쓴 사람의 이름에 주목해야 합니다. 레오나르도는 같은 성을 두 번 쓰기 때문에 그 쪽지에서 반복되는 단어가 그의 성이라고 추리할 수 있습니다.

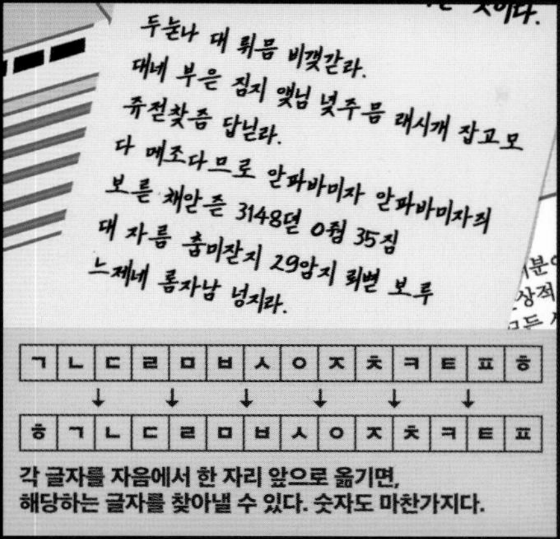

20 따라서 편지의 모든 글자는 원래 자음에서 한 자리 뒤에 있는 글자로 대체된 것입니다. 이제는 모든 글자를 원래대로 바꿔보겠습니다.

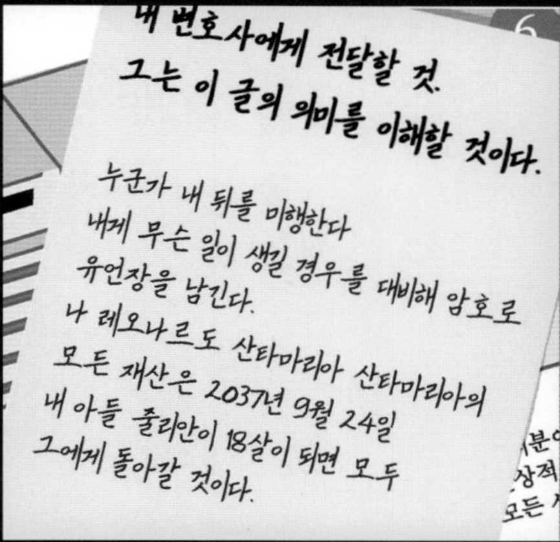

21 암호의 규칙에 따라 모든 글자를 바꾸고 나면, 완성된 메시지가 나타나게 될 겁니다.

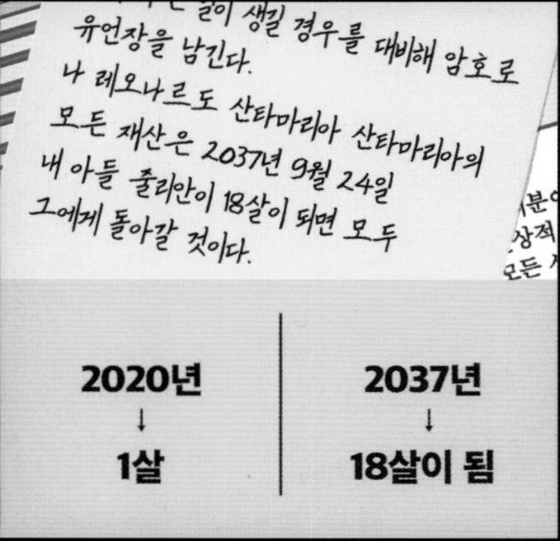

22 따라서 현장에 있는 아기, 줄리안에게 출생의 비밀이 있다는 걸 알아챌 수 있습니다. 그 아기는 루카스가 아니라, 레오나르도의 아들이었던 거죠.

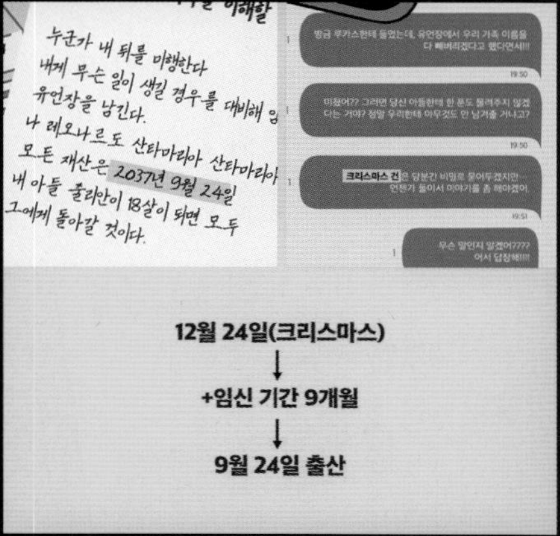

23 그 아기를 임신한 것은 크리스마스 날이었습니다. 이것이 바로 애슐리가 언급한 비밀이에요. 크리스마스 파티에서 둘이 동침한 결과, 그녀는 아이를 가지게 되었죠.

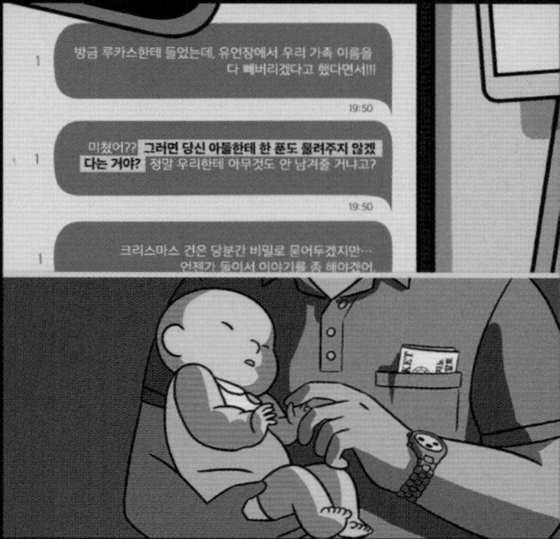

24 지금 애슐리는 자기 아이도 상속을 받지 못할까 봐 걱정합니다. 그녀가 말한 '당신 아들'은 루카스가 아니라 줄리안이었던 겁니다.

25 이제 모두의 비밀이 밝혀졌습니다. 범인을 찾으려면 진술을 다시 검토해야 합니다. 라몬은 선미에 있었다가 시체가 발견되었을 때 배를 한 바퀴 돌아 풀장에 갔다고 진술했습니다.

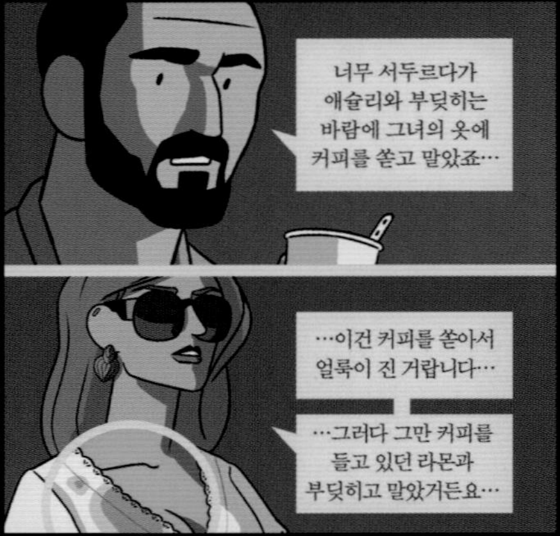

26 레스토랑에서 서둘러 나오던 애슐리와 부딪혀 그녀의 옷에 커피를 쏟았다는 라몬의 진술은 사실인 것으로 보입니다. 애슐리의 옷에 얼룩이 남아 있었으니까요.

27 크루즈 가이드를 자세히 보면 선미에 풀장이 있는데 휴대전화 화면을 보면 선수에도 풀장이 있습니다. 즉, 이 배에 풀장은 2개가 있습니다. 라몬은 자신이 선미에 있었다고 진술합니다.

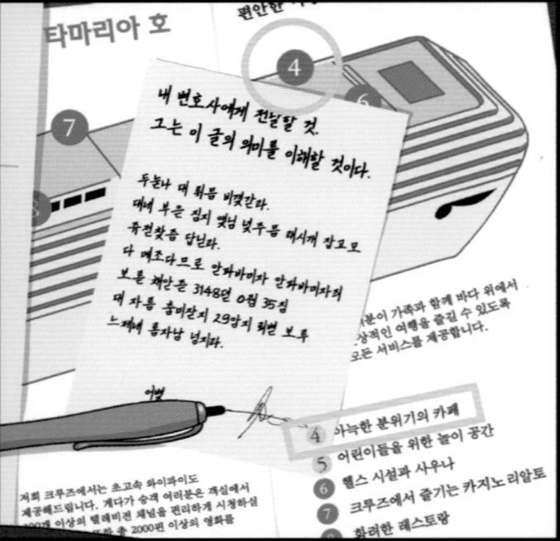

28 실제로 카페가 배의 뒷부분에 있기 때문에 그의 진술이 사실이라는 것을 확인할 수 있습니다.

29 아내 카타나가 아버지의 시체를 발견했다고 하자, 라몬은 그곳이 선수의 풀장임을 곧장 알아차립니다. 그가 선미에 있는데, 거기에는 아무도 없었으니까요.

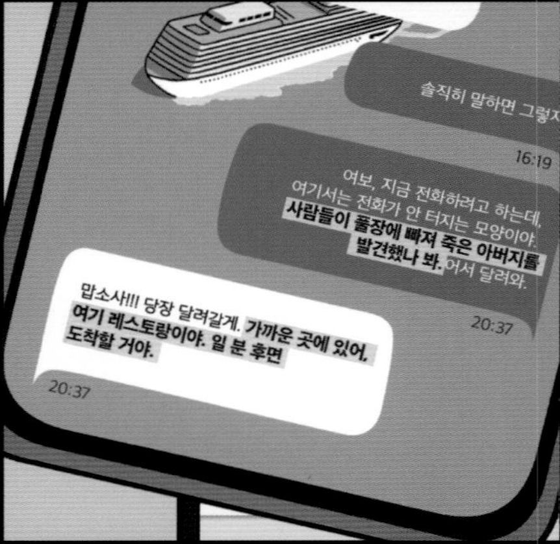

30 하지만 애슐리는 이 대목에서 한 가지 실수를 저지르고 말았습니다. 남편이 '풀장에 빠져 죽은 아버지'를 발견했다고 하자, 그녀는 거기가 두 풀장 중 어느 곳인지 묻지도 않았습니다. 그녀는 시체가 어디서 발견되었는지 어떻게 알았을까요?

산타마리아호의 비극

사건의 진실

대서양 횡단 크루즈 회사를 운영하던 레오나르도 산타마리아 산타마리아는 이제 살날이 얼마 남지 않았다. 그는 홀아비였기 때문에, 그가 가진 모든 재산과 회사는 당연히 자식들의 손에 넘어갈 예정이었다. 회사 창립 기념일을 맞아, 산타마리아 가족 전부가 가문 소유의 크루즈에 탑승했다. 여기서 레오나르도는 기자회견을 열어 자신의 병세가 심각하다는 사실을 알리고 자식들 중에서 누가 차기 회장이 될 것인지 직접 발표할 예정이었다. 그렇지만 그는 최근 자식들에게 너무 실망스러운 일을 연달아 겪고 말았다.

배에 오르기 전, 그는 어느 사설탐정을 고용해 사위가 부패 정치인이라는 의혹을 조사하도록 지시했다. 불행히도 그 의혹은 사실로 드러나고 말았다. 고용한 탐정은 여러 장의 증거 사진을 보냈다. 옴짝달싹 못할 증거를 거머쥔 레오나르도는 라몬의 객실로 찾아가 당장 가족을 떠나지 않으면 이 사진을 세상에 폭로할 것이라고 그를 협박했다. 이와 동시에 남편하고 헤어지지 않으면 유서에서 이름을 빼버리고, 회사의 회장 자리도 물려주지 않을 것이라고 딸을 윽박질렀다.

또한 레오나르도의 아들 루카스는 벌써 여러 해 동안 도박에 빠져 살았다. 도박 중독의 늪에 빠진 그는 결국 가진 돈을 모두 날려버리고 말았다. 그래서 그는 자신의 빚을 갚을 돈을 구하기 위해 다시 아버지를 찾아가 손을 벌렸다. 하지만 이제 도박 빚이라면 진절머리가 난 레오나르도는 이를 거절했고, 아들의 이름을 유언장에서 빼버린다고 말한다.

레오나르도는 자신을 실망시킨 자식들의 이름을 뺀 새로운 유서를 서류 가방에 넣고 여행 내내 갖고 다녔다. 하지만 어느 순간부터 배 안에서 누군가가 자신의 뒤를 따라붙어 미행하고 있다는 것을 알아차렸다. 레오나르도는 누군가가 새로 작성한 유서를 파기하려고 자기를 죽일지도 모른다는 생각이 들어 슬슬 겁이 나기 시작했다. 그래서 그는 유서를 암호화시켜 급하게 다시 썼다. 그렇게 하면, 누군가 자기를 해코지한 후 가방에서 유서를 발견한다 할지라도 무슨 뜻인지 알 수 없을 테니 그것을 없애지도 않을 것이다.

사실 그의 뒤를 쫓던 이는 바로 그의 사위 라몬이었다. 레오나르도가 부정부패 스캔을 폭로하겠다고 협박하자, 증거 사진을 찾아서 없애기 위해 졸졸 따라다닌 것이다. 한편 자신의 상속권이 박탈될 수도 있다는 사실을 알게 된 애슐리는 분노에 치를 떨었다. 사실 그녀는 아주 중요한 비밀을 숨기고 있었다. 2년 전 크리스마스 때, 그만 시아버지와 하룻밤 실수를 하는 바람에 아이를 갖게 된 것이다. 그녀는 레오나르도가 자식들에게 한 푼도 남기지 않기로 했다는 사실을 남편으로부터 들었지만, 정작 거기에 자기 아들이 포함되는지 여부에 대해서는 알 수가 없었다. 속이 탄 애슐리는 레오나르도에게 메시지를 보냈지만, 그는 풀장에서 수영을 하고 있던 중이라 답장을 보내지 못했다. 이에 직접 그를 찾아간 그녀는 그에게 어떻게 이럴 수 있는지 따지고 들었다.

그러자 시아버지는 그녀를 다독이며, 줄리안은 유산을 물려받게 될 거라고 말했지만, 이는 아이가 열여덟 살이 되고 나서야 가능한 일이었다. 애슐리는 절망하고 격분한 나머지 서류 가방으로 그를 내리친 다음, 그를 풀장 안으로 밀어 빠뜨렸다. 잠시 후, 그녀는 자동으로 풀장의 덮개를 닫는 장치를 작동시켰고, 노인은 결국 익사하고 말았다.

애슐리는 혹시 유서 내용이 수정되었는지 확인하기 위해 서류 가방을 열어 뒤졌지만, 암호로 적힌 편지만 나왔다. 도저히 그 뜻을 이해할 수 없던 그녀는 결국 기존의 유서가 여전히 법적으로 유효하고, 따라서 남편이 곧 상당한 유산을 물려받게 될 거라고 판단할 수밖에 없었다. 그래서 그녀는 모든 것을 그대로 둔 채, 현장을 벗어났다. 곧장 레스토랑으로 간 애슐리는 누군가가 시아버지의 사망 소식을 전해주기만을 기다렸다.

그러는 동안, 레오나르도의 시신을 발견한 건 카타나였다. 그녀는 지금이야말로 남편을 궁지로 몰고 간 사진을 찾아 없앨 절호의 기회라는 것을 알아챘다. 그녀는 가방 속에서 문제의 사진을 찾아내 품에 숨겼다. 그러고는 배가 지나간 자취를 구경하고 있던 라몬과 카지노에 있던 루카스에게 바로 메시지를 보냈다. 그러자 루카스는 레스토랑에 있던 애슐리에게 바로 이 소식을 알렸다.

애슐리가 실수를 저지른 것은 바로 그 순간이었다. 사실 그 거대한 크루즈에는 풀장이 두 개나 있는데, 그녀는 시신이 그 둘 중 어디에 있는지 묻지도 않고 바로 사건 현장으로 간 것이다. 탐정의 날카로운 질문에 애슐리는 결국 자백했고, 크루즈가 항구에 닿자마자 애슐리는 살인 혐의로 체포되었다.

CASE **08**

경찰서에 남겨진 다잉 메시지

당신은 전혀 예상치도 못한 곳에서 벌어진 살인 사건을 만납니다.
바로 경찰서 한복판에서 형사 한 명이 예기치 못한 죽음을 맞이한 것입니다.
범인이 무엇을 노린 것인지 알아내고 사건을 해결하기 위해서 당신의 도움이 필요합니다.

이 사건의 범인은?

그 증거는?

살해 동기는?

문을 조사하기 (136쪽)
게시판을 살펴보기 (137쪽)
10:43
2019/04/14
모니터를 확인하기 (139쪽)
ARTNE
POLICE
책상 서랍을 열어보기 (138쪽)

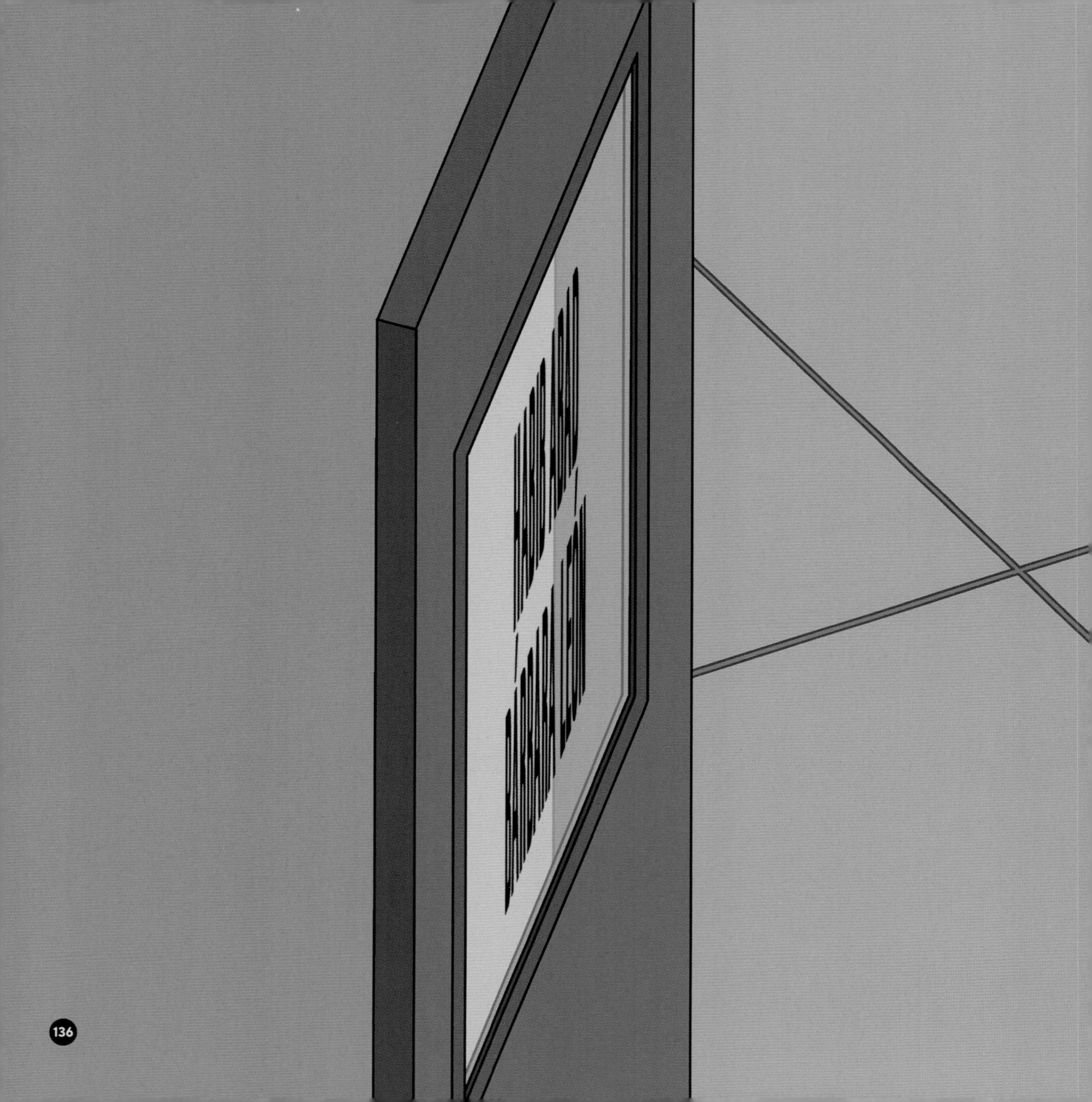

용의자? (전과 기록)
이름: 왕시
(Wang Xi)
나이: 20세
마약 소량 밀매 전과
사건과의 관계:
납치 사건이 발생한 시간에 찍힌 CCTV 영상에 따르면 왕시는 호텔 부근으로 걸어가고 있었다. 그는 그 당시 일하던 카페에서 나와 자기 부모가 운영하는 바사르의 가게로 가고 있었다고 진술했다. 그는 피해자들과 일면식도 없는 사이라고 주장한다.
이름: 아트네 로스
(Artne Ros)
나이: 17세
동급생 성폭행 전과
사건과의 관계:
아트네는 베네수엘라에 사는 부모를 돕기 위해 한 음식 배달 업체의 라이더로 일하면서, 돈을 모았다.
납치 사건이 발생한 시간에 그는 피해자들이 묵고 있던 호텔의 어느 객실에 케이크 한 상자를 배달하고 있었다.
새해 전날 교통사고로 사망
뉴데일리 2019년 1월 9일
에바와 다비드는 어디에 있는가?
2월 8일 저녁, 관광객 커플은 매년 묵던 호텔에서 나왔다. 그런데 그 후로 그들에 관한 소식이 전혀 들리지 않고 있다
크루즈뉴스 2019년 3월 2일
에바와 다비드 납치 사건에 새로운 실마리가 나타나다!
에바와 다비드가 실종된 지역의 어느 폐차장에서 새로운 증거가 발견됐다. 관계자에 따르면 폐차장의 한 차량에서 피해자들의 혈흔이 발견되었으며 다른 사람의 정액이 남아 있었다고 한다.
2019년 22일
뉴스센터
범인을 잡는 데 한 발짝 더 다가선 것인가?
최근 새로운 증거가 드러남에 따라, 사건을 담당한 아바드와 레온 형사는 조속한 시일 내에 수사에 상당한 진전이 이루어지기를 기대하고 있다.
실종자를 찾습니다
다비드 유스테와 에바 카스테야노스
어떤 정보라도 좋으니 우리에게 연락주시기 바랍니다
새로운 증거들
과학수사연구원
발견된 정액의 DNA 검사 결과
해당 샘플이 다비드 유스테의 정액이 아닐 확률이 99%로 확인됨.
카페 (왕시)
왕시의 이동 경로
산토 도밍고 거리
산 후안 거리
라이더 이동 경로
시간? 20시 35분?
마지막으로 목격된 장소
키나나 거리
호텔 아마네세르
그는 누구를 본 것인가?
이리아르테 거리
바사르 시
목격자들
이름: 프란 세레소(Fran Cerezo)
나이: 20세
아마네세르 호텔의 벨보이.
그는 실종 당일 그 커플이 거리에서 누군가와 이야기를 나누는 것을 본 것으로 기억하고 있다. 하지만 그 당시 그들을 주의 깊게 살피지 않은 탓에 누구와 대화를 하고 있었는지 인상착의를 상세하게설명할 수 없었다고 한다.
이름: 돌로레스 말도나도
(Dolores Maldonado)
나이: 64세
아마네세르 호텔의 청소부.
그녀는 커플이 객실에서 나가는 것을 목격했다. 그녀의 진술에 따르면, 그때 커플은 아주 편안한 모습으로 미소 짓고 있었다.

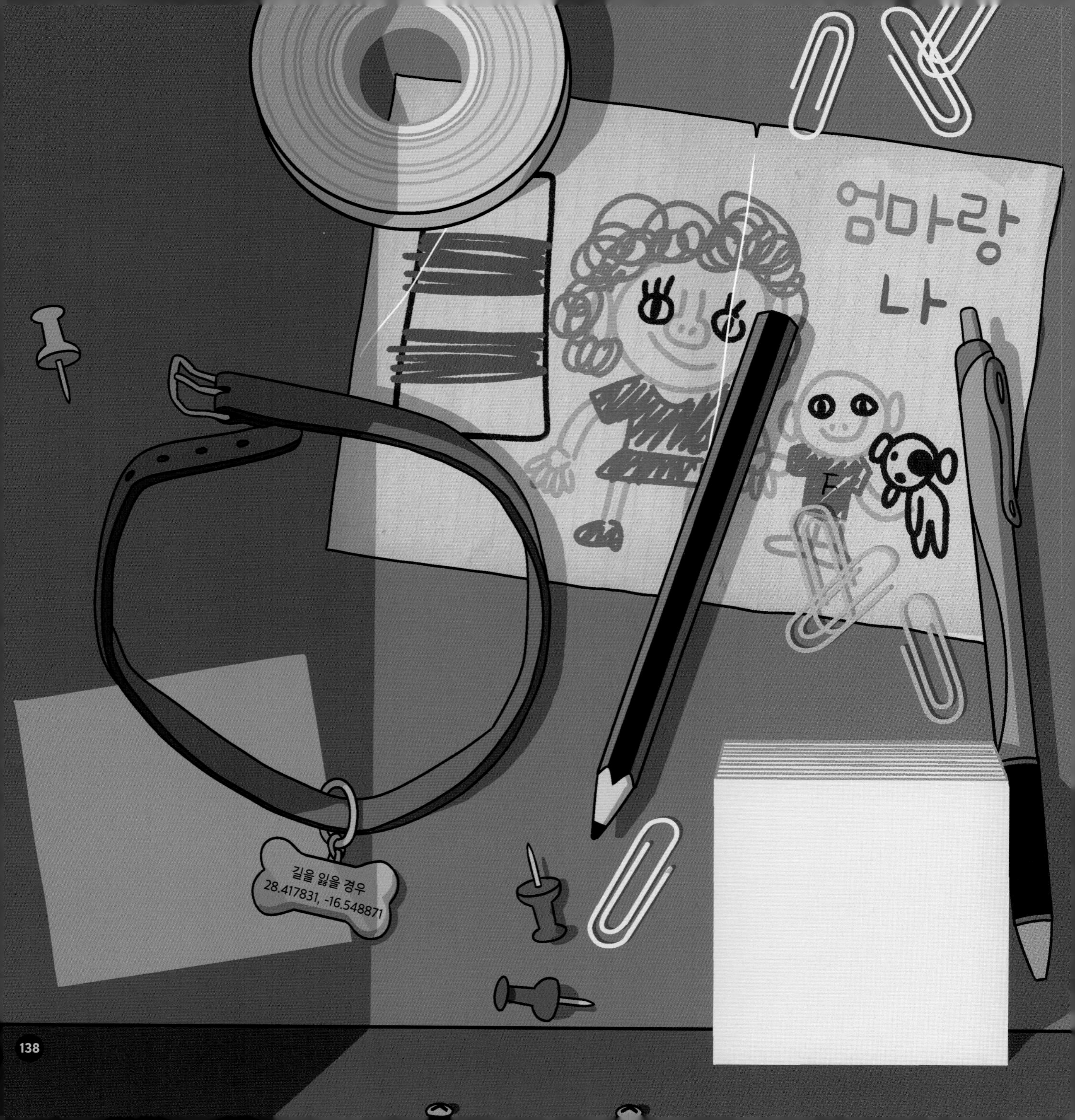
엄마랑
나
길을 잃을 경우
28.417831, -16.548871

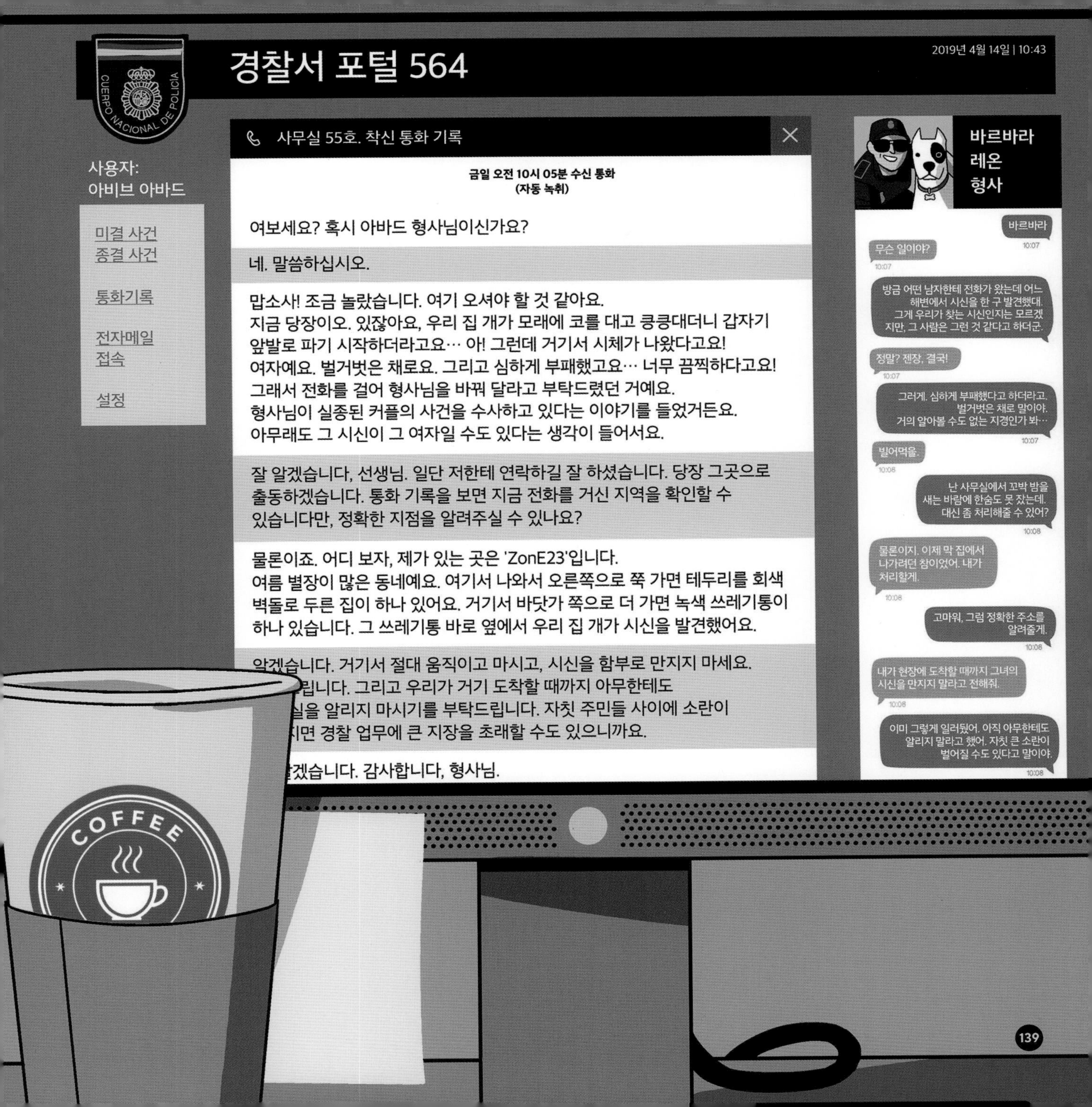
CUERPO NACIONAL DE POLICÍA
경찰서 포털 564
2019년 4월 14일 | 10:43
사용자:
아비브 아바드
미결 사건
종결 사건
통화기록
전자메일
접속
설정
사무실 55호. 착신 통화 기록
금일 오전 10시 05분 수신 통화
(자동 녹취)
여보세요? 혹시 아바드 형사님이신가요?
네. 말씀하십시오.
맙소사! 조금 놀랐습니다. 여기 오셔야 할 것 같아요.
지금 당장이오. 있잖아요, 우리 집 개가 모래에 코를 대고 킁킁대더니 갑자기
앞발로 파기 시작하더라고요… 아! 그런데 거기서 시체가 나왔다고요!
여자예요. 벌거벗은 채로요. 그리고 심하게 부패했고요… 너무 끔찍하다고요!
그래서 전화를 걸어 형사님을 바꿔 달라고 부탁드렸던 거예요.
형사님이 실종된 커플의 사건을 수사하고 있다는 이야기를 들었거든요.
아무래도 그 시신이 그 여자일 수도 있다는 생각이 들어서요.
잘 알겠습니다, 선생님. 일단 저한테 연락하길 잘 하셨습니다. 당장 그곳으로
출동하겠습니다. 통화 기록을 보면 지금 전화를 거신 지역을 확인할 수
있습니다만, 정확한 지점을 알려주실 수 있나요?
물론이죠. 어디 보자, 제가 있는 곳은 'ZonE23'입니다.
여름 별장이 많은 동네예요. 여기서 나와서 오른쪽으로 쭉 가면 테두리를 회색
벽돌로 두른 집이 하나 있어요. 거기서 바닷가 쪽으로 더 가면 녹색 쓰레기통이
하나 있습니다. 그 쓰레기통 바로 옆에서 우리 집 개가 시신을 발견했어요.
알겠습니다. 거기서 절대 움직이고 마시고, 시신을 함부로 만지지 마세요.
립니다. 그리고 우리가 거기 도착할 때까지 아무한테도
실을 알리지 마시기를 부탁드립니다. 자칫 주민들 사이에 소란이
지면 경찰 업무에 큰 지장을 초래할 수도 있으니까요.
알겠습니다. 감사합니다, 형사님.
바르바라
레온
형사
바르바라 10:07
무슨 일이야? 10:07
방금 어떤 남자한테 전화가 왔는데 어느 해변에서 시신을 한 구 발견했대. 그게 우리가 찾는 시신인지는 모르겠지만, 그 사람은 그런 것 같다고 하더군.
정말? 젠장, 결국! 10:07
그러게. 심하게 부패했다고 하더라고. 벌거벗은 채로 말이야. 거의 알아볼 수도 없는 지경인가 봐… 10:07
빌어먹을. 10:08
난 사무실에서 꼬박 밤을 새는 바람에 한숨도 못 잤는데. 대신 좀 처리해줄 수 있어? 10:08
물론이지. 이제 막 집에서 나가려던 참이었어. 내가 처리할게. 10:08
고마워, 그럼 정확한 주소를 알려줄게. 10:08
내가 현장에 도착할 때까지 그녀의 시신을 만지지 말라고 전해줘. 10:08
이미 그렇게 일러뒀어. 아직 아무한테도 알리지 말라고 했어. 자칫 큰 소란이 벌어질 수도 있다고 말이야. 10:08
COFFEE

사건의 실마리

이 사건을 해결하기 위해 굳이 여기 나온 단서를 읽을 필요는 없습니다. 하지만 당신의 추리가 미궁에 빠져 있다면, 아래의 단서가 도움이 될 것입니다. 그렇지만 한꺼번에 다 읽으려고 하지는 마세요. 어쩌면 하나의 단서만으로도 수수께끼를 풀 수 있는 열쇠를 찾을지 모르니까요. 그럼 행운을 빌어요!

단서 1

종이를 기울여 보면 문에 있는 이름을 확인할 수 있습니다.

단서 2

시신이 발견된 곳을 구글 스트리트 뷰를 활용해 직접 확인해보세요. 시체가 발견된 쓰레기통 근처로 가면 어딘가 익숙한 등대를 발견할 수 있습니다.

단서 3

구글 맵을 열고 개의 목줄에 쓰여 있는 좌표를 찾아보세요.
혹시 그 위치에서 무언가 특이한 것을 찾으셨나요?

사건 해결

용의자는 사건 현장에 자신의 흔적을 뚜렷하게 남겼습니다.
이제 범인을 잡기 위해 단서를 세세하게 살펴보겠습니다.

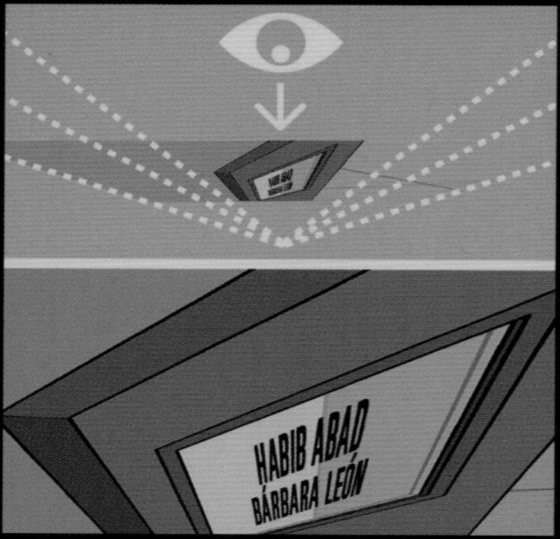

1 여기는 사건을 수사하는 경찰들의 사무실입니다. 문의 이름을 보면 사건을 수사하는 형사는 아바드와 레온으로 2명입니다. 그렇다면 죽은 형사는 누구일까요?

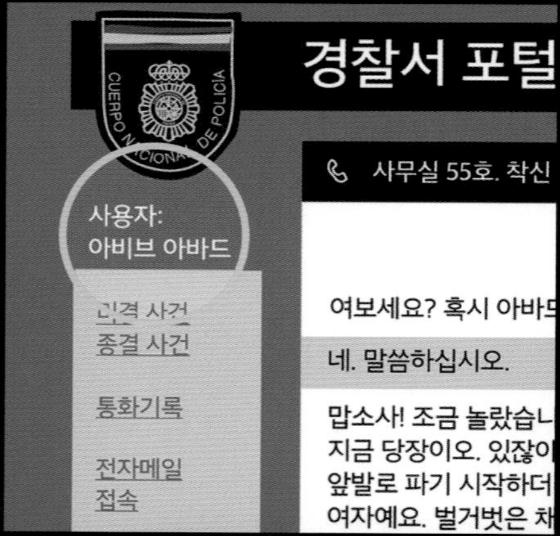

2 모니터를 보니 로그인한 형사의 이름을 확인할 수 있습니다. 피해자는 아바드 형사이군요.

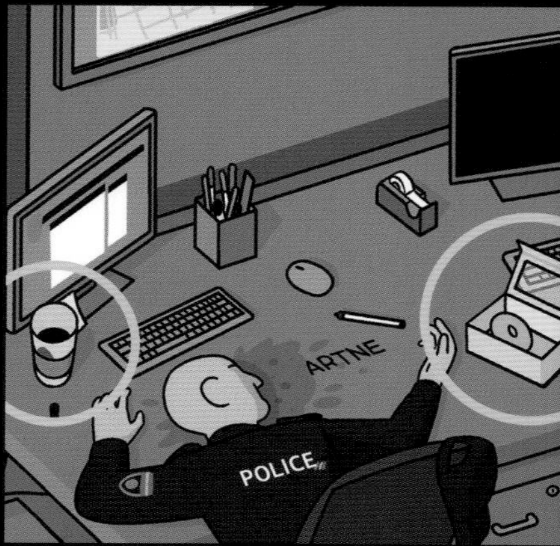

3 아바드는 독살되었습니다. 현장을 살펴보면 독살의 원인이 될 만한 것이 두 가지 눈에 띄는군요. 바로 커피, 아니면 도넛입니다.

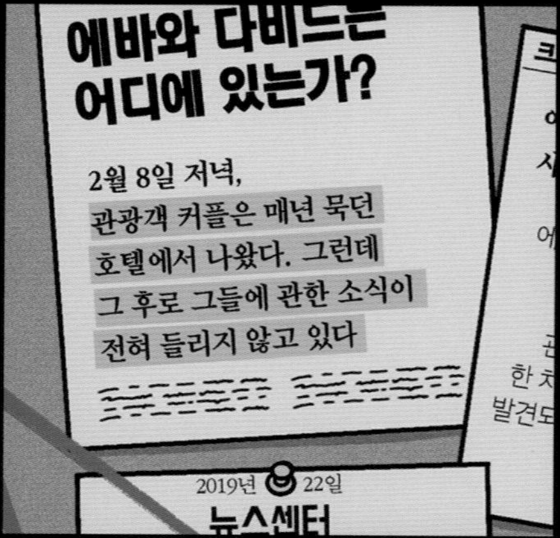

4 아바드가 수사하던 사건에 단서가 있을 것 같네요. 한 커플이 매년 묵던 호텔에서 나간 뒤 실종된 것으로 보입니다.

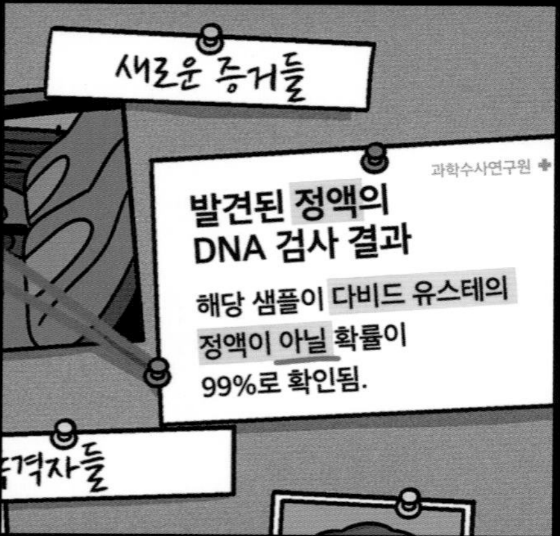

5 수사 과정에서 정액이 발견되었다는 사실은 커플을 납치한 범인이 남성이고, 성적인 동기로 사건을 저질렀을 가능성이 높다는 것을 의미합니다.

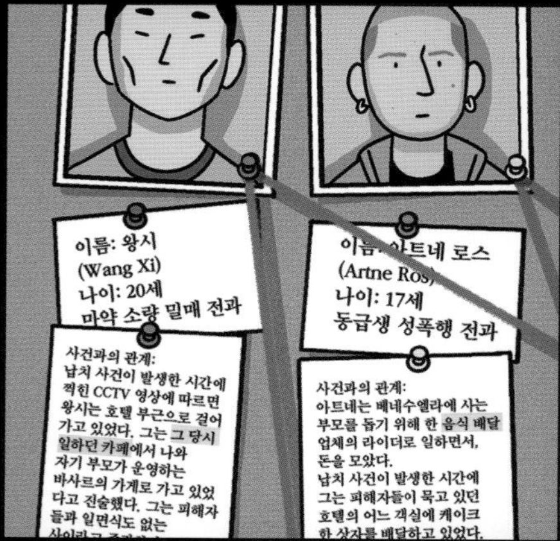

이름: 왕시
(Wang Xi)
나이: 20세
마약 소량 밀매 전과
사건과의 관계:
납치 사건이 발생한 시간에 찍힌 CCTV 영상에 따르면 왕시는 호텔 부근으로 걸어가고 있었다. 그는 그 당시 일하던 카페에서 나와 자기 부모가 운영하는 바사르의 가게로 가고 있었다고 진술했다. 그는 피해자들과 일면식도 없는
(Artne Ros
나이: 17세
동급생 성폭행 전과
사건과의 관계:
아트네는 베네수엘라에 사는 부모를 돕기 위해 한 음식 배달 업체의 라이더로 일하면서, 돈을 모았다.
납치 사건이 발생한 시간에 그는 피해자들이 묵고 있던 호텔의 어느 객실에 케이크 한 상자를 배달하고 있었다.

6 용의자는 두 명인데, 둘 다 전과가 있고, 납치 당시 그 지역에 있었습니다. 한 명은 카페에서 일하고 있고, 다른 한 명은 라이더입니다.

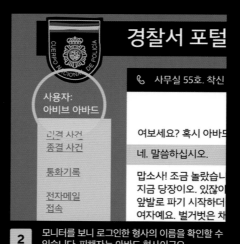

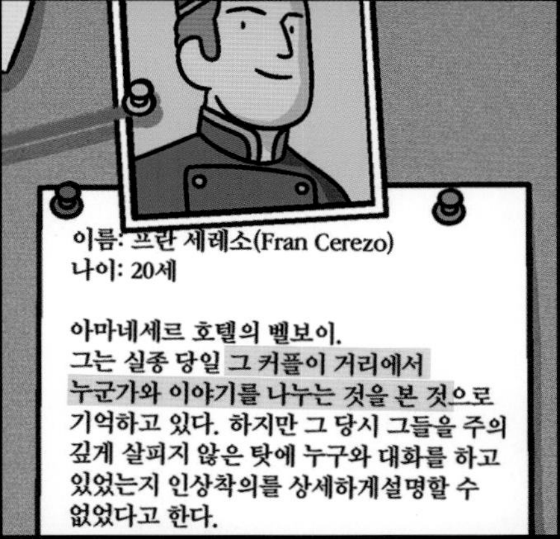

이름: 프란 세레소(Fran Cerezo)
나이: 20세
아마네세르 호텔의 벨보이.
그는 실종 당일 그 커플이 거리에서 누군가와 이야기를 나누는 것을 본 것으로 기억하고 있다. 하지만 그 당시 그들을 주의 깊게 살피지 않은 탓에 누구와 대화를 하고 있었는지 인상착의를 상세하게설명할 수 없었다고 한다.

7 호텔의 벨보이는 그들이 누군가와 이야기를 나누는 것을 봤다고 주장했지만, 그 장면을 세부적으로 설명하지는 못했어요.

8 아바드는 죽기 직전 책상 위에 'ARTNE'라고 썼습니다. 이는 당시 그가 수사하고 있던 사건 용의자 이름 중 하나와 일치합니다. 하지만 이미 사망했는데 이번 사건과 어떤 관련이 있을까요?

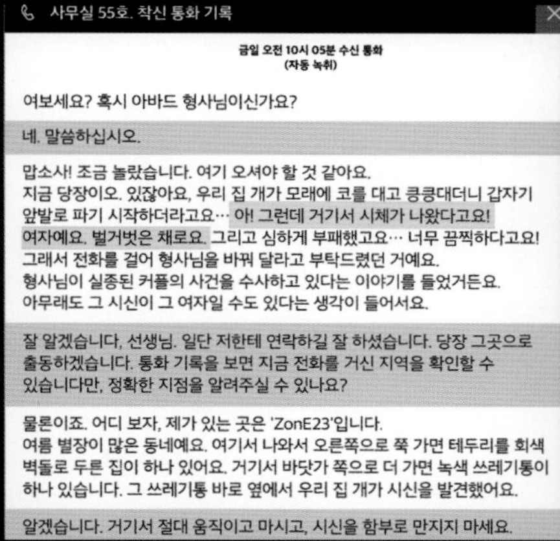

9 아바드의 컴퓨터에서 최근 통화 녹취록을 볼 수 있습니다. 어느 여자의 시체를 발견했다고 주장하는 어떤 사람과 통화한 내용이 담겨 있어요.

10 그리고 아바드와 레온의 대화 내용도 저장되어 있습니다. 그런데 자세히 보면 이상한 부분이 있어요.

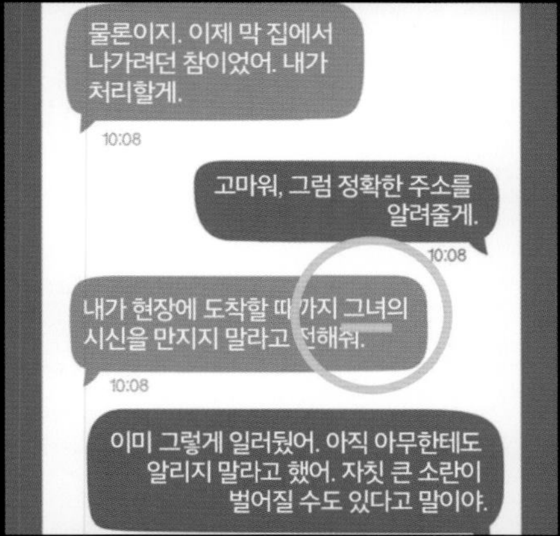

물론이지. 이제 막 집에서 나가려던 참이었어. 내가 처리할게.
10:08
고마워, 그럼 정확한 주소를 알려줄게.
10:08
내가 현장에 도착할 때까지 그녀의 시신을 만지지 말라고 전해줘.
10:08
이미 그렇게 일러뒀어. 아직 아무한테도 알리지 말라고 했어. 자칫 큰 소란이 벌어질 수도 있다고 말이야.

11 아바드는 발견된 시체가 커플 중 여성이라는 말을 단 한 번도 한 적이 없습니다. 하지만 그녀는 이를 당연한 사실로 여기고 있어요. 레온은 어떻게 알았을까요?

12 우리는 책상 서랍에서 어린아이가 그린 듯한 그림을 찾아냈죠. 그 그림은 레온의 것이 틀림없습니다. 그녀의 프로필 사진에 나오는 것과 똑같은 개니까요.

사건 해결

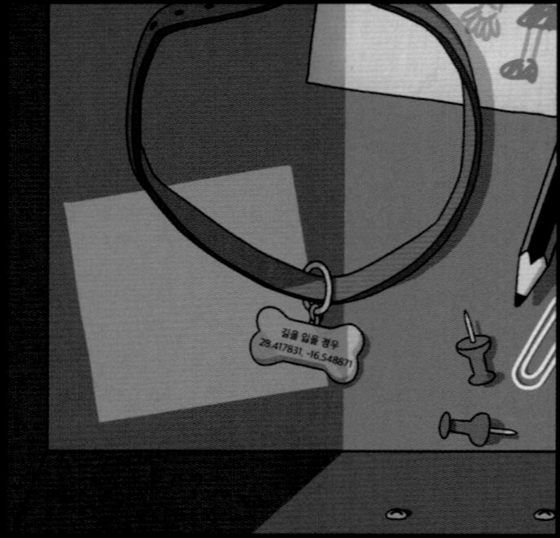

13 그런데 사진에 나온 개의 덩치가 상당히 큰 것을 보면, 오래전에 그린 그림이 분명합니다. 그리고 개의 목걸이가 그녀의 서랍에 있는 걸 보면 그 개는 이미 죽었을 수도 있겠네요.

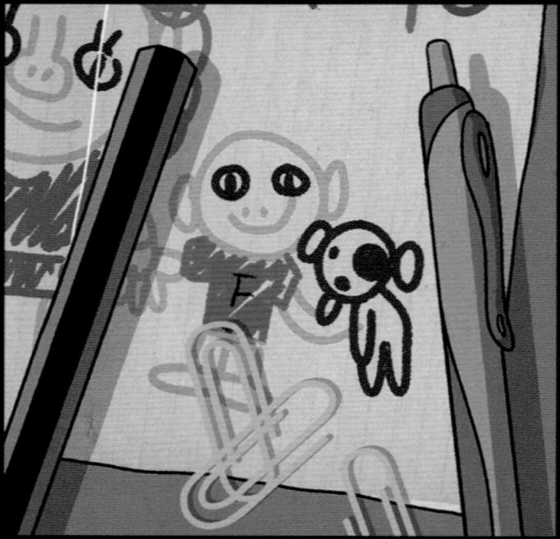

14 따라서 그림 속의 아이, 즉 여형사의 아들도 이제는 성인이 되었을 겁니다.

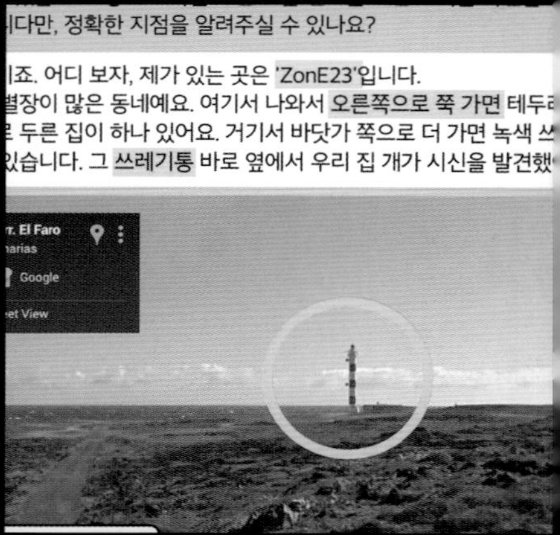

니다만, 정확한 지점을 알려주실 수 있나요?
이죠. 어디 보자, 제가 있는 곳은 'ZonE23'입니다.
별장이 많은 동네예요. 여기서 나와서 오른쪽으로 쭉 가면 테두리
로 두른 집이 하나 있어요. 거기서 바닷가 쪽으로 더 가면 녹색 쓰
있습니다. 그 쓰레기통 바로 옆에서 우리 집 개가 시신을 발견했
r. El Faro
narias
Google
et View

15 시신이 발견된 장소를 찾기 위해 구글 스트리트 뷰를 이용하면, 등대 하나가 보일 겁니다.

16 그런데 그것은 어린아이의 그림에 등장하는 것과 같은 등대에요. 어쩌면 레온과 그의 아들이 그 지역에서 여름휴가를 보냈을지도 모릅니다.

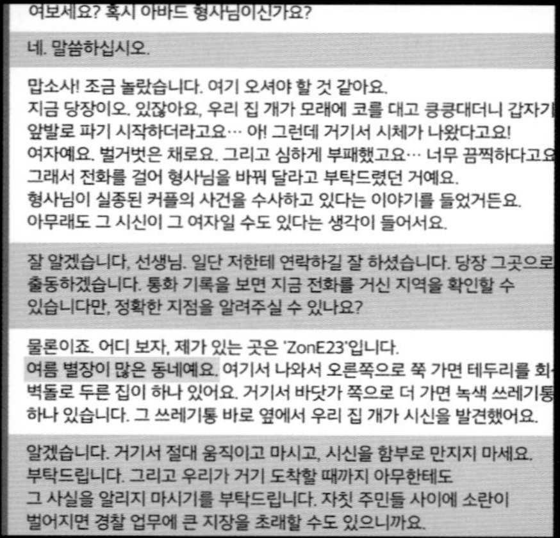

여보세요? 혹시 아바드 형사님이신가요?
네. 말씀하십시오.
맙소사! 조금 놀랐습니다. 여기 오셔야 할 것 같아요.
지금 당장이오. 있잖아요, 우리 집 개가 모래에 코를 대고 킁킁대더니 갑자기
앞발로 파기 시작하더라고요… 아! 그런데 거기서 시체가 나왔다고요!
여자예요. 벌거벗은 채로요. 그리고 심하게 부패했고요… 너무 끔찍하다고요
그래서 전화를 걸어 형사님을 바꿔 달라고 부탁드렸던 거예요.
형사님이 실종된 커플의 사건을 수사하고 있다는 이야기를 들었거든요.
아무래도 그 시신이 그 여자일 수도 있다는 생각이 들어서요.
잘 알겠습니다, 선생님. 일단 저한테 연락하길 잘 하셨습니다. 당장 그곳으로
출동하겠습니다. 통화 기록을 보면 지금 전화를 거신 지역을 확인할 수
있습니다만, 정확한 지점을 알려주실 수 있나요?
물론이죠. 어디 보자, 제가 있는 곳은 'ZonE23'입니다.
여름 별장이 많은 동네예요. 여기서 나와서 오른쪽으로 쭉 가면 테두리를 회
벽돌로 두른 집이 하나 있어요. 거기서 바닷가 쪽으로 더 가면 녹색 쓰레기통
하나 있습니다. 그 쓰레기통 바로 옆에서 우리 집 개가 시신을 발견했어요.
알겠습니다. 거기서 절대 움직이고 마시고, 시신을 함부로 만지지 마세요.
부탁드립니다. 그리고 우리가 거기 도착할 때까지 아무한테도
그 사실을 알리지 마시기를 부탁드립니다. 자칫 주민들 사이에 소란이
벌어지면 경찰 업무에 큰 지장을 초래할 수도 있으니까요.

17 정황상 여형사의 아들이 커플을 납치하고 그 시신을 자기 여름 별장에 묻은 범인일 것으로 추측됩니다. 그런데 여형사의 아들은 대체 누구일까요?

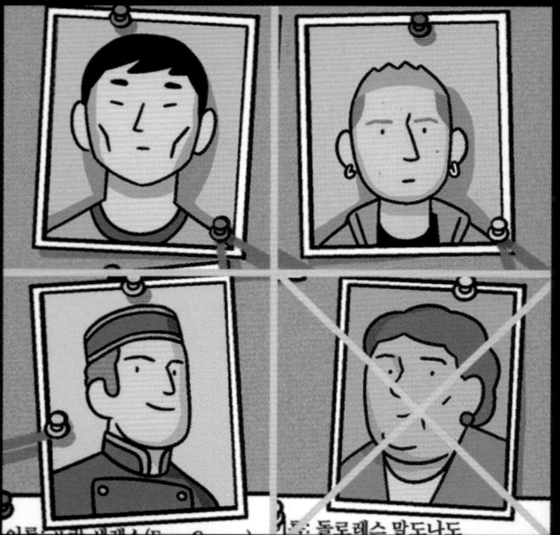

18 이제부터 용의자들을 하나씩 조사해보겠습니다. 실종 사건과 관련된 인물은 총 4명인데, 범인은 남성이기 때문에 돌로레스는 제외됩니다.

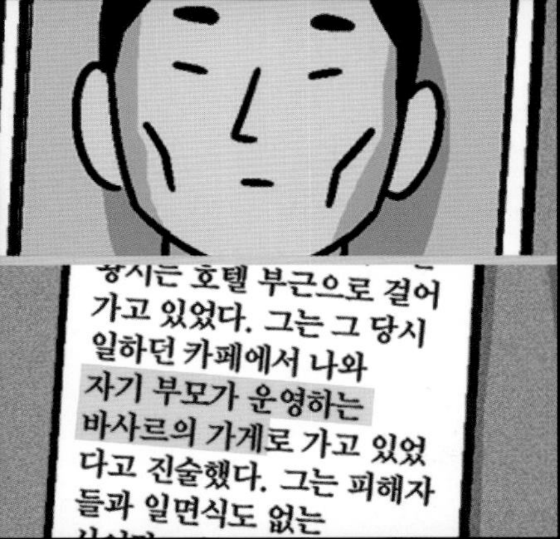

19 우선 중국인 용의자는 자기 부모가 가게를 운영한다고 진술했어요. 그렇다면 그는 레온의 아들일 리가 없습니다.

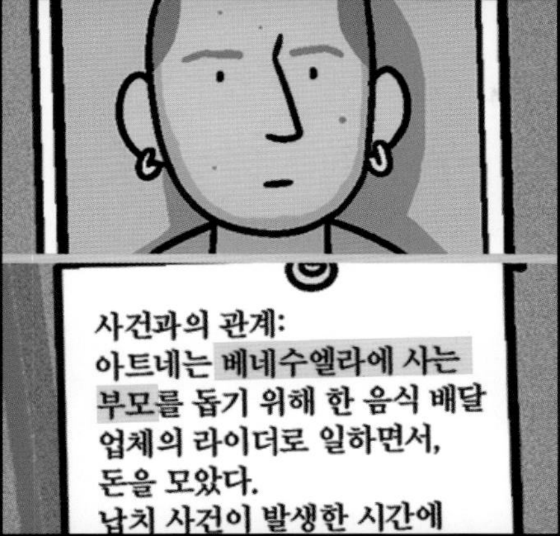

사건과의 관계:
아트네는 베네수엘라에 사는
부모를 돕기 위해 한 음식 배달
업체의 라이더로 일하면서,
돈을 모았다.
납치 사건이 발생한 시간에

20 베네수엘라 출신의 용의자는 일해서 번 돈을 베네수엘라에 사는 부모에게 보낸다고 진술했죠. 그 역시 여형사의 아들일 리가 없습니다.

21 그렇다면 남은 용의자는 호텔의 벨보이밖에 없는 듯하네요.

22 게다가 그는 그림에 나오는 엄마와 같이 빨간 머리를 하고 있어요.

23 그리고 그림에서 소년은 'F'가 쓰여진 티셔츠를 입고 있어요. 이것은 프란(Fran)의 머리글자와 같습니다.

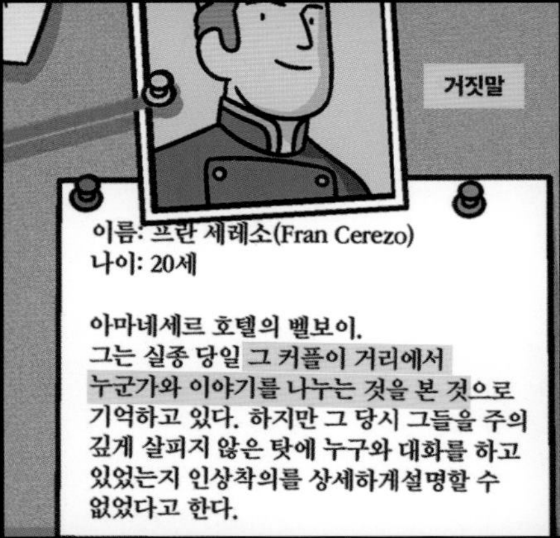

거짓말
이름: 프란 세레소(Fran Cerezo)
나이: 20세
아마네세르 호텔의 벨보이.
그는 실종 당일 그 커플이 거리에서
누군가와 이야기를 나누는 것을 본 것으로
기억하고 있다. 하지만 그 당시 그들을 주의
깊게 살피지 않은 탓에 누구와 대화를 하고
있었는지 인상착의를 상세하게설명할 수
없었다고 한다.

24 납치 당한 커플이 거리에서 누군가와 이야기를 나누는 장면을 목격했다는 그의 말은 거짓말이 분명합니다. 커플과 이야기를 나눈 사람은 바로 그 자신이었으니까요.

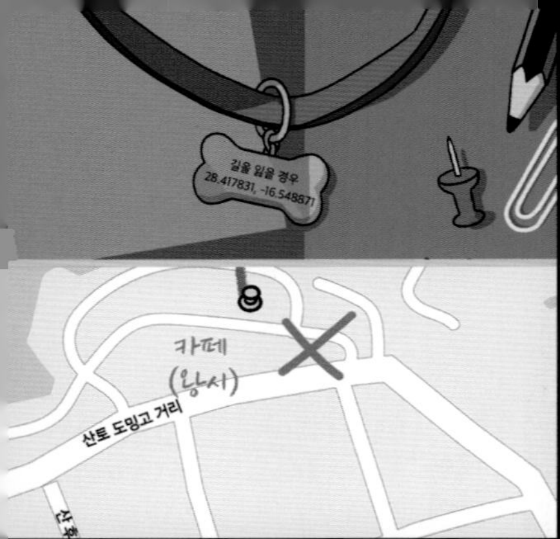

25 구글 지도와 사건 현장의 지도를 비교하면 근처에 카페가 있다는 걸 알 수 있습니다.

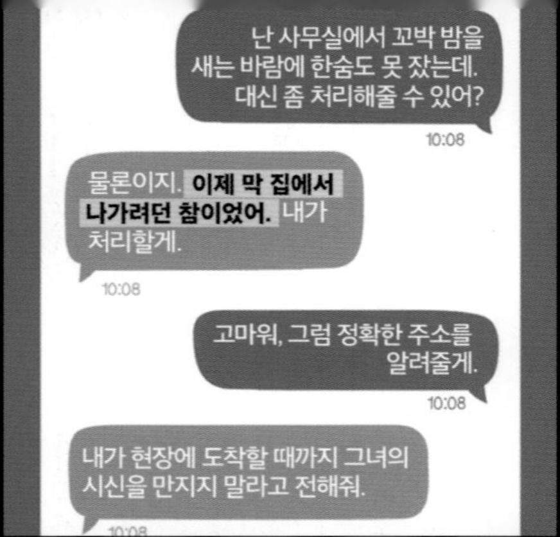

난 사무실에서 꼬박 밤을 새는 바람에 한숨도 못 잤는데. 대신 좀 처리해줄 수 있어?
10:08
물론이지. 이제 막 집에서 나가려던 참이었어. 내가 처리할게.
10:08
고마워, 그럼 정확한 주소를 알려줄게.
10:08
내가 현장에 도착할 때까지 그녀의 시신을 만지지 말라고 전해줘.

26 아바드가 연락했을 때 레온은 집에 있었기 때문에 바로 커피를 사서 독을 타고 이를 갖다 줄 수 있었습니다. 그녀는 아들을 지키기 위해, 발견된 시신

27 숨이 끊어지기 직전, 아바드 형사가 마지막으로 쓰려고 했던 것은 '아트네'가 아니었습니다. 오히려 그는 자신을 살해하려고 온 자, 즉 자신의 '파트너

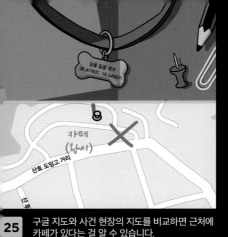

경찰서에 남겨진 다잉 메시지

사건의 진실

에바와 다비드는 매년 인기 휴양지인 테네리페의 아마네세르 호텔에 묵던 관광객이었다. 그 호텔의 벨보이로 일하던 프란은 매년 그 커플을 보다가 점점 에바에게 사랑을 느꼈다. 그녀에게 푹 빠진 그는 더없이 행복한 그들의 모습을 보면서 질투심에 괴로워했다. 그러던 어느 날, 근무를 마치고 호텔을 나서던 그는 입구에서 그 커플과 마주쳤다. 결국 그는 순간적인 욕망을 이기지 못하고 그들에게 숨겨진 관광명소를 알려준다고 속여 커플을 납치했다.

그는 산 남쪽에 있는 가족의 여름 별장으로 그들을 데려갔다. 거기서 그는 다비드를 죽이고 에바를 성폭행한 뒤 살해했다. 그리고 시신을 처리하는 방법을 고민하다가 별장 근처의 인적이 드문 곳에 구덩이를 팠다. 그리고 먼저 남자를 옷 입은 채로 던져 넣고, 여자도 벗은 몸 그대로 묻어버린 것이다. 그렇게 커플은 실종 처리되었고 아무도 그들의 행방을 모르는 듯했다.

그러던 어느 날 아침, 아바드 형사는 그 지역에 사는 어느 주민으로부터 벌거벗은 채 해변에 묻혀 있는 시체 한 구를 발견했다는 전화를 받았다. 실종된 커플의 시신일 것이라고 직감한 그는 곧장 파트너인 레온 형사에게 그 사실을 알렸다. 레온은 그 소식을 듣고 깜짝 놀랐다. 사실 그 커플을 살해하고 암매장한 것이 바로 레온의 아들이었기 때문이다. 심지어 그녀는 에바와 다비드 실종 사건을 수사하는 담당자로서 수사 상황을 염탐하고 있었던 것이다. 그녀는 만약 시신이 발견되면 결국 범인이 밝혀지고, 아들이 감옥에 가야 한다는 걸 잘 알고 있었다.

그녀는 아들의 범행이 밝혀질까 봐 당황했지만, 곧 시신이 발견된 사실을 아는 사람이 당장은 아바드 형사와 그것을 발견한 주민밖에 없다는 것을 깨달았다. 그래서 그녀는 그 두 사람을 살해하고, 발견된 시신을 다시 암매장해서 아들을 끝까지 지키기로 마음먹었다. 그녀는 먼저 집 근처의 카페에서 커피를 산 후 독을 타서 아바드 형사에게 갖다주었다. 그리고 사건에 대해 논의하는 척했다. 자연스럽게 아바드가 커피를 마시고, 곧장 중독 증상이 나타나자 그녀는 빠르게 자리를 떠났다. 죽음 직전에 동료의 흉계를 알아차린 아바드는 책상에 있던 사인펜 하나를 집어 들고, 죽어 가면서도 남은 힘을 다해 살인자가 누구인지 썼다. 하지만 미처 다 쓰기도 전에 그는 결국 숨을 거두고 말았다.

레온은 비틀린 모정으로 아들의 추악한 비밀을 영원히 묻어버리려고 했지만, 자신이 치명적인 실수를 저질렀다는 것을 모르고 있었다. 아바드가 해변에서 벌거벗은 시신을 발견했다고 알렸을 때, 그녀는 당연히 그것이 여자의 시신이라고 단정하고 말았다. 아바드가 벌거벗은 시신이라고 말했을 뿐, 성별을 밝힌 적이 없었는데도 말이다. 레온은 아들의 범행을 이미 알고 있었기 때문에 아들이 여자는 벌거벗은 상태로, 그것도 깊지 않게 묻었던 반면, 남자는 옷을 입은 채로 땅속 깊이 묻었다는 것을 이미 알고 있었다. 따라서 발견된 시신이 당연히 에바라는 것을 알아차린 것이다.

레온의 순간적인 실수가 사건을 해결하는 결정적인 단서가 되었다. 탐정의 도움을 받은 경찰들은 곧장 바닷가로 달려가 레온을 체포했고, 다행히 더 이상의 피해를 막을 수 있었다.

10:43
2019/04/14
POLICE

CASE **09**

사라진 것이 없는 기묘한 강도 사건

한 노부부의 자택에서 시체가 발견되었습니다.
사건이 벌어진 곳은 노부인이 학생들에게 개인 교습을 하는 음악실입니다.
강도가 저지른 살인 사건으로 의심되지만, 이상하게도 사라진 것은 아무것도 없어 보입니다.
도대체 강도는 무엇을 훔쳐간 걸까요?

이 사건의 범인은?

그 증거는?

살해 동기는?

남편과 대화하기 (156쪽)
피아노 안을 조사하기 (153쪽)
책상을 살펴보기 (152쪽)
책을 살펴보기 (158쪽)
녹음기를 조사하기 (154쪽)

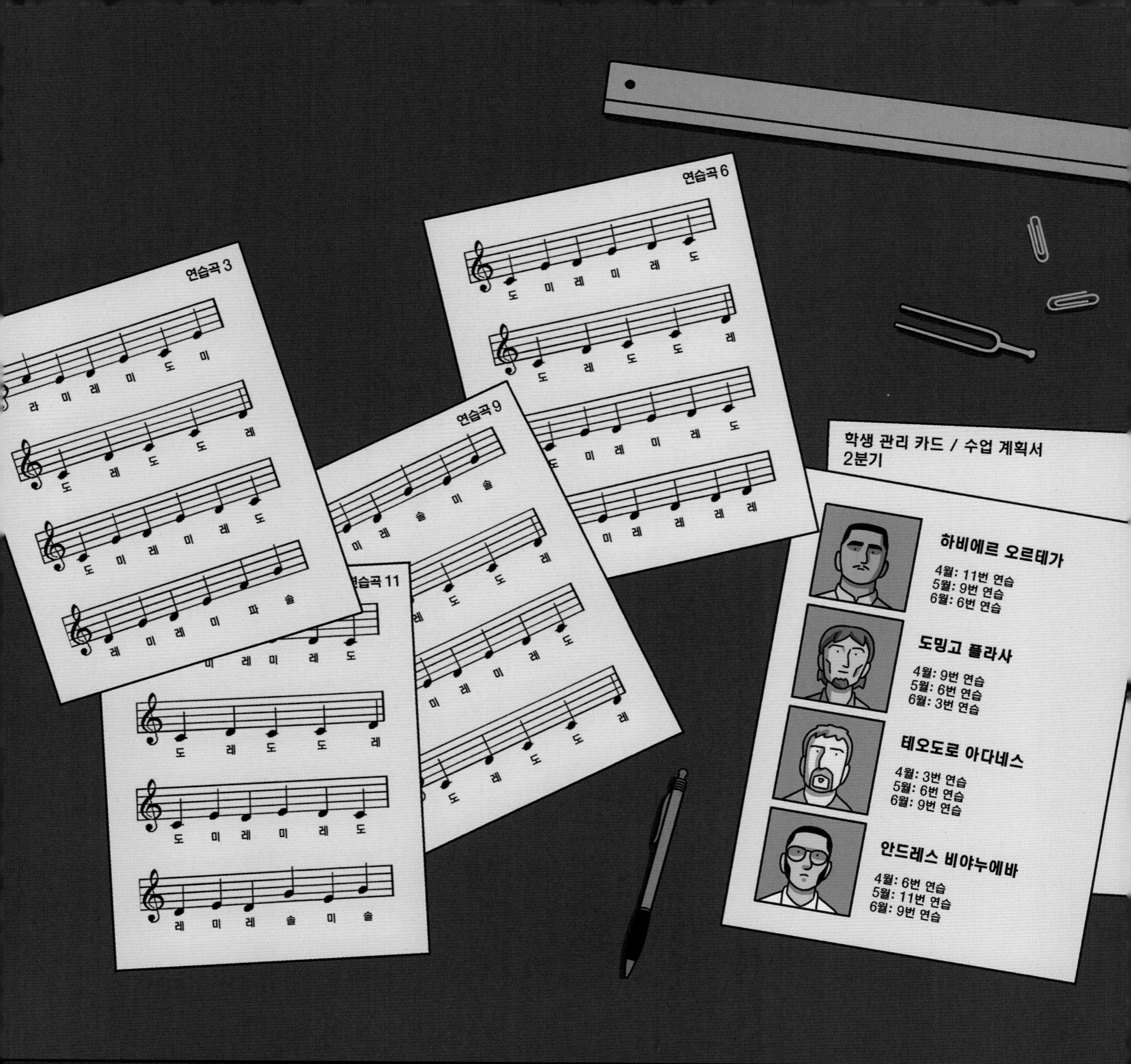

연습곡 3
라 미 레 미 도 미
도 레 도 도 레
도 미 레 미 레 도
레 미 레 미 파 솔
연습곡 6
도 미 레 미 레 도
도 레 도 도 레
미 레 미 레 도
미 레 레 레 레
연습곡 9
미 레 솔 미 솔
레
도 도 레
미 레 미 레 도
도 레 도 도 레
연습곡 11
미 레 미 레 도
도 레 도 도 레
도 미 레 미 레 도
레 미 레 솔 미 솔
학생 관리 카드 / 수업 계획서
2분기
하비에르 오르테가
4월: 11번 연습
5월: 9번 연습
6월: 6번 연습
도밍고 플라사
4월: 9번 연습
5월: 6번 연습
6월: 3번 연습
테오도로 아다네스
4월: 3번 연습
5월: 6번 연습
6월: 9번 연습
안드레스 비야누에바
4월: 6번 연습
5월: 11번 연습
6월: 9번 연습

ICH 52/45/42/14/15
22/15/21/11/33/22/15/33 22/15/33/34/32/32/15/33.
ICH 52/Ü45/33/43/13/23/44/15
WIR HÄTTEN UNS
31/24/15/12/15/33 KÖNNEN.
12/15/23/11/31/44/15 MEIN
24/33/43/44/42/45/32/15/33/44 UND
15/42/24/33/33/15/42/15 DICH
AN 32/24/13/23 14/45/42/13/23
DEN 25/31/11/33/22 43/15/24/33/15/42
43/11/24/44/15/33.
UNTERZEICHNET: 35/13

녹음기

여선생은 나중에
학생들의 수업 진도를
분석하기 위해서
언제나 학생들에게
수업한 내용을 녹음해
두었습니다. 당신은
녹음된 피해자의 마지막
수업 내용을 주의 깊게
듣습니다.

성우:
힐리안 압테르,
비센테 레온

아주 좋아. 오늘은 여기까지 하지.

선생님. 조만간 다른 악기도 배우고 싶은데요. 저기 있는 악기로
수업을 할 수 있을까요? 악기를 아주 많이 가지고 계시네요.

하하. 그건 안 돼. 너도 알겠지만, 여기 있는 악기들은 대부분 전시품이라서 만지면 안 된단다. 아주 오래된 거야. 내가 스페인에 오기 전부터 있던 것들이니까. 전에도 말했다시피, 저것들 중에서 어떤 것은 정말 귀중한 역사적 유물이란다. 값을 매길 수 없을 정도지.

역사적 유물이라니 대단해요.
그럼 언제 시간 나시면 저 악기들에 대해 이야기해주세요.

알았어. 다음에 이야기해줄게.

아, 다음 수업료를 드릴게요. 여기요.

그래, 큰돈밖에 없니? 그럼 거스름돈을 가져올 테니까 잠깐 기다리렴.

남편의 진술

남편의 진술은 이 사건을 해결하는 데 중요한 단서가 될 수도 있습니다. 그와 이야기하면서 수사에 필요한 더 많은 정보를 얻어보세요.

모든 게 다 이상하다고 말씀드릴 수밖에 없군요. 방 안을 샅샅이 둘러봤지만, 없어진 게 하나도 없더라고요. 대체 범인이 원했던 게 무엇이었을까요? 단지 아내를 살해하려고 했던 걸까요? 하지만 그건 도무지 말이 안 됩니다. 그녀는 누구와도 문제를 일으킨 적이 없으니까요!

아시겠지만, 나는 오늘 아침 일찍 여행에서 돌아왔습니다. 나는 그녀가 침대에 있을 줄 알았죠. 그 시간에 아내는 항상 자고 있거든요. 그런데 엉뚱하게도 여기 죽어 있지 뭡니까. 그런데 아내가 왜 잠옷조차 입고 있지 않았는지, 잘 생각해보세요. 그건 어젯밤 그녀가 잠자리에 들기 전에 사건이 일어났다는 얘깁니다. 다시 말해, 살인범은 뭔가를 훔치려고 밤새 여기를 뒤졌지만, 아무것도 들고 가지 않았어요. 이걸 어떻게 설명할 수 있을까요?

Россия Солнце
무슬란 소콜로프는 비운의 천재 음악가로
유명하다. 그는 처음에 '러시아의 태양
(Rusia sol)'이라는 작은 악단에서 음악
생활을 시작했다. 모스크바의 바를 전전
하면서 고된 연주 생활을 하던 어느 날,
소콜로프는 한 음악계 거물의 눈에 띄었다.
소콜로프의 엄청난 잠재력을 한 눈에
알아본 거물은 그가 러시아 음악의 차세대
스타로 발돋움할 수 있도록 도와주기로
했다. 전폭적인 지원에 힘입어 그는
전 세계로 순회공연을 다니며 엄청난 인기
를 끌기 시작했다. 이를 눈여겨본 소련의
정보부는 이를 이용해 제2차 세계 대전
동안 그를 스파이로 활동하도록 만들었다.
1939년부터 비밀리에 맡은 바 임무를 다하
던 그는 결국 1944년 베를린에서 나치군에
의해 체포되어 처형당하고 말았다. 아쉽게
그곳으로 공기가 빠져 나간다.
몸통이 스피커 역할을 하는 것이다.
또한 사운드홀은 반향을 증폭시키는
기능을 한다. 바이올린과 악기들과
할로우 바디 혹은 세미할로우 바디
일렉트릭 기타에는 이처럼 이탤릭체
f 자 모양의 사운드홀이 있다.
전쟁 동안, 양측은 메시지가 적의 손에
넘어가는 경우에도 이를 해독할 수 없게
하려고 모든 종류의 암호화 코드를 사용
했다. 이를 위해 나치군은 에니그마 기계
를 이용했다. 회전자로 작동하는 기계로,
외견상으로는 타자기와 비슷하다.
에니그마 기계는 모든 글자를 무작위로
암호화시키기 때문에 적군이 암호화 패턴
을 알아내기는 사실상 불가능했다.
소비에트군 또한 기밀 유지를 위해 메시지
를 암호화했다. 소비에트군의 가장 오래된
암호화 방식 중 하나는 알파벳을 가로 다섯
칸, 세로 다섯 칸으로 이루어진 표에 배열하
는 것이었다. 그리고 숫자로 지정된 알파벳
세계사
백과전서
이 악기는 클래식 음악에서 주로 사용된다.
크게 헤드, 넥, 바디의 세 부분으로 구분되는데,
헤드는 소리를 조율할 때 사용하는 부분이다.
넥은 왼손으로 줄을 누르게 되는 부분이다.
클래식 기타의 줄은 모두 6개인데, 아래에서
위로 센다. 첫 번째 줄이 가장 가늘고 고음이 난다.
오늘날엔 대개 저음이 나는 세 줄은 금속 코일을
꼬아서 만들고, 나머지 줄은 나일론을 이용한다.
클라리넷, 오보에는 원통형
으로 생긴 목관악기이다.
특히 이들은 언뜻 보면
모양이 비슷해 보이는데,
겉으로 봤을 때 클라리넷과
오보에의 가장 두드러진
차이점은 구멍의 종류에
있다. 클라리넷은 원통형
구멍을 가지고 있는 반면,
오보에의 구멍은 원뿔
모양이다.
이들의 음색이 다른 것도
그 때문이다. 오보에는
높은음을 내며 오케스트라의
합주 소리를 뚫고 들릴
정도이다.

사건의 실마리

이 사건을 해결하기 위해 굳이 여기 나온 단서를 읽을 필요는 없습니다. 하지만 당신의 추리가 미궁에 빠져 있다면, 아래의 단서가 도움이 될 것입니다. 그렇지만 한꺼번에 다 읽으려고 하지는 마세요. 어쩌면 하나의 단서만으로도 수수께끼를 풀 수 있는 열쇠를 찾을지 모르니까요. 그럼 행운을 빌어요!

단서 1

어느 역사책에 따르면, 암호화 방법 중 하나로 알파벳을 가로 다섯 칸, 세로 다섯 칸으로 이루어진 표에 배열하는 것이 있습니다. 남편의 뒤를 자세히 보면, 5×5 표를 발견할 수 있습니다. 그 표에 따르면 'O' 자는 3행 4열에 있기 때문에 '34'가 됩니다. 이 방법으로 피아노 속에 숨겨놓은 암호 편지를 모두 해독해보세요.

단서 2

당신이 녹음기에서 들었던 목소리의 주인공이 바로 범인입니다. 녹음기에서 그가 귀중한 악기들에 대해 물어보고 사진 찍는 소리도 들었으니까요. 학생 중 누가 범인인지 알아내려면, 범인이 마지막으로 연주한 음표가 어떤 악보인지 찾아보세요.

단서 3

범인이 아무것도 들고 가지 않았다면, 무언가를 바꿔치기한 것이 분명합니다. 우선 악기들을 꼼꼼하게 검토하고, 책에 나오는 것들과 비교하면서 틀린 부분을 하나 찾아보세요.

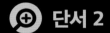

제 사건의 내막을 재구성하고 미스터리를 해결하기 위해 세세한 부분도 하나하나씩 살펴볼 겁니다.

1 피해자는 무거운 일렉트릭 기타로 머리를 맞아 사망했습니다.

2 범인은 방의 한쪽 유리창을 깨고 안으로 들어온 것이 분명해 보입니다.

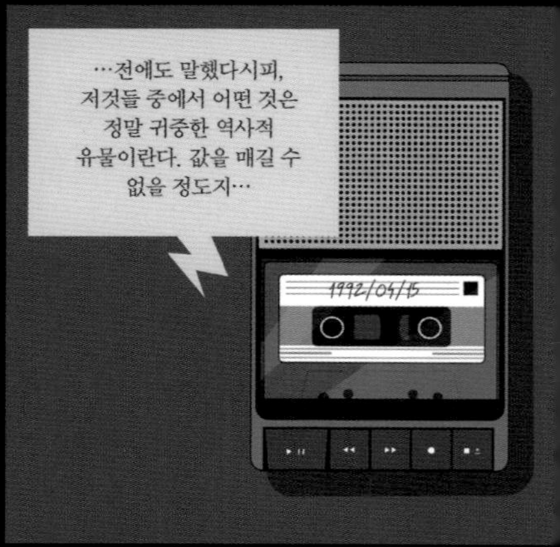

3 범인이 침입한 동기는 여선생이 선반에 보관해 둔 고가의 악기와 관련 있는 것으로 보입니다.

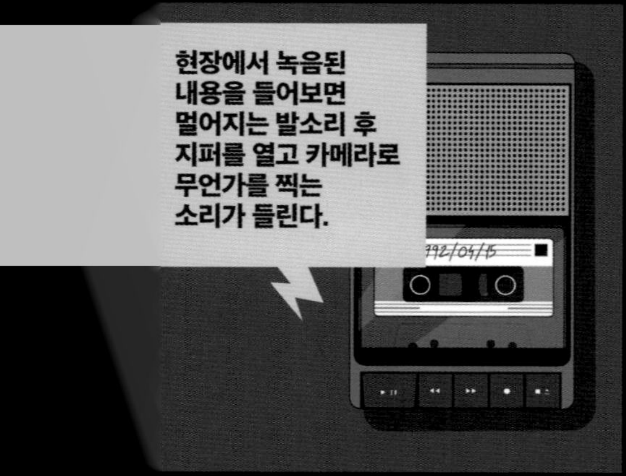

현장에서 녹음된 내용을 들어보면 멀어지는 발소리 후 지퍼를 열고 카메라로 무언가를 찍는 소리가 들린다.

4 우리는 이 사건의 배후에 한 학생이 있다는 것을 알 수 있습니다. 녹음테이프에서 들은 바에 따르면 그는 선반의 악기에 많은 관심을 보인 데다, 선생

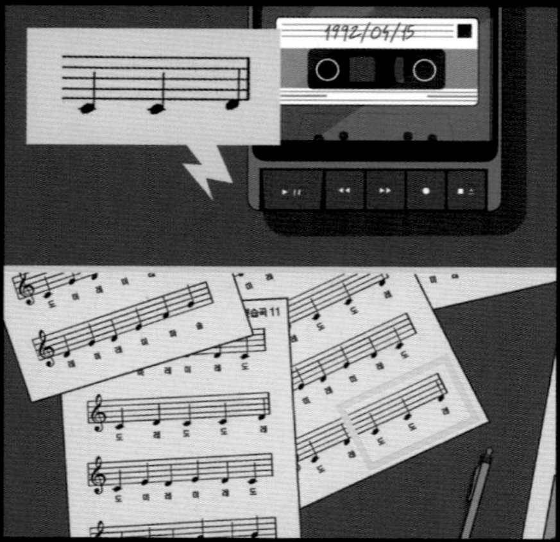

5 범인의 정체를 알아내려면, 테이프에 녹음된 마지막 음에 주목해야 합니다. 문제의 학생은 같은 음을 두 번 연거푸 치고 나서 높은 음을 쳤죠. 이것은

6 수업 계획표를 보면, 모든 학생들은 그 악보를 치게 되어 있습니다. 그런데 지금 몇 월이죠?

7 카세트테이프를 확인해보면, 지금이 4월이라는 것을 알 수 있죠. 따라서 살인범은 도밍고 플라사가 분명합니다.

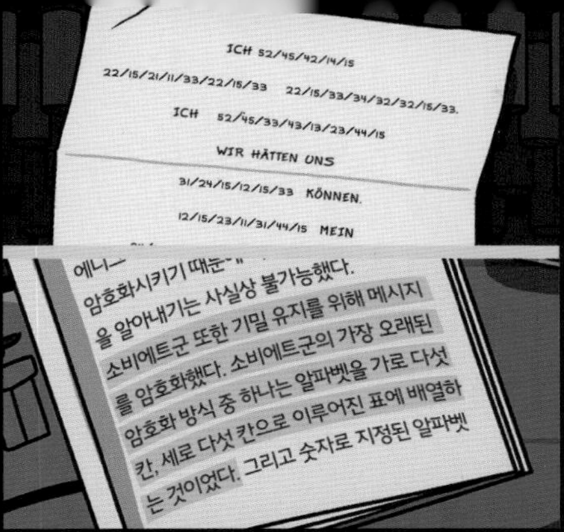

8 피아노 안에서 암호화된 쪽지가 나왔죠. 이 암호문을 해독하려면, 소비에트의 암호화 방식을 알아야 합니다. 바로 가로 다섯 칸, 세로 다섯 칸으로 이루어진 표를 이용하는 것이죠.

	1	2	3	4	5
1	A	B	C	D	E
2	F	G	H	I/J	K
3	L	M	N	O	P
4	Q	R	S	T	U
5	V	W	X	Y	Z

9 이 표는 피해자 남편의 뒤에 있습니다. 전체가 다 보이지는 않지만, 가려진 부분을 추측하면 위와 같다는 것을 추리할 수 있습니다.

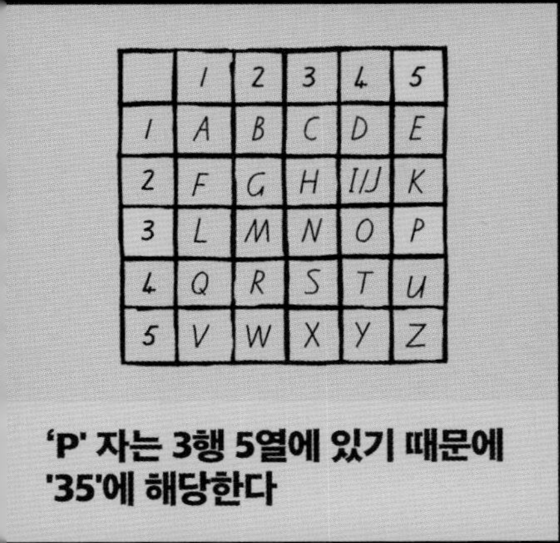

	1	2	3	4	5
1	A	B	C	D	E
2	F	G	H	I/J	K
3	L	M	N	O	P
4	Q	R	S	T	U
5	V	W	X	Y	Z

10 쪽지에 있는 글자는 표에서 각 글자가 위치한 행

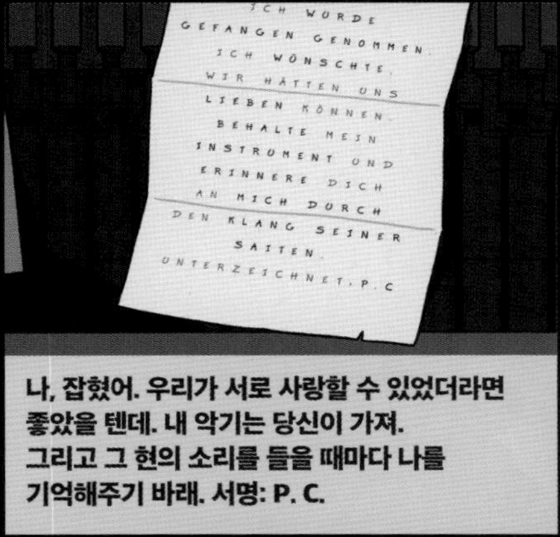

11 쪽지의 암호를 해독하면 독일어로 된 글이 나올

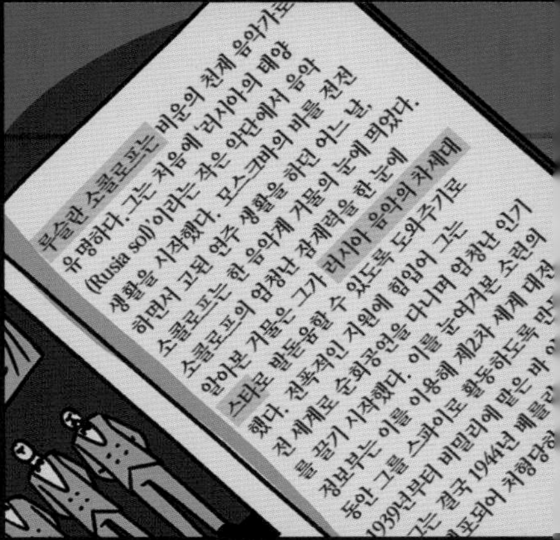

12 어떤 책에는 소비에트의 스파이로 활동하다 처형당한 음악가의 이야기가 나옵니다. 그렇다면 역사

13 현악기 연주자인 'P.C'는 결국 체포되었고 피해자와 이루어질 수 없는 사이였습니다. 따라서 루슬란 소콜로프일 가능성이 큰데, 왜 굳이 서명을 'P.C.'로 썼을까요?

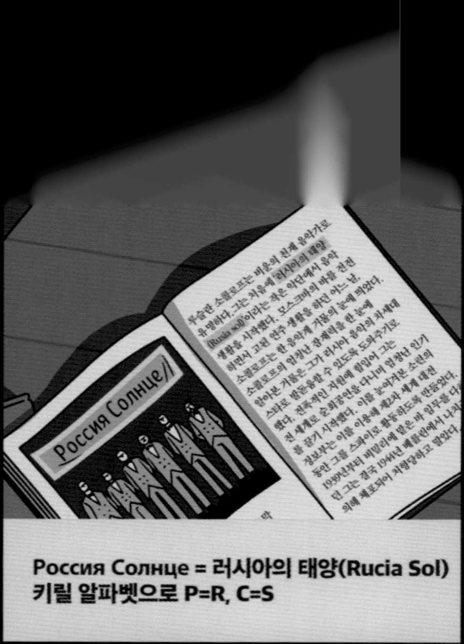

Россия Солнце
Россия Солнце = 러시아의 태양(Rucia Sol)
키릴 알파벳으로 P=R, C=S

14 그가 음악을 시작한 악단의 이름은 '러시아의 태양(Russia Sol)'입니다. 사진 속 현수막은 이를 러시아어로 쓴 것이죠. 그래서 'R'은 'P'로, 그리고 'S'는 'C'로 쓰인 겁니다.

15 이를 통해 루슬란 소콜로프의 머리글자인 'R.S.'를 러시아어인 키릴 알파벳으로 쓰면 'P.C.'가 된다는 것을 알 수있습니다. 편지에 서명한 것과 같죠.

16 또한 피아노 안에 있던 사진 덕분에 피해자의 남편이 나치라는 사실도 알 수 있습니다. 남편의 훈장이 역사책에 나오는 나치 군복의 훈장과 똑같

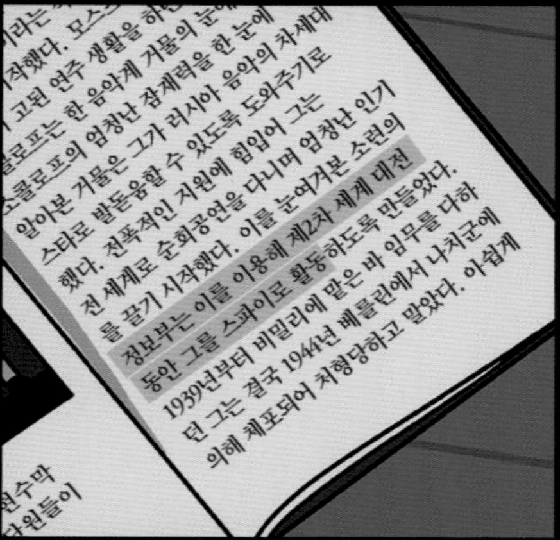

17 따라서 그녀와 소비에트 음악가의 사랑은 애당초 불가능했던 것이죠. 그녀는 나치의 아내였고, 그는 소비에트의 스파이였으니까요.

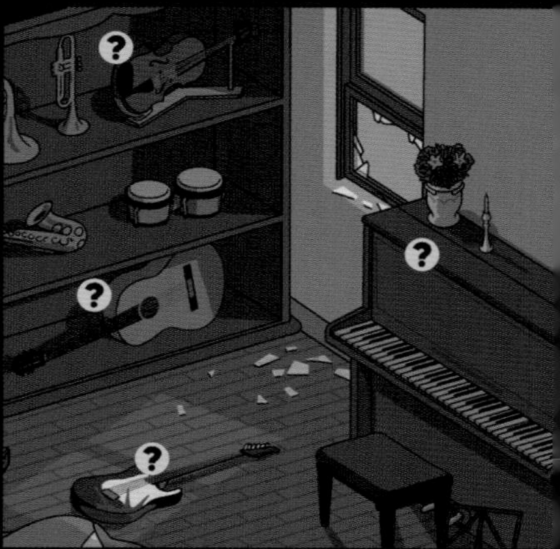

18 루슬란의 역사적 중요성 덕분에 그가 남긴 악기는 값을 매길 수 없을 정도로 귀중한 역사적 유물이 되었죠. 하지만 그의 악기가 현악기라는 것 말고는

…방 안을 샅샅이
둘러봤지만,
없어진 게 하나도
없더라고요…

19 피해자 남편의 진술에 의하면, 없어진 것이 하나도 없다고 합니다. 그렇다면 범인이 진품을 위조품으로 바꿔치기한 것으로 추리할 수 있습니다. 그렇다면 어떤 악기가 가짜일까요?

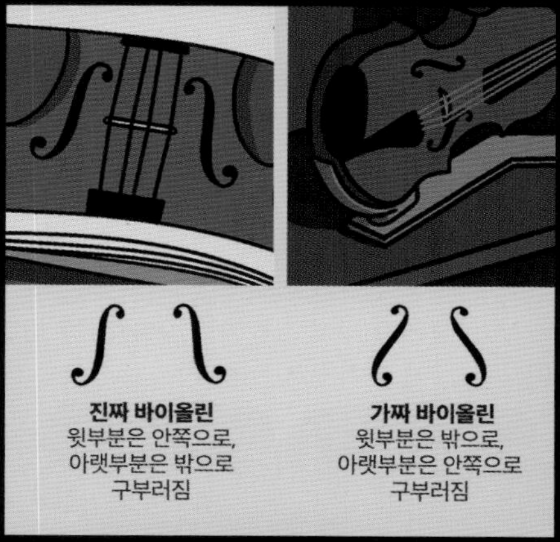
진짜 바이올린
윗부분은 안쪽으로,
아랫부분은 밖으로
구부러짐
가짜 바이올린
윗부분은 밖으로,
아랫부분은 안쪽으로
구부러짐

20 가짜를 찾으려면 악기에 대한 설명을 자세히 봐야 합니다. 이 책에 따르면, 바이올린의 사운드홀은 이탤릭체 'f' 모양을 가지고 있다고 하죠. 하지만 사건 현장의 바이올린은 뒤집힌 'f' 모양을 하고 있습니다. 가짜 바이올린인 것이죠.

사라진 것이 없는 기묘한 강도 사건

사건의 진실

도밍고 플라사는 취미로 피아노를 배우고 있었는데, 그를 개인 교습해주는 음악 선생은 독일 출신의 노부인이었다. 그녀는 다른 학생들도 일주일에 한 번씩 자기 집으로 불러 가르치고 있었다. 그러던 어느 날, 도밍고는 교습실의 선반에 전시해놓은 악기에 관해 얘기하다가 그것들 중 하나가 값을 매길 수 없을 정도로 엄청난 역사적 가치를 가지고 있다는 사실을 우연히 알게 된다. 욕심에 휩싸인 그는 값비싼 악기를 훔칠 계획을 세운다.

먼저 그는 카메라와 고액 지폐를 준비해 수업을 받으러 갔다. 수업이 끝나고 수업료를 낼 때, 그는 선생에게 고액 지폐를 건네주었다. 어쩔 수 없이 그녀는 거스름돈을 가져오기 위해 방을 나가야 했다. 도밍고는 그 틈을 이용해 가방에서 카메라를 꺼내 악기의 사진을 찍었다. 그러고 나서 그는 악기 전문가를 찾아가 그 사진을 보여주며, 어느 것이 가장 귀중한 악기인지 물었다.

전문가는 그 사진을 보자마자 그 유명한 루슬란 소콜로프의 사라진 바이올린임을 알아보았다. 그에 의하면, 소콜로프는 러시아 출신의 거장이었지만 소비에트 정부의 스파이 노릇을 했다는 혐의로 처형되었다고 했다. 도밍고는 물론 전문가도 그 바이올린에 숨겨진 진짜 사연을 알 리가 없었다. 사실 그에게 음악을 가르치던 여선생은 나치의 군인과 결혼했지만, 제2차 세계 대전 동안 베를린에 살 때 루슬란의 숨겨진 애인이었다. 나치군에게 체포된 루슬란은 간신히 여선생에게 마지막 편지를 보내, 이루어질 수 없는 사랑의 징표로 그 바이올린을 그녀에게 남긴다는 뜻을 전한 것이다.

이제 그토록 탐내던 악기가 무엇인지 알아차린 도밍고는 진짜와 바꿔치기해도 티가 안 날 정도의 복제품을 만들어 달라고 주문했다. 복제품이 준비된 날 밤, 그는 교습실의 한쪽 창문을 깨고 몰래 들어갔다. 하지만 예상보다 일찍 집에 도착한 여선생은 유리창이 깨지는 소리에 달려와 악기를 훔쳐가려던 도밍고를 붙잡았다. 달아나기 위해서 도밍고는 그녀와 몸싸움을 벌이기 시작했다. 그러나 바이올린을 지키기 위해 여선생이 완강하게 저항하면서, 도밍고는 결국 일렉트릭 기타로 머리를 강하게 내리쳐 여선생을 죽이고 말았다.

그로부터 몇 시간 뒤, 그녀의 남편이 여행에서 돌아왔다. 그는 교습실에 죽은 채 쓰러져 있는 아내를 발견하자마자 곧장 경찰 당국에 신고했다. 탐정의 도움을 받은 경찰은 루슬란 소콜로프의 바이올린 절도 및 노부인 살해 사건 용의자로 도밍고 플라사를 지목할 수 있었다. 그는 그 즉시 체포되어 기소되었다.

CASE **10**

이집트 파라오 박물관 살인 사건

이집트를 여행하던 중, 당신은 끔찍한 사고와 마주치게 됩니다.
어떤 사람이 고대 기념물에서 떨어진 것으로 보이는 커다란 돌덩이에 깔려 죽은 것입니다.
정황상 운이 나쁜 사고인 것처럼 보이지만, 무언가 수상쩍은 느낌이 듭니다.
이제 당신은 탐정으로서의 직감을 발휘해 대체 무슨 일이 벌어진 것인지 밝혀내기 위해
사건에 뛰어듭니다.

이 사건의 범인은?

그 증거는?

살해 동기는?

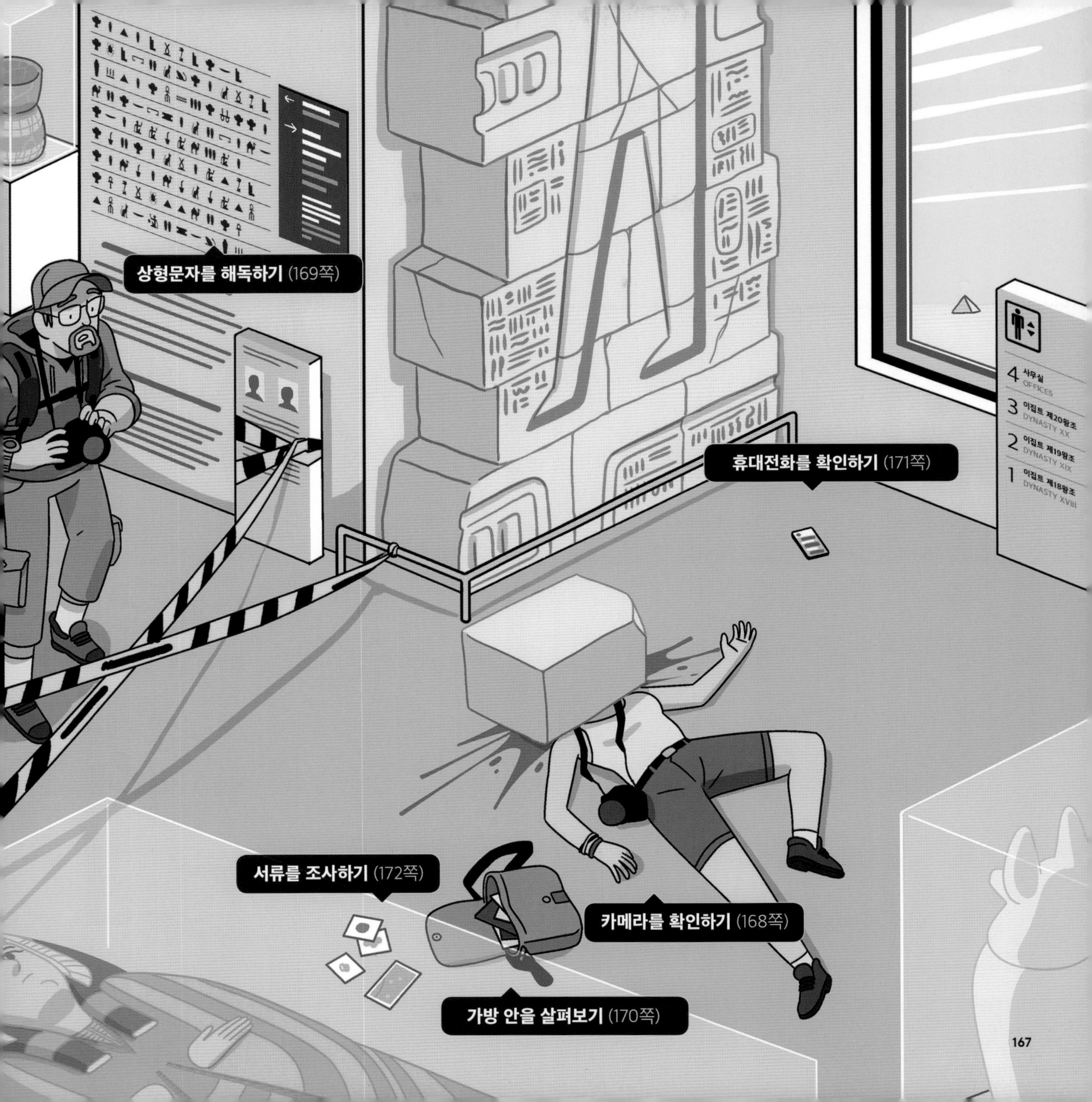

상형문자를 해독하기 (169쪽)
휴대전화를 확인하기 (171쪽)
4 사무실 OFFICES
3 이집트 제20왕조 DYNASTY XX
2 이집트 제19왕조 DYNASTY XIX
1 이집트 제18왕조 DYNASTY XVIII
서류를 조사하기 (172쪽)
카메라를 확인하기 (168쪽)
가방 안을 살펴보기 (170쪽)

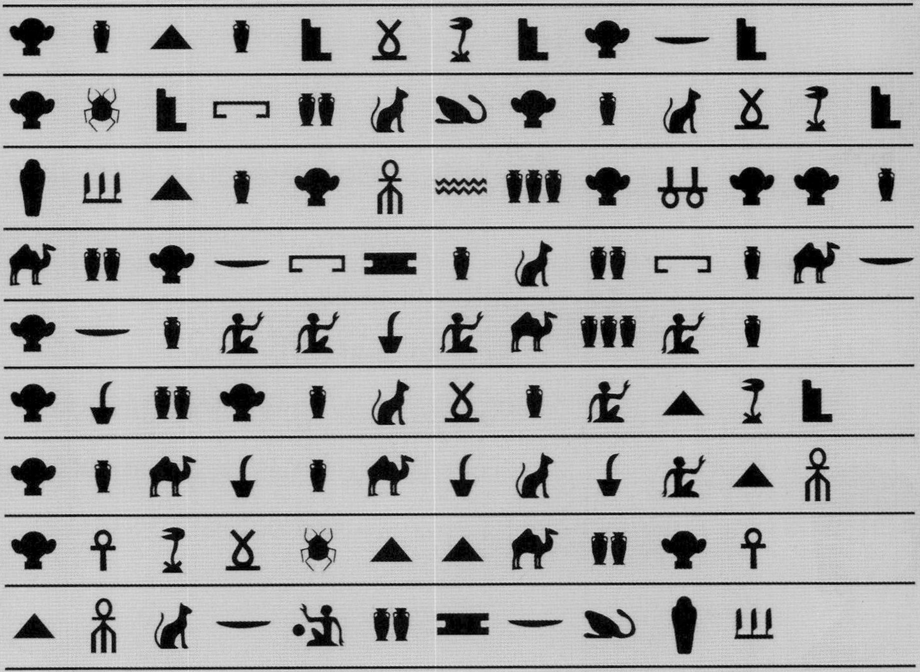

상형문자 풀이 게임

상형문자를 해독하는 것에 도전해보세요.
이 상형문자의 내용은 파라오 박물관이 세워진
이 신전터와 관련된 신기한 현상에 대해 설명하고
있습니다. 상형문자 1개가 자모 1개를 나타내는데,
예를 들어 '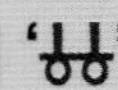'는 'ㅑ'를 뜻합니다.
힌트: 마지막 글자가 가리키는 것은
여기서 가장 가까운 피라미드의 이름+
이 박물관을 경유하는 버스 번호입니다.

THE HIEROGLYPHIC GAME

Can you decode this hieroglyphic? If you do

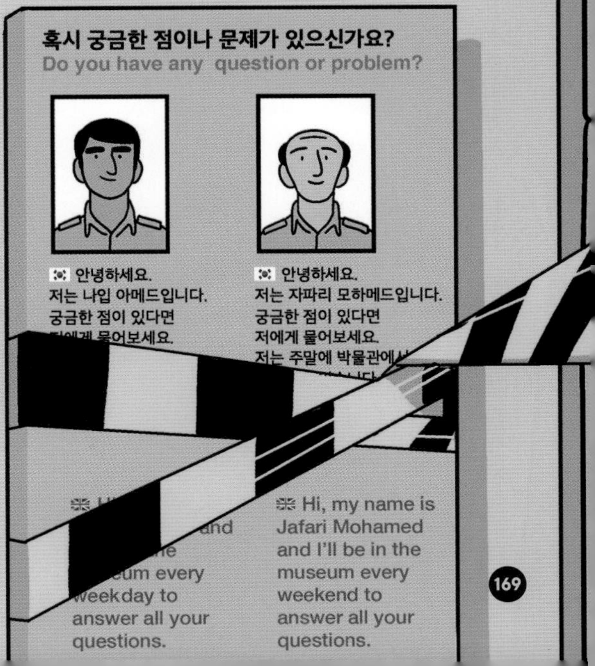

혹시 궁금한 점이나 문제가 있으신가요?
Do you have any question or problem?
안녕하세요.
저는 나입 아메드입니다.
궁금한 점이 있다면
안녕하세요.
저는 자파리 모하메드입니다.
궁금한 점이 있다면
저에게 물어보세요.
Hi, my name is
Jafari Mohamed
and I'll be in the
museum every
weekend to
answer all your
questions.
weekday to
answer all your
questions.

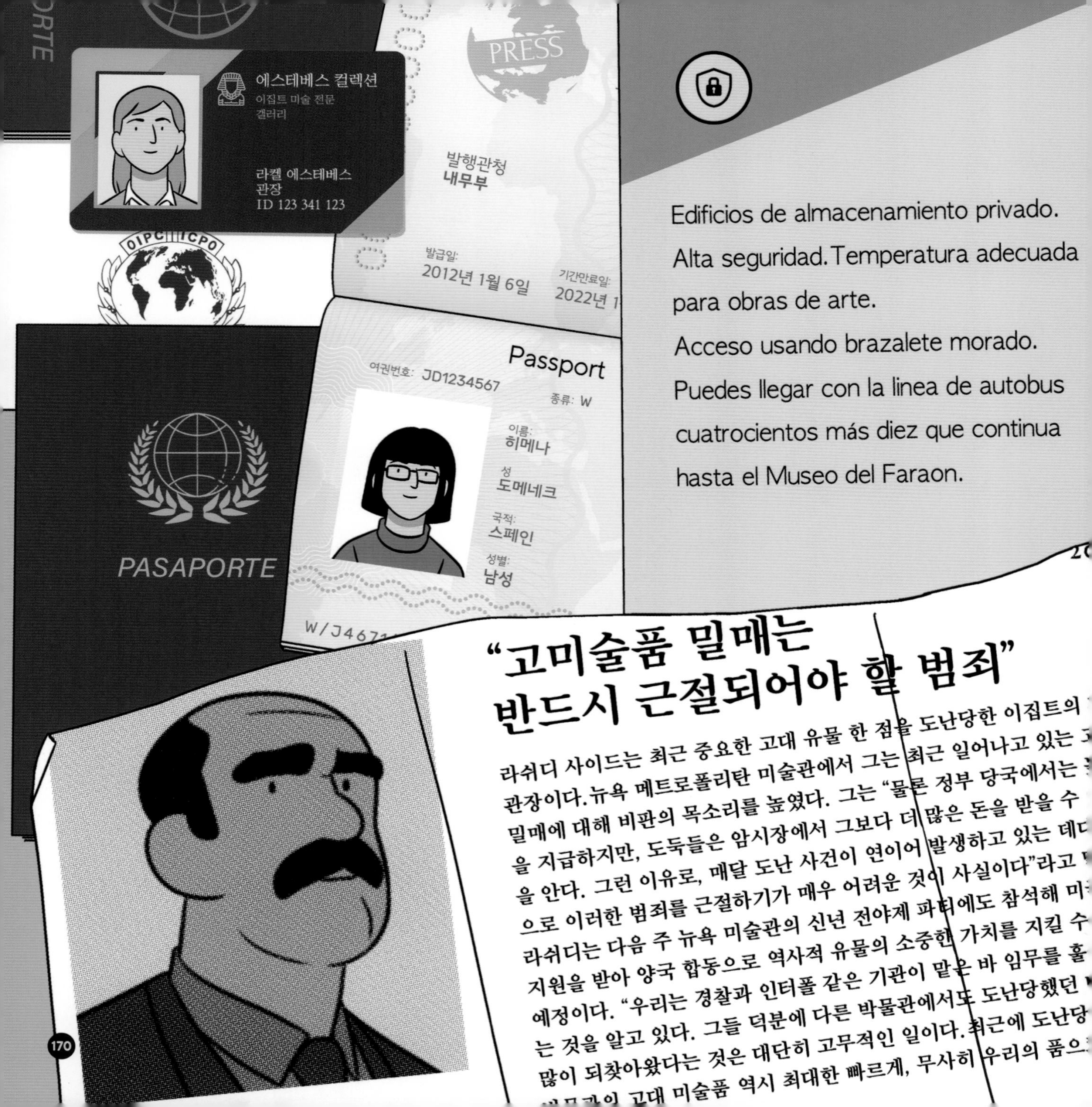
에스테베스 컬렉션
이집트 미술 전문 갤러리
라켈 에스테베스
관장
ID 123 341 123
PRESS
발행관청
내무부
발급일:
2012년 1월 6일
기간만료일:
2022년
OIPC ICPO
PASAPORTE
Passport
여권번호: JD1234567
종류: W
이름:
히메나
성
도메네크
국적:
스페인
성별:
남성
W/J467
Edificios de almacenamiento privado.
Alta seguridad. Temperatura adecuada
para obras de arte.
Acceso usando brazalete morado.
Puedes llegar con la linea de autobus
cuatrocientos más diez que continua
hasta el Museo del Faraon.
"고미술품 밀매는
반드시 근절되어야 할 범죄"
라쉬디 사이드는 최근 중요한 고대 유물 한 점을 도난당한 이집트의
관장이다. 뉴욕 메트로폴리탄 미술관에서 그는 최근 일어나고 있는
밀매에 대해 비판의 목소리를 높였다. 그는 "물론 정부 당국에서는
을 지급하지만, 도둑들은 암시장에서 그보다 더 많은 돈을 받을 수
을 안다. 그런 이유로, 매달 도난 사건이 연이어 발생하고 있는 데
으로 이러한 범죄를 근절하기가 매우 어려운 것이 사실이다"라고
라쉬디는 다음 주 뉴욕 미술관의 신년 전야제 파티에도 참석해 미
지원을 받아 양국 합동으로 역사적 유물의 소중한 가치를 지킬 수
예정이다. "우리는 경찰과 인터폴 같은 기관이 맡은 바 임무를 훌
는 것을 알고 있다. 그들 덕분에 다른 박물관에서도 도난당했던
많이 되찾아왔다는 것은 대단히 고무적인 일이다. 최근에 도난당
고대 미술품 역시 최대한 빠르게, 무사히 우리의 품으

10:00

필립 엘리엇
미술품 복원 전문가

어제

당신은 전문가야. 그래서 내가 자네한테 돈을 주는 거라고. 그 물건들이 진품인지 아닌지 내게 알려달라고 말이지. 그런데 정말로 사진만 봐도 알 수 있는 거야?

11:02

예전에 나한테 보내준 그 두 가지는 첫눈에 봐도 가짜더군.
그런 건 사진과 설명만 봐도 쉽게 알 수 있어.
하지만 세 번째 것은 내 장담하건대 진품이 확실해. 몇 주 전에 도난당한 바로 그 물건이라고. 그런데 판매자와 어디서 만나기로 했지?

11:03

처음에는 그에게 내 호텔에서 만나자고 했어.
하지만 내가 그의 물건만 빼돌릴 수 있다고 의심하더군.
그래서 우선 공공장소에서, 그러니까 박물관에서 만나 내 신분증을 보여주고 선금을 주기로 했어. 그런 다음에야 그 물건이 있는 곳으로 나를 데려가겠다고 하더군.

11:03

그럼 나더러 비행기를 타고 당신하고 같이 가자는 거야?

11:04

너무 화내지 말라고, 필립. 하지만 아무래도 그 자리에 당신이 없는 편이 더 나을 것 같아. 그 물건이 진품이라는 걸 당신도 아는 이상, 나로서는 당신은 물론 아무도 믿을 수가 없으니까 말이야.

람세스 1세의 반지.
반지에는 다음과 같은 글이 새겨져 있다.
"태양신 라의 힘처럼 영원한 람세스 1세, 기원전 1238년"

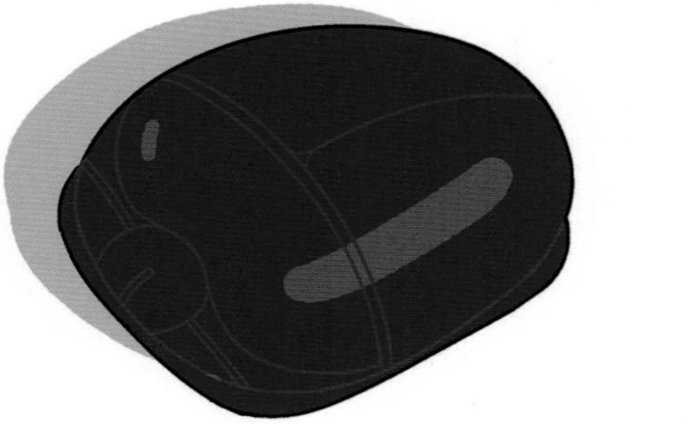

신성한 스카라베. 바닥 면에는 다음과 같은 글이 새겨져 있다.
"우리의 파라오는 라 영혼의 화신(化神)이기 때문에
모든 신들로부터 사랑을 받는다."

이집트 제18왕조 때 주조된 금화.
라 신에 관한 언급이 동전에 새겨져 있다.

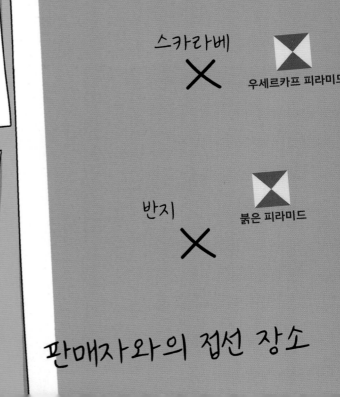

사건의 실마리

이 사건을 해결하기 위해 굳이 여기 나온 단서를 읽을 필요는 없습니다. 하지만 당신의 추리가 미궁에 빠져 있다면, 아래의 단서가 도움이 될 것입니다. 그렇지만 한꺼번에 다 읽으려고 하지는 마세요. 어쩌면 하나의 단서만으로도 수수께끼를 풀 수 있는 열쇠를 찾을지 모르니까요. 그럼 행운을 빌어요!

단서 1

그의 가방에 있는 암호를 해독하려면, 스마트폰을 잘 이용해야 할 거예요.
우선 가방 속 가려진 로고와 약자가 무엇을 의미하는지 알아내려면 검색창을 이용할 줄 알아야 합니다.
또한 스페인어와 같이 외국어로 된 메시지를 읽으려면 번역기로 사용할 줄 알아야 해요.

단서 2

용의자의 범위를 좁히려면 우선 여러분이 박물관의 몇 층에 있는지 알아야 해요. 설명에 따르면,
그 성벽은 건물 2층 높이에 달한다고 합니다. 따라서 누군가 성벽 꼭대기에서 그 돌을 민 것이 분명해요.
설명을 보면 그 성벽이 기원전 1202년에 세워졌다고 나옵니다.
구글에서 그해가 어떤 왕조에 속하는지 찾아보세요.
그러면 사건 현장이 몇 층에 있는지 알게 될 겁니다.

단서 3

어떤 미술품이 가짜인지 알아내려면, 그 시대에는 아직 예수 그리스도가 태어나지도 않았고, 라틴어 알파벳도 없었다는 사실을 고려해야 합니다. 무슨 말인지 알겠죠?

단서 4

상형문자 해석이 어렵다면 아래의 표를 참고하세요.

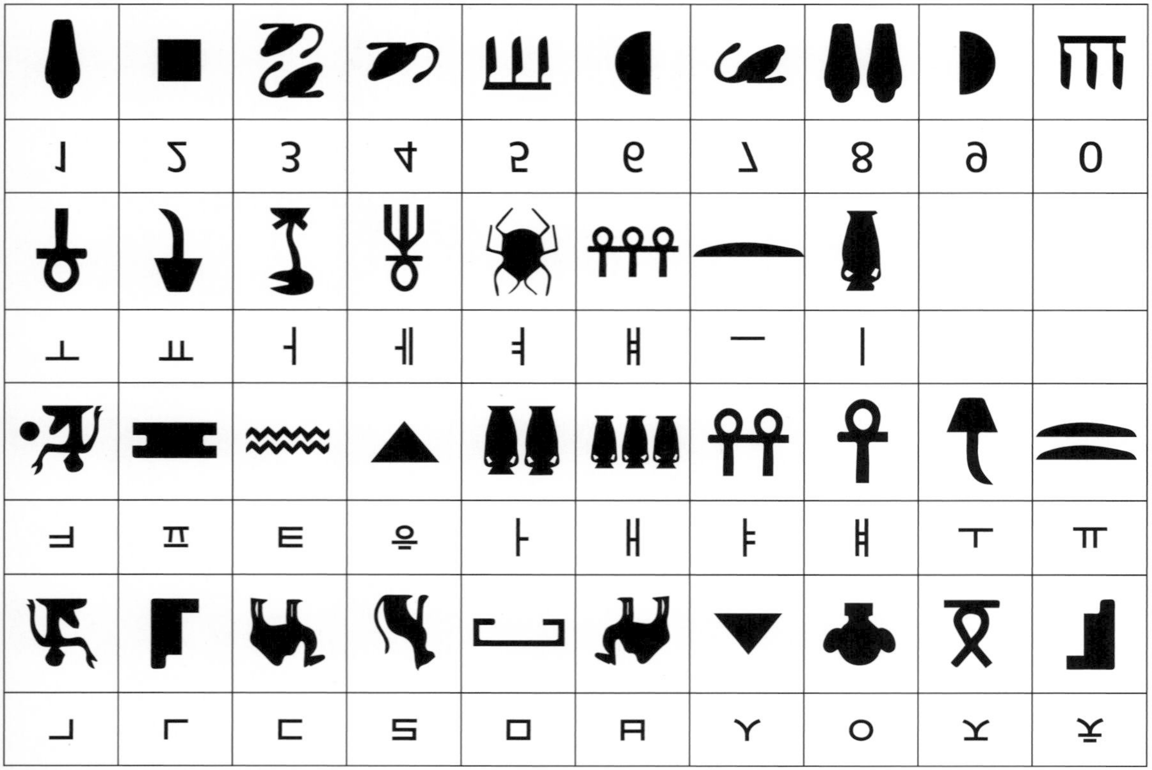

NA DEL CRIMEN · NO PASAR · ESCENA DEL CRIMEN ·
A DEL CRIMEN · NO PASAR · ESCENA DEL CRIMEN · NO PASAR · ESCENA DEL CRIMEN

사건 해결

파라오의 저주일까요? 아니면 살인 사건일까요?
사건 현장의 단서를 검토해보고 미스터리를 풀어보겠습니다.

1 이곳은 이집트 파라오 박물관입니다. 경찰은 사망 사건이 발생한 곳에 폴리스라인을 설치해 두었네요. 겉으로 보기에는 사고사인 듯합니다.

2 떨어진 돌은 박물관 내에 전시된 고대 이집트 성벽에서 떨어진 것입니다.

3 그녀의 가방에서 이집트 고대 미술품의 사진이 쏟아져 나왔네요. 신분증을 보면 이집트 미술 전문 갤러리 관장으로, 이집트 미술품을 사 모으는 수집가인 것 같습니다.

4 신문 기사를 확인하면 최근 고미술품 밀매 조직에 의해 도난 사건이 발생했다는 사실을 알 수 있습니다.

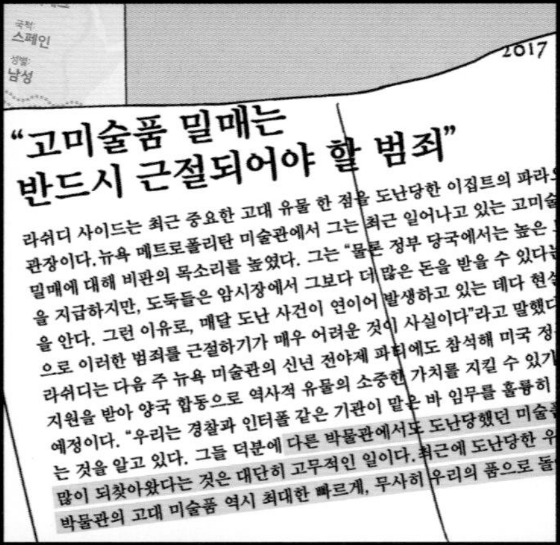

5 그리고 경찰과 인터폴이 다른 박물관에서 도난당한 미술품을 많이 되찾아왔지만, 이 박물관에서 사라진 전시품은 여전히 나타나지 않았다고 나와 있습니다.

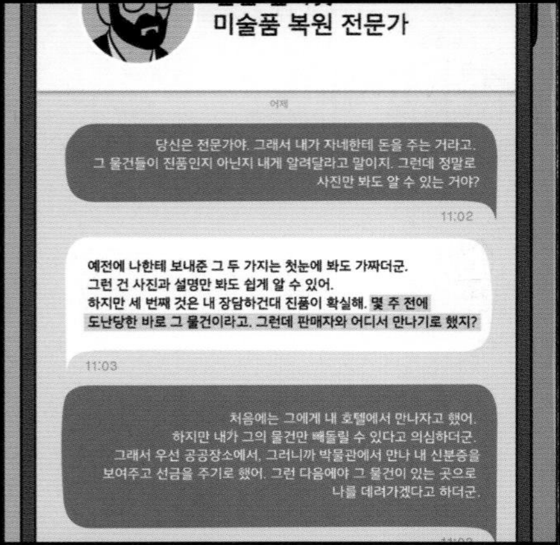

6 피해자의 휴대전화를 보면 도난당한 바로 그 미술품을 사기 위해 어떤 판매자와 만나기로 약속했다고 말합니다.

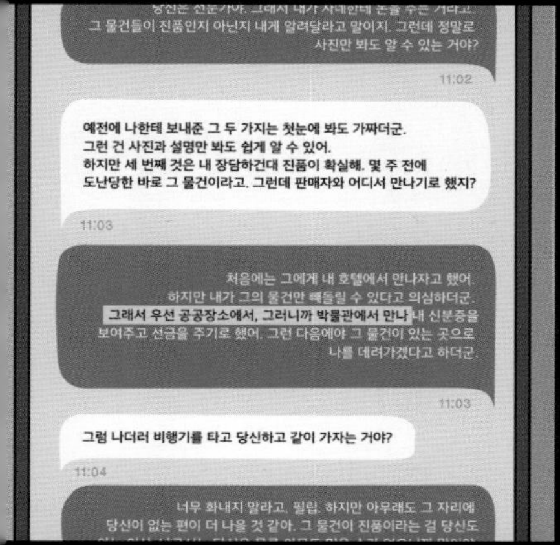

7 만나기로 한 장소는 바로 이 박물관이었습니다.

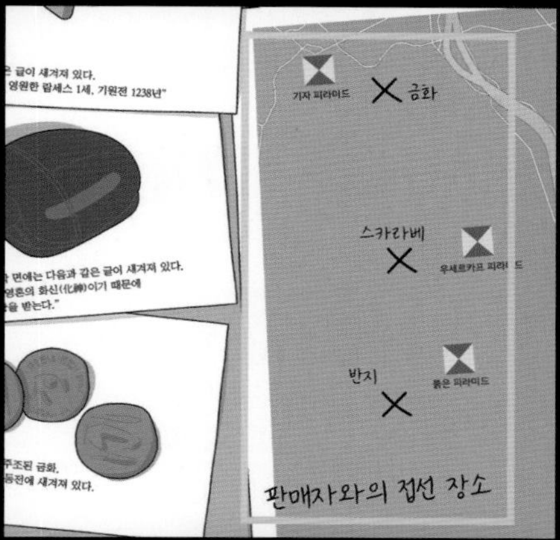

8 접선 장소인 박물관의 정확한 위치를 알려면 거래하려던 진품이 무엇인지 먼저 찾아야 합니다.

9 먼저 동전을 자세히 보면 'RA'라는 라틴어 알파벳이 새겨져 있어요. 실제로 라틴어 알파벳은 그때로부터 몇 세기 후에야 나타났기 때문에 그 동전은 가짜라는 것을 알 수 있습니다.

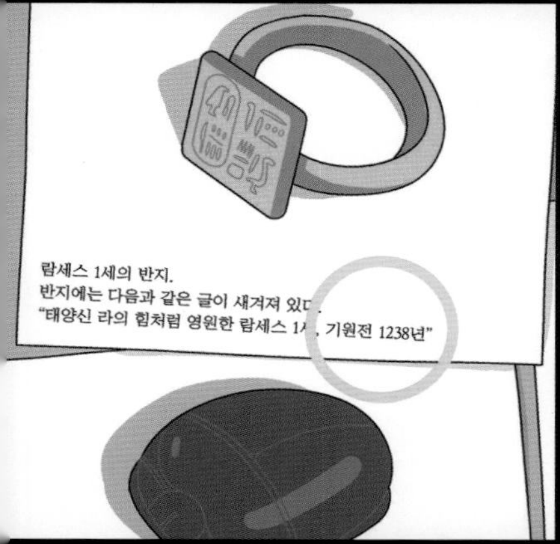

10 '기원전 1238년'이라는 날짜가 나오는 것으로 봐서 반지도 위조품입니다. 그 시대에는 그리스도가 태어나리라는 것을 알지도 못했기 때문에 연도를 이렇게 헤아리지 않았죠.

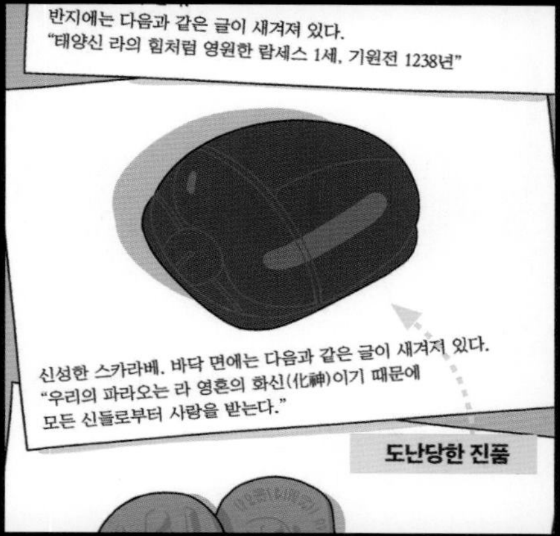

11 따라서 피해자가 판매자에게서 사기로 했던 미술품은 스카라베라고 추정됩니다.

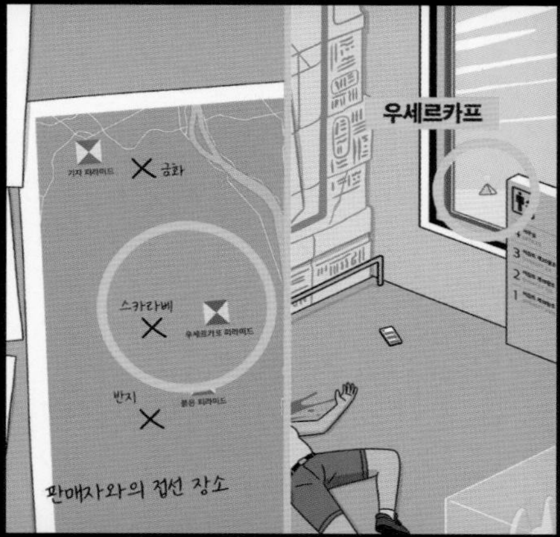

12 위 지도에서 동그라미로 표시된 부분이 그가 판매자와 만나기로 했던 장소예요. 즉, 박물관 창문으로 보이는 것이 바로 우세르카프 피라미드라는 것을 알 수 있죠.

13 사진을 보면 피해자를 뒤쫓고 있는 동일 인물이 모든 사진에 등장하고 있습니다. 혹시 고객을 뒷조사하는 판매자일까요? 아니면 진품을 훔치고 싶어 하는 미술품 복원 전문가일까요?

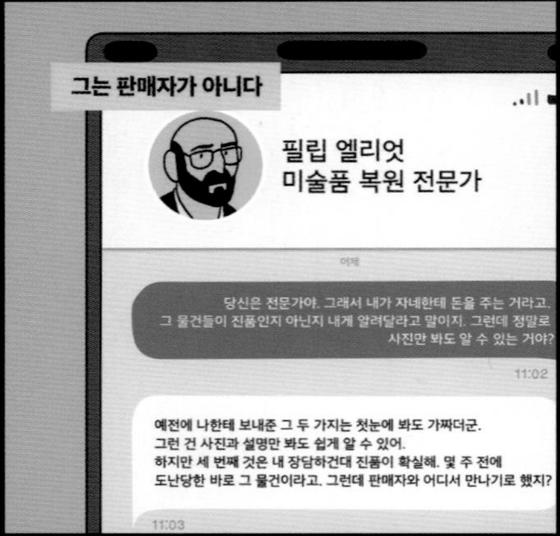

14 우선 미술품 복원 전문가가 문제의 판매자일 리 없습니다. 약속 장소에서 만났을 때, 바로 알아볼 수 있으니까요. 그렇다면 도난당한 미술품을 팔려던 사람은 누구일까요?

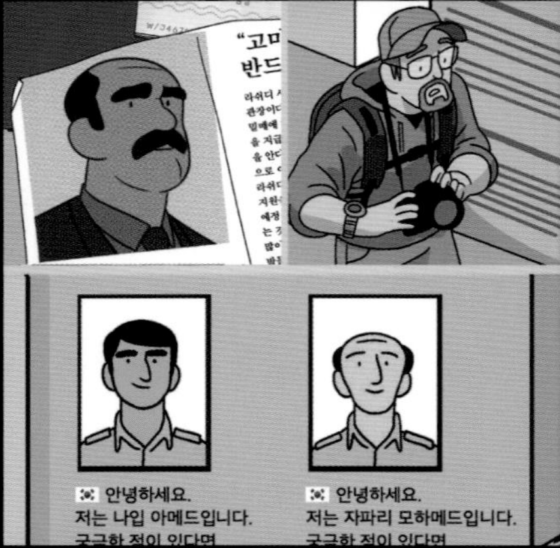

15 판매자일 가능성이 있는 사람은 여럿 있습니다. 박물관 관장의 자작극일 수도 있고, 박물관의 경비원이나 현장에 있던 관광객이 판매자일지도 모릅니다.

16 용의자를 좁히기 위해 돌이 떨어진 장소를 추리해봅시다. 이 성벽은 기원전 1202년에 세워졌다고 설명되었습니다. 구글에서 검색해보면, 그해는 제19왕조 시대에 해당한다는 것을 확인할 수 있을 거예요.

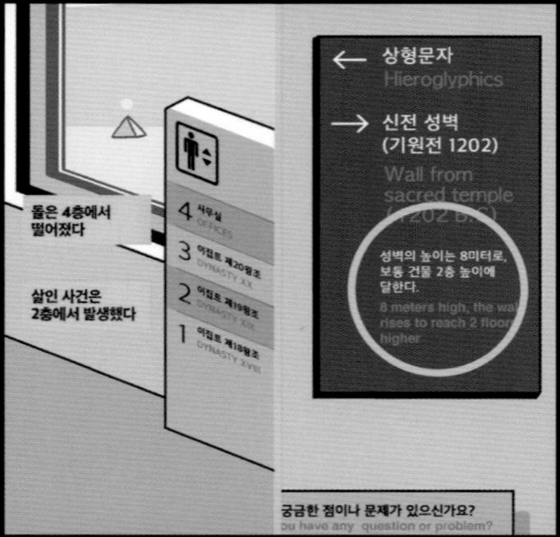

17 그렇다면 이곳은 박물관 2층입니다. 만약 성벽이 건물 2층 높이에 달한다면 누군가 4층에서, 다시 말해 사무실에서 그 돌을 밀어서 떨어뜨렸다는 것을 의미합니다.

18 결국 범인은 박물관 직원이 분명합니다. 그곳에서 일할 리 없는 관광객은 용의선상에서 배제됩니다.

19 그런데 피해자도 뭔가 수상합니다. 여권을 보면 피해자는 남성인데, 왜 이집트 미술품을 모으는 여성 수집가로 활동했을까요?

20 피해자의 가방에서 살짝 가려진 로고의 약자를 인터넷에서 검색하면 바로 인터폴의 로고라는 것을 알 수 있습니다. 그는 인터폴의 요원이었던 겁니다.

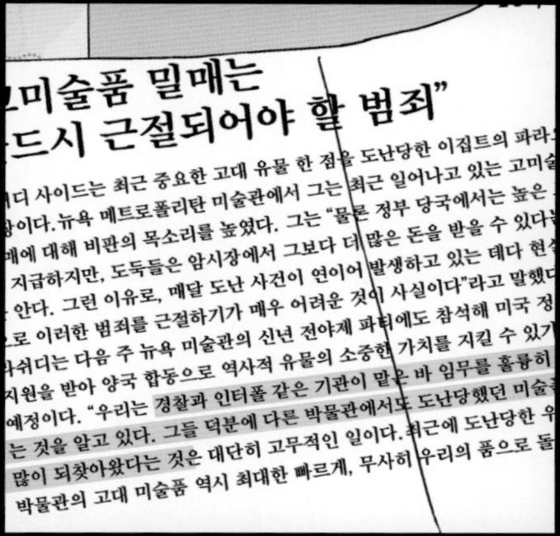

21 다시 신문 기사를 보면 인터폴이 이미 도난당한 미술품을 여러 점 되찾았다고 나와 있습니다. 피해자는 비밀 임무를 위해 성별을 숨기고 활동하고 있었군요.

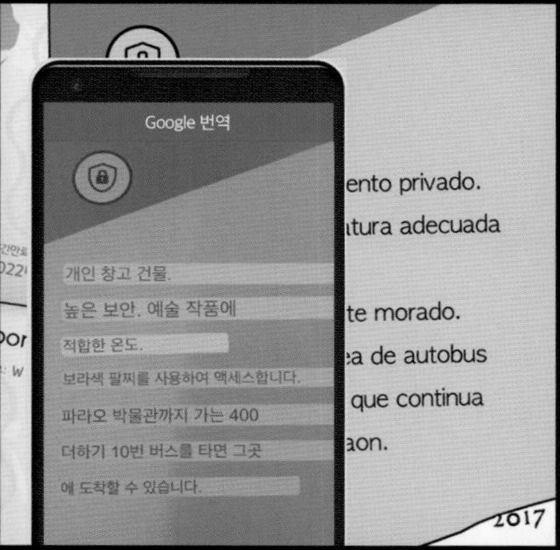

22 온라인 번역기를 이용하면 피해자가 갖고 있던 쪽지의 내용을 알 수 있어요.

23 사진을 보면 사건 발생 이전의 피해자는 내내 보라색 팔찌를 차고 있다는 것을 알 수 있습니다. 그런데 무슨 일인지 사건 현장에는 팔찌가 사라졌어요. 누군가 훔쳐간 것입니다.

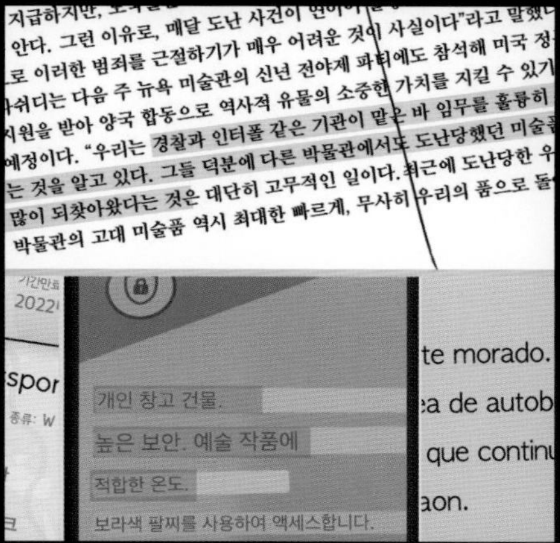

24 지금까지 파악한 바에 따르면, 인터폴 소속으로 도난당한 미술품을 되찾고 있던 그는 회수한 미술품을 창고에 보관하고 있었던 겁니다. 그런데 누군가가 모든 것을 독차지하려고 그를 노린 겁니다.

그는 창고가 어디 있는지 알아냈다

25 피해자의 뒤를 쫓아다니던 범인은 마침내 보물이 가득한 창고의 위치를 알아낸 거죠.

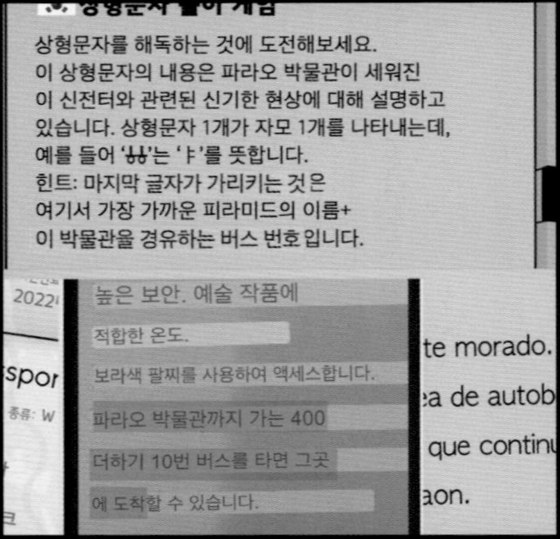

높은 보안. 예술 작품에
적합한 온도.
보라색 팔찌를 사용하여 액세스합니다.

더하기 10번 버스를 타면 그곳

26 단서를 꼼꼼히 조사한 결과, 박물관 근처 피라미드의 이름과 경유하는 버스 번호를 알게 되었습니다. 따라서 이제는 상형문자의 대부분을 해독할 수 있습니다.

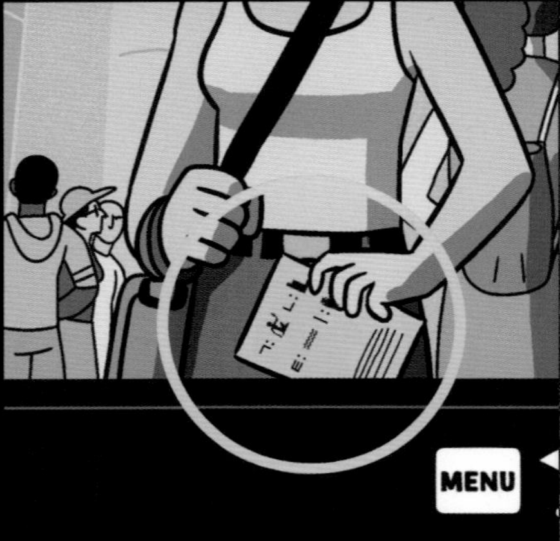

27 피해자의 사진을 보면 손에 상형문자가 쓰인 종이를 들고 있습니다. 이것과 함께 상형문자를 해독해봅시다.

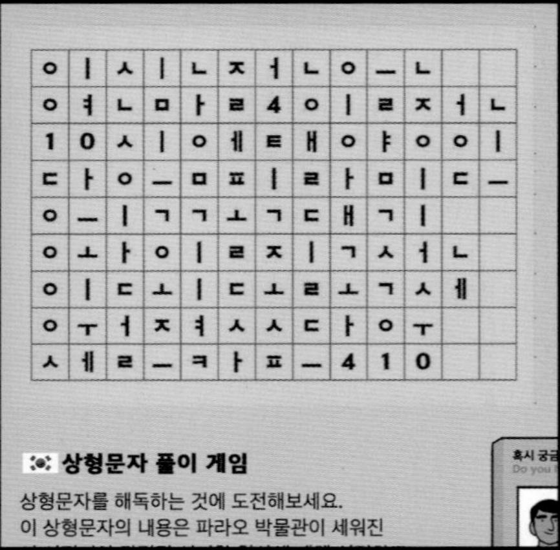

28 상형문자를 해독하면 다음과 같은 내용입니다. '이 신전은 연말 4일 전 10시에 태양이 다음 피라미드의 꼭대기와 일직선이 되도록 세워졌다. 우세르카프 410'

10:00
연말까지 4일 남았다면,
오늘은 12월 27일이다

29 피해자의 휴대전화에 따르면, 지금 시간은 10시입니다. 그림에서 볼 수 있듯이, 태양이 피라미드와 완벽한 일직선을 이루고 있기 때문에 오늘이 12월 27일(연말 나흘 전)라는 것을 알 수 있죠.

안녕하세요.
저는 나입 아메드입니다.
안녕하세요.
저는 자파리 모하메드입니다.

30 용의자는 이 박물관에서 일하고 있습니다. 그렇지만 박물관장은 얼마 전 뉴욕 미술관에서 인터뷰를 했는데 뉴욕 신년 전야제 파티에도 참석할 예정이므로 그는 현재 이집트에 없습니다.

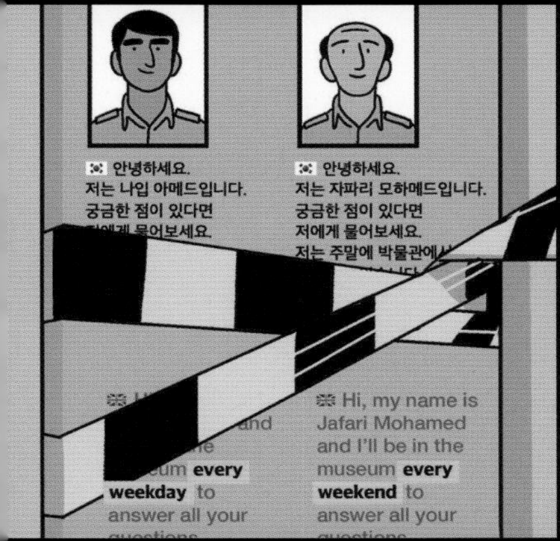

31 그렇다면 이제 두 명의 직원에게 초점을 맞추겠습니다. 한 명은 주중에 일하는 반면, 다른 한 명은 주말에만 근무하죠.

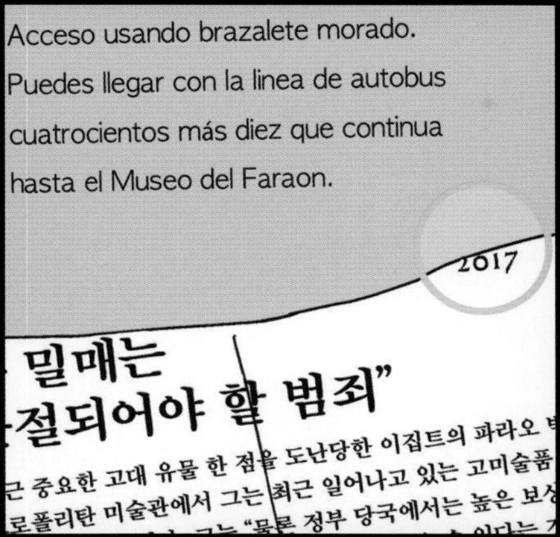

32 신문을 확인하면 사건이 발생한 시기가 2017년도라는 것을 알 수 있습니다.

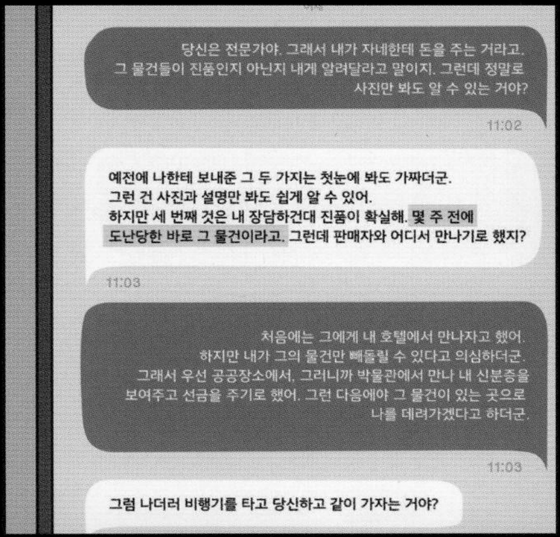

33 몇 주 전에 미술품이 도난당했다는 사실이 메신저의 대화 기록에서도 언급된 것으로 봐서는 사건 당시의 신문이 확실합니다.

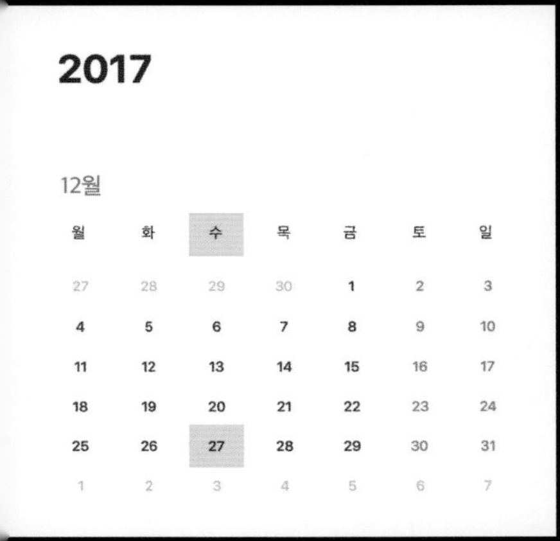

34 이제 남은 일은 2017년 12월 27일이 무슨 요일인지만 알아내면 됩니다. 그날은 수요일이네요.

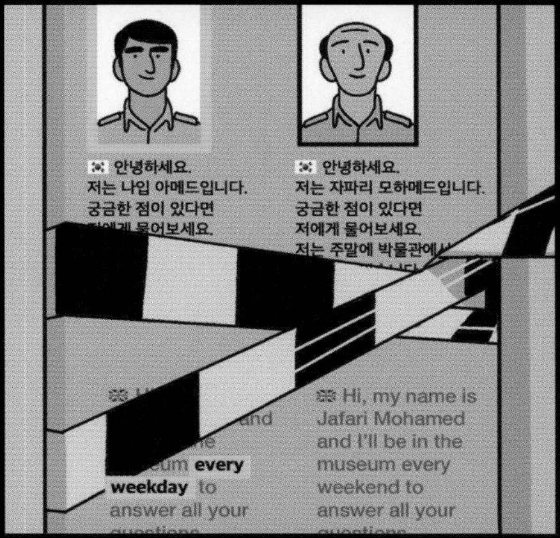

35 사건 당일 근무한 직원은 주중에 일하는 나입이 분명합니다. 그가 4층에서 피해자 위로 돌을 떨어뜨린 것이지요. 그리고 박물관 직원으로서 피해자를 살피는 척하면서 팔찌를 훔친 것입니다.

이집트 파라오 박물관 살인 사건

사건의 진실

파라오 박물관은 고대 이집트 문명의 예술품 수백 점을 전시하고 있는 중요한 갤러리다. 나입 아메드는 바로 이 박물관에서 일하던 직원이었다.

어느 날, 나입은 고미술품을 밀매하면 큰돈을 만질 수 있다는 이야기를 듣게 된다. 어떤 박물관이든 고대 미술품을 훔쳐 암시장에 내놓으면 천문학적인 액수의 돈을 받고 팔 수 있다는 것이다. 그는 박물관 직원이었기 때문에, 계획만 잘 세우면 자신이 고가의 미술품에 손쉽게 접근할 수 있다는 것을 잘 알고 있었다. 욕심이 생긴 그는 딱 한탕만 크게 하기로 하고, 박물관에서 가장 중요한 보물 중 하나인 신성한 스카라베를 훔쳤다. 그가 고미술품을 불법으로 매매하는 암시장에 장물을 내놓자, 곧 라켈 에스테베스라는 이름을 가진 스페인 구매자로부터 연락이 왔다. 그녀는 이집트 미술품을 모으는 개인 수집가라고 했다. 하지만 나입은 암시장에서는 구매자가 나타났다고 해서 무조건 거래해서는 안 된다는 것을 잘 알고 있었다. 이따금씩 미술품에 관심이 있는 수집가로 위장해 접근하는 경찰이 있었기 때문이다.

그래서 그는 거래 전에 라켈을 찾아내 미행한 후 믿을 만하면 거래를 진행할 생각이었다. 라켈이 이집트의 이곳저곳을 여행하는 사이, 그는 일정한 거리를 두고 그녀를 감시했다. 주의 깊게 미행하던 나입은 곧 그녀에게서 이상한 점을 발견했다. 낮에는 평범한 여행객인 척 돌아다니던 라켈이 밤에는 경비가 삼엄한 창고를 드나드는 것이다. 사실 라켈은 위조 신분증을 이용해 이런 종류의 불법 판매자들을 체포하고 도난당한 미술품을 되찾는 인터폴의 비밀 요원이었다. 라켈의 창고에는 그렇게 되찾은 미술품들이 가득했고, 말 그대로 나입을 하루아침에 벼락부자로 만들어주고도 남을 만큼 거대한 보물 창고였다. 하지만 그곳은 경비가 무척이나 삼엄해 특정 팔찌를 통한 개인 보안 시스템으로만 안에 들어갈 수 있었다. 라켈이 내내 손목에 차고 있던 보라색 팔찌가 바로 그것이었다.

라켈에게서 그 팔찌만 가져오면, 창고에 보관되어 있던 수많은 보물들을 독차지할 수 있다고 생각한 나입은 대담한 계획을 세웠다. 바로 인터폴 요원을 살해하는 것이다. 잡히지 않으려면 누가 봐도 우연한 사고로 인한 죽음이라고 여길 만큼 치밀한 계획이 필요했다.

먼저 그는 일부러 거래할 장소를 박물관으로 바꿨다. 라켈을 의심하는 척하며 공공장소에서 만나는 것이 좋겠다고 설득한 것이다. 그러곤 박물관의 2층에 있는 돌로 된 성벽 앞에서 거래하자고 했다. 근무일이었기 때문에 자연스럽게 4층 사무실에 있던 그는 약속된 시간에 인터폴 요원이 나타나자 성벽 꼭대기에 있던 커다란 돌을 밀어버렸다. 돌이 바로 머리 위로 떨어지면서 피해자는 현장에서 즉사하고 말았다. 잠시 후, 그는 박물관의 직원으로서 피해자를 살피는 척하며 조심스럽게 팔찌를 훔쳤다.

하지만 현장의 단서를 꼼꼼하게 수사한 탐정은 그가 노리는 것을 알아챘다. 덕분에 인터폴이 모아놓은 미술품을 훔치기 위해 창고에 간 나입을 놓치지 않고 체포할 수 있었다.

4 사무실
OFFICES
3 이집트 제20왕조
DYNASTY XX
2 이집트 제19왕조
DYNASTY XIX
1 이집트 제18왕조
DYNASTY XVIII

CASE 11

지하실에서 발견된 냉동 인간

넷플릭스 영화 〈히어로는 없다〉의 주인공들은 며칠째 노바로 사건을 조사하고 있습니다. 노바로는 헐크나 아이언맨처럼 유명한 슈퍼히어로의 이야기를 모방해서 피해자들을 죽인 연쇄 살인범입니다. 오늘 그들은 어느 가정집 지하실에서 냉동된 채로 발견된 시신을 조사하라는 지시를 받았습니다.
이 기묘한 냉동 인간은 노바로의 또 다른 피해자일까요?
아니면 전혀 상관 없는 살인 사건인 걸까요?

이 사건의 범인은?

그 증거는?

살해 동기는?

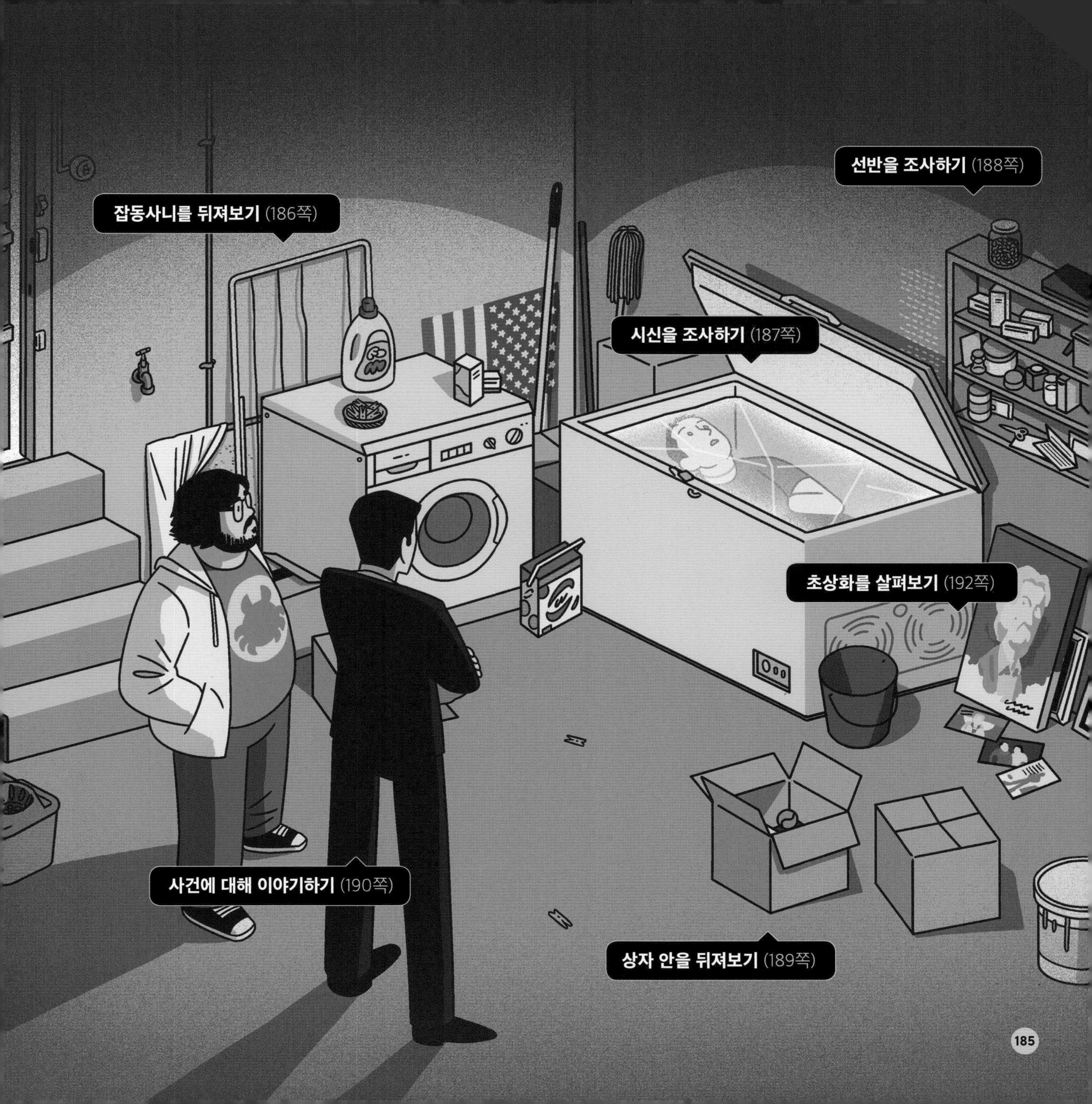
선반을 조사하기 (188쪽)
잡동사니를 뒤져보기 (186쪽)
시신을 조사하기 (187쪽)
초상화를 살펴보기 (192쪽)
사건에 대해 이야기하기 (190쪽)
상자 안을 뒤져보기 (189쪽)

진해제
틴
20 MG

DEPARTMENT OF VETERANS AFFAIRS
349

메만
종합
비타민
이부프로펜
소염연고
아스피린
은행 계좌 거래 명세표 2019.07
레스토랑 메뉴
DVAUSA -11,90 €
약국 +1800$
전화요금 -144€
슈퍼마켓 -47,90€
카페 -21,55€
DVAUSA -4,30€
+1800$

사랑하는 아이들아, 오늘 너희 둘이 18살이 된 것을 축하한다.
너희들 곁에 있어주지 못한 지 벌써 몇 년째구나. 하지만
일이 이렇게 된 데에는 그럴 만한 이유가 있었단다. 다만
언젠가 너희들을 떠난 것에는 그럴 수밖에 없는 이유가 있었음을 알아주길
바랄 뿐이다. 엄마가 말해주었겠지만, 너희가 이 세상에 태어났을 때,
난 외국으로 떠나야만 했지. 그리고 너희를 지키기 위해
다시 만날 수 없었던 거란다. 그 무엇으로도 너희들을 곁에서 지켜주지 못한 것을
보상해주지 못한다는 것을 안단다. 하지만 뜻깊은 생일을 맞이해서
너희들에게 선물을 보내고 싶구나. 그리고 내가 너희들을
생각하지 않은 날이 단 하루도 없다는 사실을 알아다오.
엄마가 그러는데, 너희들이 내 소식을 자주 묻는다고 하더구나.
지금 당장은 만날 길이 없지만, 아쉬운 마음에 내 사진이라도
보낸다. 아마 엄마 혼자 너희들에게 해줄 수 있는 건 그리 많지
않을 거야. 하지만 엄마는 너희들을 진심으로 사랑하고,
또 너희들이 행복한 삶을 살아갈 수 있도록 최선의 노력을
다하고 있다는 것만큼은 분명하단다.
사랑한다. - 아빠
이라크에서 폭탄 테러 일어나…
지나가던 트럭이 전복되면서 미군 병사 3명이
사망하고 다른 2명이 부상당하는 사건 발생!
두 병사들은 다행히 목숨은 건졌지만 폭탄 테러로 팔다리를 잃고 말았다.
심리 치료사들은 부상당한 병사들의 외상 후 스트레스 장애(PTSD)를 막기 위해
신체적·정신적 후유증을 치료하는 데 집중하고 있다.

사건 현장에 도착한 발렌틴 형사와 호르헤는 지하실에서 발견된 시신에 관해 논의하기 시작합니다. 그들의 대화를 주의 깊게 들어보세요.

발렌틴 형사

이 사건이 어떤 슈퍼 히어로와 관련 있는 걸까?

잘 모르겠지만, 현장을 보면서 '캡틴 아메리카'가 떠올랐어.
만화에서는 어벤저스들이 냉동된 캡틴 아메리카를 발견하잖아.
어떤 면에서 이 사건은 그 장면을 되살린 것으로 볼 수도 있지.
더군다나 현장에 미국 국기도 걸려 있었고!

호르헤 엘리아스

발렌틴 형사

그럴 수도 있겠군. 하지만 현장에 만화 스크랩은 하나도 없지 않았나?
우리가 쫓는 노바로는 범죄 현장에 꼭 무언가를 남겨놓는데 말이지.

흠, 분명 요즘 일어나는 연쇄 살인 사건은 여러 슈퍼 히어로가 탄생하는 장면을 모방하고 있지. 그렇다면 이번 사건의 원인이 캡틴 아메리카라고 보기는 어려워. 정확히 말하면 캡틴 아메리카는 그가 냉동되었을 때가 아니라, 그에게 슈퍼 솔저의 혈청을 주사할 때 탄생하니까. 개인적인 생각인데, 이번 범죄는 노바로 사건과 아무 관련이 없는 것 같아.

호르헤 엘리아스

발렌틴 형사

그렇다면 여기서 실제로 무슨 일이 벌어졌는지 밝혀내야겠군.
우선 노르마가 우리에게 남긴 메시지를 들어보자고.

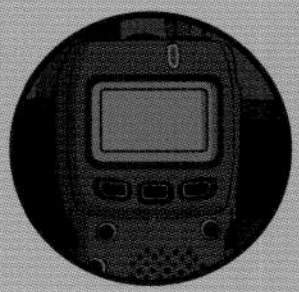

노르마

자, 여러분. 시신은 이 집 주인인 베로니카가 발견했다고 해. 그녀는 경찰에게 전화를 걸어 겁에 질린 목소리로 자초지종을 설명했어. 주방에 있는 냉동고가 고장나는 바람에 지하실에 둔 냉동고를 보러 내려갔다가 냉동된 시신을 발견했다는 거야. 그녀는 그것이 현재 보스턴에 살고 있는 자기 아들의 시신이라고 진술했어. 그래서 그녀가 알려준 번호로 전화를 걸었지. 그런데 아들은 멀쩡하게 전화를 받았어. 직접 통화했으니 확실해. 자, 이제부터 최대한 철저히 조사해서 어떻게 된 건지 알아내도록.

베로니카 디아스
자화상, 2018
이 세상 최고의 자매
사랑하는
알렉스&로빈의
첫 생일
1991
조지 H. W. 부시 대통령은
우리가 조속한 시일 내로
귀국하게 될 거라고 했어.
얼마 안 있으면
다시 만나게 될 거야.
사랑해.

사건의 실마리

이 사건을 해결하기 위해 굳이 여기 나온 단서를 읽을 필요는 없습니다. 하지만 당신의 추리가 미궁에 빠져 있다면, 아래의 단서가 도움이 될 것입니다. 그렇지만 한꺼번에 다 읽으려고 하지는 마세요. 어쩌면 하나의 단서만으로도 수수께끼를 풀 수 있는 열쇠를 찾을지 모르니까요. 그럼 행운을 빌어요!

단서 1

코르크 보드에 꽂힌 압정은 점자로 된 메시지를 구성합니다. 그런데 보드가 상당히 오래되었기 때문에 압정이 많이 빠졌습니다. 그래서 해독할 때 압정이 남긴 구멍도 포함시켜야 합니다. 자세히 관찰하면 자음 초성은 빨간색 압정, 자음 종성은 파란색 압정, 모음은 초록색 압정으로 붙어 있어요.

단서 2

'H. W.'라는 머리글자를 가진 사람은 둘 중 누구일까요?
그런데 미국에는 조지 부시라는 이름을 가진 대통령이 두 명 있다는 점을 유의해야 합니다.
도인 사진에 쓰여 있는 글에는 조지 H. W. 부시 대통령이 나옵니다.

단서 3

그 약품들이 어떤 종류의 병을 치료하기 위해 처방된 것인지 검색을 통해 확인해 보세요.
선반에 있는 약품을 잘 관찰하면 아주 중요한 단서를 얻을 수 있습니다.

사건 해결

이 냉동 시신은 누구일까요? 현장의 단서를 따라가면 놀라운 진실을 찾을 수 있습니다.
단서를 하나씩 검토해보겠습니다.

1 베로니카는 그 시신이 자기 아들이라고 밝혔습니다. 하지만 경찰이 확인한 바에 따르면, 그녀의 아들은 멀쩡하게 살아 있습니다. 그렇다면 냉동고에 있는 사람은 대체 누구일까요?

2 자화상과 사진을 통해 나이에 따라 조금씩 다른 부인의 모습을 볼 수 있습니다. 하지만 뺨에 난 점은 언제나 그대로예요.

3 사진의 메모를 보면, 부인은 1991년에 쌍둥이를 낳았다는 것을 추측할 수 있습니다. 다 컸을 때 찍은 사진과 비교해 보면, 남자아이와 여자아이라는 것을 알 수 있습니다.

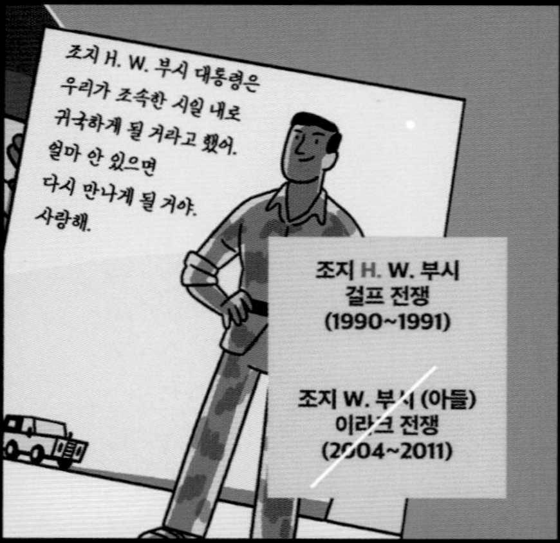

4 또 다른 사진을 보면, 아들은 전쟁에 참전한 것으로 보입니다. 그런데 글에는 조지 H. W. 부시가 언급되는데, 그건 아버지 부시를 가리키는 겁니다. 따라서 이 사진은 1990년에서 1991년 사이에 벌어진 걸프 전쟁 때 찍은 것이 분명합니다.

5 그렇다면 사진 속 군인은 베로니카의 아들 알렉스일 리가 없습니다. 1990년에는 아직 갓난아기였으니까요. 많이 닮은 걸로 봐서 그는 알렉스의 아버지가 분명합니다.

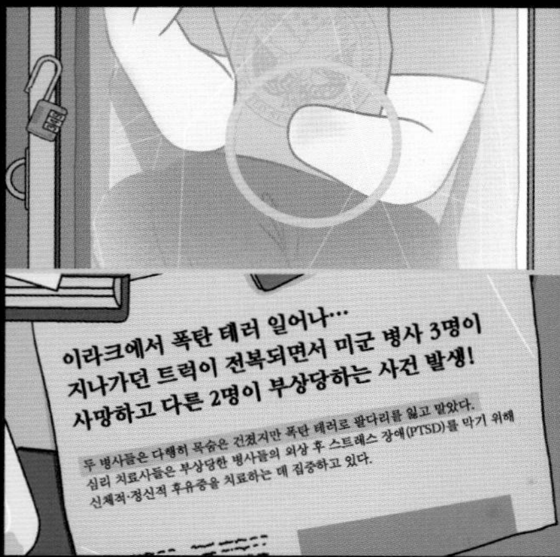

이라크에서 폭탄 테러 일어나…
지나가던 트럭이 전복되면서 미군 병사 3명이
사망하고 다른 2명이 부상당하는 사건 발생!
두 병사들은 다행히 목숨은 건졌지만 폭탄 테러로 팔다리를 잃고 말았다.
심리 치료사들은 부상당한 병사들의 외상 후 스트레스 장애(PTSD)를 막기 위해
신체적·정신적 후유증을 치료하는 데 집중하고 있다.

6 신문 기사를 보면 베로니카의 남편이 참전한 걸프전에서 팔다리를 잃은 병사에 대한 내용이 있습니다. 냉동고에 들어 있던 시신도 손 한쪽이 없습니다.

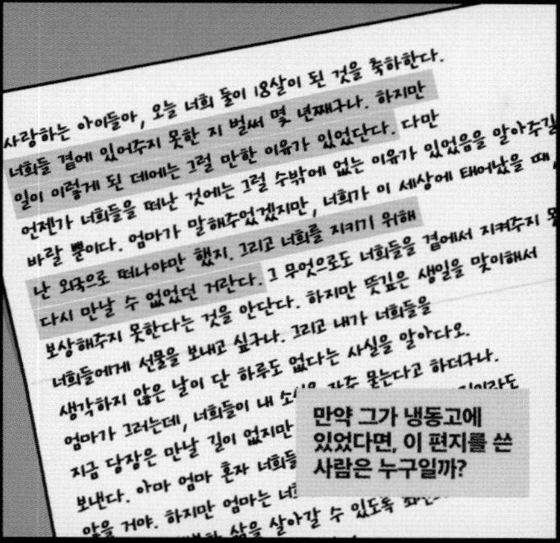

7 그가 바로 베로니카의 남편입니다. 오랜 시간이 지났는데도 여전히 사진 속 젊은 모습 그대로입니다. 아들 알렉스와 너무 닮아서 베로니카가 순간 자기 아들이라고 착각한 것이죠.

8 그런데 편지를 보낸 아버지가 오래전부터 냉동고 속에 갇혀 있었다면, 이 편지 내용은 거짓말이 됩니다.

9 따라서 편지에 동봉된 사진 속 인물은 아버지로 변장한 사람일 가능성이 높습니다. 자세히 보니 상자에서 변장에 사용된 옷과 안경을 찾을 수 있습니다.

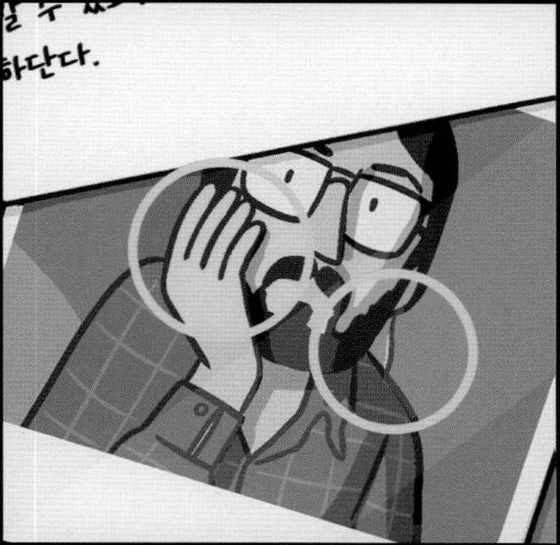

10 이 두 가지를 비교해 보면 편지의 글씨체가 베로니카의 서명과 똑같다는 것을 알 수 있습니다.

11 게다가 사진 속 인물은 자기 정체가 들통나지 않도록 손으로 뺨의 점을 가리고 있는 것 같습니다. 자세히 보면 머리카락 색깔도 금발이라는 것을 알 수 있어요. 따라서 그녀가 자기 남편으로 변장한 것이 분명합니다.

12 베로니카는 왜 남편의 죽음을 속였을까요? 세탁기 뒤에 있는 코르크 보드를 자세히 살펴보면, 압정이 점자로 된 메시지를 구성한다는 것을 알 수 있죠.

13 베로니카는 이런 점자 시스템을 알고 있었을 것이라 짐작됩니다. 그녀의 여동생이 시각 장애인이었으니까요.

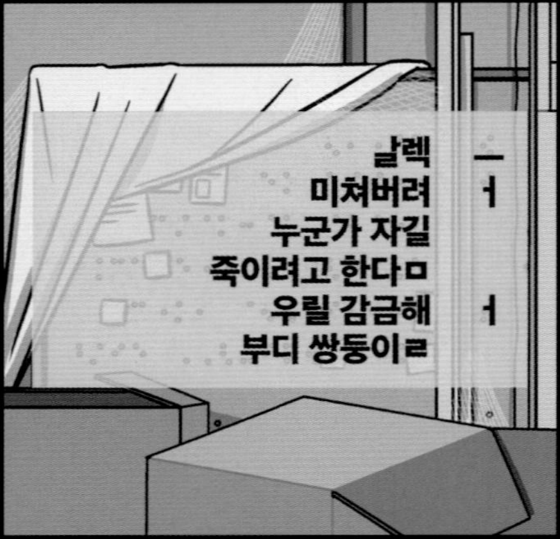

14 세월이 흐르면서 압정이 떨어지면서 남긴 구멍을 모두 포함해 점자를 읽으면, 메시지를 해석할 수 있습니다.

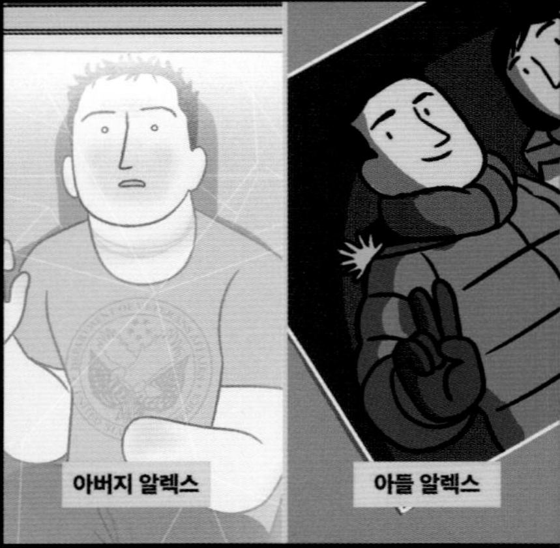

15 점자 메시지에는 알렉스에 관한 내용이 담겨 있네요. 하지만 군인에 관해 이야기하는 걸 보면, 아버지를 말하는 것입니다. 아버지와 아들이 같은 이름인 것이죠.

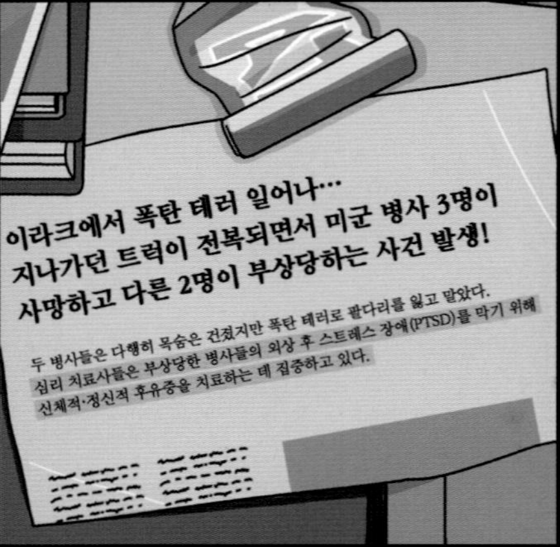

16 메시지에서 언급하고 있는 정신 착란 증세는 손을 잃은 사고에서 비롯된 외상 후 스트레스 장애와 관련 있는 것으로 보입니다.

17 이러한 착란 증세로 인해 그는 자기 아내와 함께 지하실에서 349일 동안 틀어박혀 있었던 겁니다.

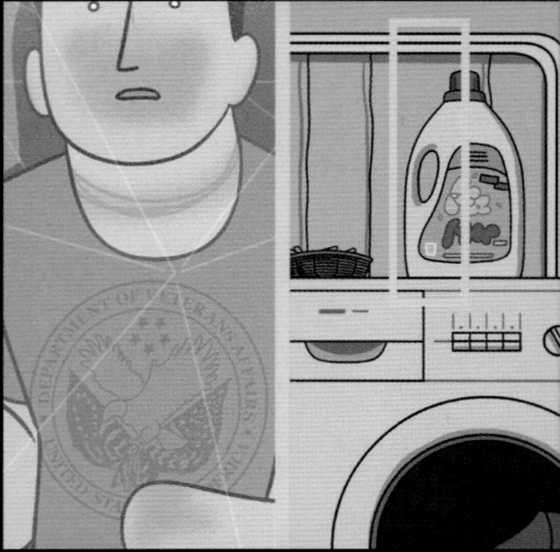

18 그러던 어느 날, 남편이 죽고 말았죠. 자세히 보면 가느다란 줄에 목이 졸려 죽은 것으로 보입니다. 그런데 빨래 건조대의 줄 하나가 빠지고 없네요. 베로니카가 살인을 저지를 때 그 줄을 이용한 것이 분명합니다.

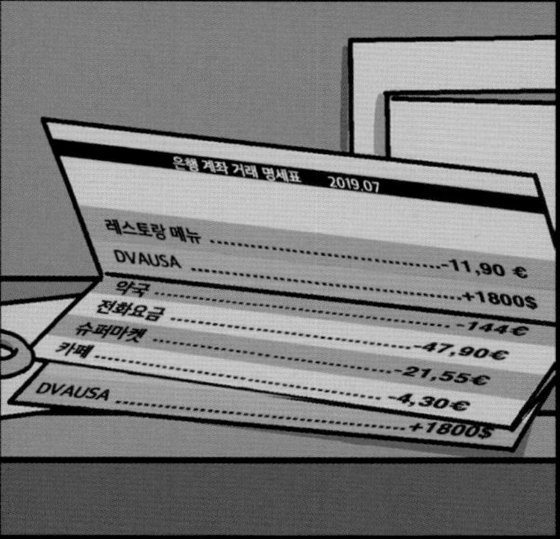

19 선반에 놓여 있는 은행 명세서를 보면, 최근 'DVAUSA'라는 곳에서 매달 1,800달러씩 지급해 온 사실을 확인할 수 있습니다.

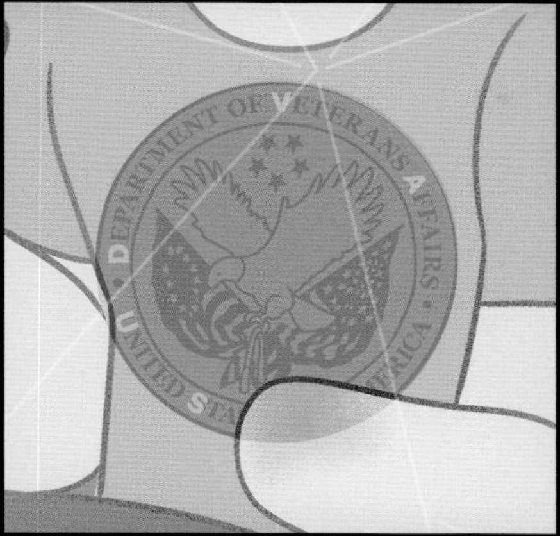

20 시신의 셔츠 앞면에 미국 보훈부(Department of Veterans Affairs United States of America)의 로고가 있습니다. 베로니카는 국가유공자 연금을 계속 타기 위해 남편을 냉동시킨 것이죠.

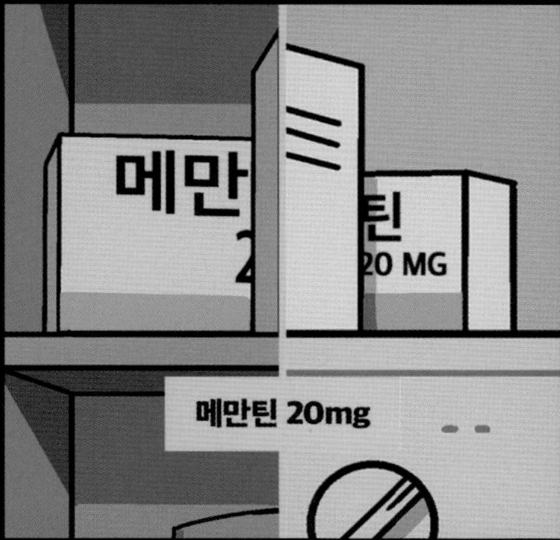

21 그런데 그녀는 왜 경찰에 신고한 걸까요? 그 이유는 약에서 찾을 수 있습니다. 파란 줄이 있는 두 약상자를 하나로 합치면, '메만틴'이라는 글자가 나옵니다.

22 구글에서 검색해보면, 메만틴이 알츠하이머병 환자를 위한 치료제라는 것을 알 수 있습니다.

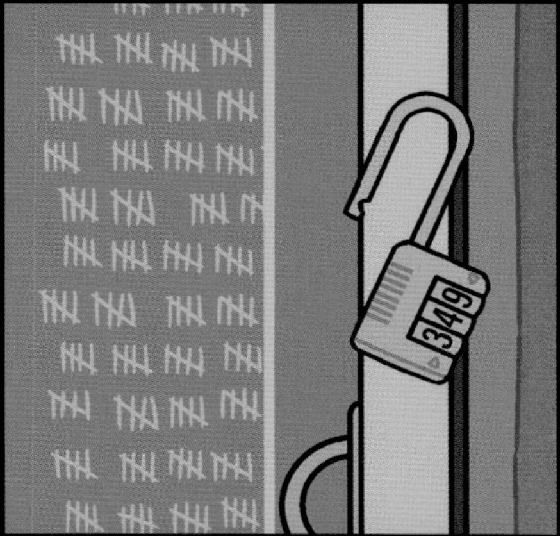

23 베로니카는 자신이 냉동고의 시신과 함께 30년을 보냈다는 사실을 잊어버렸던 겁니다. 하지만 그녀가 자물쇠를 잠글 때 사용했던 숫자의 조합은 머릿속에 단단히 각인되어 있었죠. 349, 즉 그녀가 그 지하실에 갇혀 있었던 날짜입니다.

24 냉동고의 문을 열었을 때, 그녀는 30년 전에 살해해서 냉동시켜 둔 남편의 시신을 발견한 거죠. 하지만 그녀는 그런 사실을 전혀 기억하지 못했습니다. 아버지와 아들이 너무 닮아서 그녀는 아들의 시신으로 착각했죠. 그리고 바로 경찰에 신고했던 겁니다.

ORÍGENES SECRETOS | NETFLIX

이 사건은 넷플릭스의 영화 〈히어로는 없다〉에 등장하는 인물들을 바탕으로 각색함

지하실에서 발견된 냉동 인간

사건의 진실

베로니카와 알렉스는 행복한 신혼부부였다. 미군이던 알렉스는 1990년 어느 날, 걸프전에 참전하게 될 부대에 합류하라는 소집 명령을 받았다. 참혹한 전쟁 속에서 그는 사고로 한쪽 손을 잃고 동료 병사 여러 명이 사망하는 장면을 목격한 뒤 집으로 돌아갔다. 겨우 전쟁에서 돌아왔지만 알렉스는 외상 후 스트레스 장애가 심해져 결국 정신 착란을 일으켰다. 그는 자꾸 누군가 자기를 쫓아오고, 자기를 죽이려고 한다는 강박관념에 사로잡혔다. 그래서 알렉스는 자기 집 지하실에 틀어박혀 지내기 시작했다. 뿐만 아니라 그는 아내 역시 지하실에 감금했다. 결국 베로니카는 그곳에서 쌍둥이를 출산해야만 했다. 남편은 쌍둥이 중 아들에게 자기와 같은 알렉스라는 이름을 지어주었다.

한편 지하실에 감금된 베로니카는 죽을 때까지 이곳에서 못 나갈 거란 절망감에 빠져 시각 장애인인 자기 여동생에게 비밀 메시지를 남기기로 마음먹었다. 그녀는 코르크 보드에 압정을 이용해 점자 메시지를 썼다. 자신에게 일어난 일을 설명하면서 자기가 죽고 난 후 자기 아이들을 보살펴 달라는 내용이었다. 그렇게라도 해두면 언젠가 자기가 죽고 난 다음, 여동생이 지하실에서 무슨 일이 벌어졌는지 알아보려고 손으로 벽을 더듬거리다 결국 그 메시지를 발견할 것이라 생각했다.

거의 일 년 동안 감금되었던 베로니카는 쌍둥이가 태어난 지 얼마 뒤, 용기를 내기로 했다. 어떤 일이 있어도 아이들만큼은 자유롭게 자라게 하고 싶었기 때문에, 자신을 가둔 남편을 죽이기로 결심한 것이다. 지하실에는 쓸 만한 무기가 없었기 때문에 그녀는 빨래 건조대의 줄을 이용해 겨우 남편을 죽였다. 긴 감금 끝에 마침내 지하실에서 빠져나온 그녀는 고민하다가 남편의 죽음을 묻어두기로 했다. 아이들이 경제적 어려움 없이 잘 성장하려면 남편이 참전 용사로서 받던 종신 연금을 계속 수령할 수 있도록 그를 계속 살아 있는 것처럼 위장할 필요가 있었기 때문이다. 그녀는 고민 끝에 남편의 시신을 냉동고에 넣었다. 그리고 냉동고에 자물쇠를 채우고, 자기가 거기 갇혀 있던 날짜의 수를 비밀번호로 정했다. 349. 절대 잊을 수 없는 숫자였다.

그 이후, 그녀는 아이들에게 아버지에 대해 아무 말도 하지 않았다. 다만 아버지가 피치 못할 사정으로 떠났다고 했을 뿐이다. 하지만 아이들이 자꾸 아버지에 대해서 물어보자, 베로니카는 어떤 식으로든 그들의 궁금증을 풀어주어야만 했다. 그래서 아이들이 열여덟 번째 생일을 맞이하던 날, 그녀는 남자로 변장하고 찍은 사진과 편지를 아이들에게 보냈다.

세월이 흘러 아이들은 모두 성공해서 분가했다. 하지만 베로니카는 여전히 지하실의 냉동고에 있는 죽은 남편과 함께 살고 있었다. 그런데 그녀에게 알츠하이머병의 증세가 조금씩 나타나기 시작했다. 기억이 희미해지고, 길을 잃는 경우가 잦아졌다. 병의 진행을 늦추기 위해 그녀는 메만틴을 처방받았다.

그러던 어느 날, 주방의 냉동고가 망가지자 그녀는 지하실에 있는 냉동고를 사용하려고 내려갔다. 알츠하이머병 때문에 그녀는 그 안에 무엇이 들어 있는지 까맣게 잊어버렸지만, 349라는 숫자는 또렷이 기억하고 있었다. 다이얼을 돌려 숫자를 맞추고 문을 열었을 때, 그녀는 깜짝 놀라 뒤로 자빠질 뻔했다. 그 안에 아들과 닮은 시신이 들어 있었기 때문이다. 그렇게 베로니카는 그 시신이 삼십 년 전에 자기 손으로 죽인 남편의 시신이라는 것을 까맣게 잊은 채, 잔뜩 겁에 질려 경찰에 신고했던 것이다.

경찰 조사 후에 결국 그녀는 체포되었고, 자신이 저지른 죄에 상응하는 형사 처벌을 받아야 했다. 또한 그녀는 그동안 불법으로 수령한 연금의 일부를 반환해야 했지만, 노령인 점과 취약한 건강 상태가 참작되어 감옥살이는 피했다.

CASE **12**

주방에서 불타오른 남자

당신은 오늘 추천받은 레스토랑에서 근사한 저녁 식사를 즐길 계획이었습니다.
그런데 막상 도착했더니 입구를 지키고 있던 경찰관이 못 들어간다고 합니다.
주방 보조 한 명이 불에 타서 사망하는 사고가 일어나 폐쇄되었다는 겁니다.
호기심이 생긴 당신은 탐정으로 사건 현장에 들어가기로 합니다.
이 기묘한 발화 사건의 진실은 무엇일까요?

이 사건의 범인은?

그 증거는?

살해 동기는?

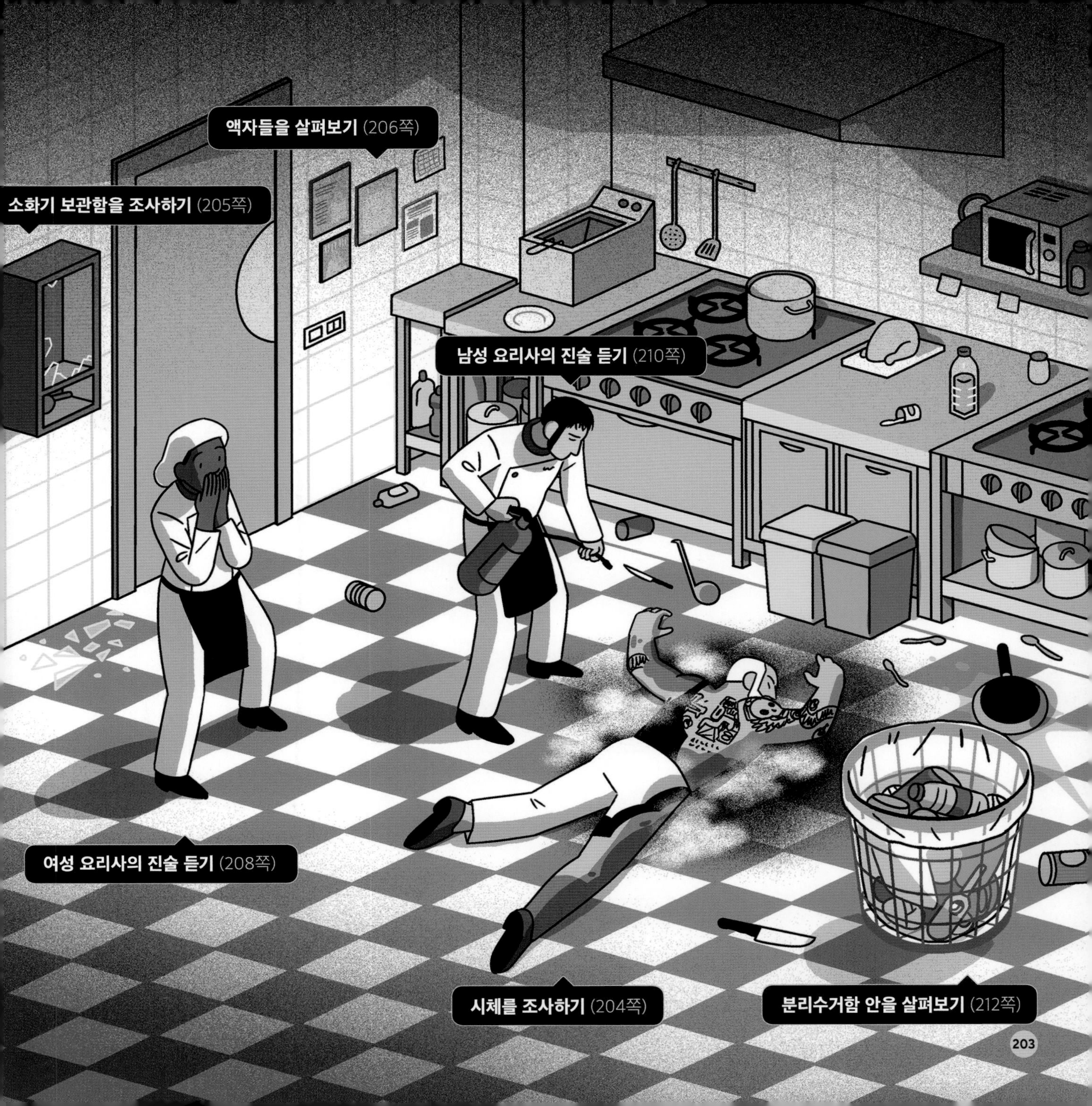

액자들을 살펴보기 (206쪽)
소화기 보관함을 조사하기 (205쪽)
남성 요리사의 진술 듣기 (210쪽)
여성 요리사의 진술 듣기 (208쪽)
시체를 조사하기 (204쪽)
분리수거함 안을 살펴보기 (212쪽)

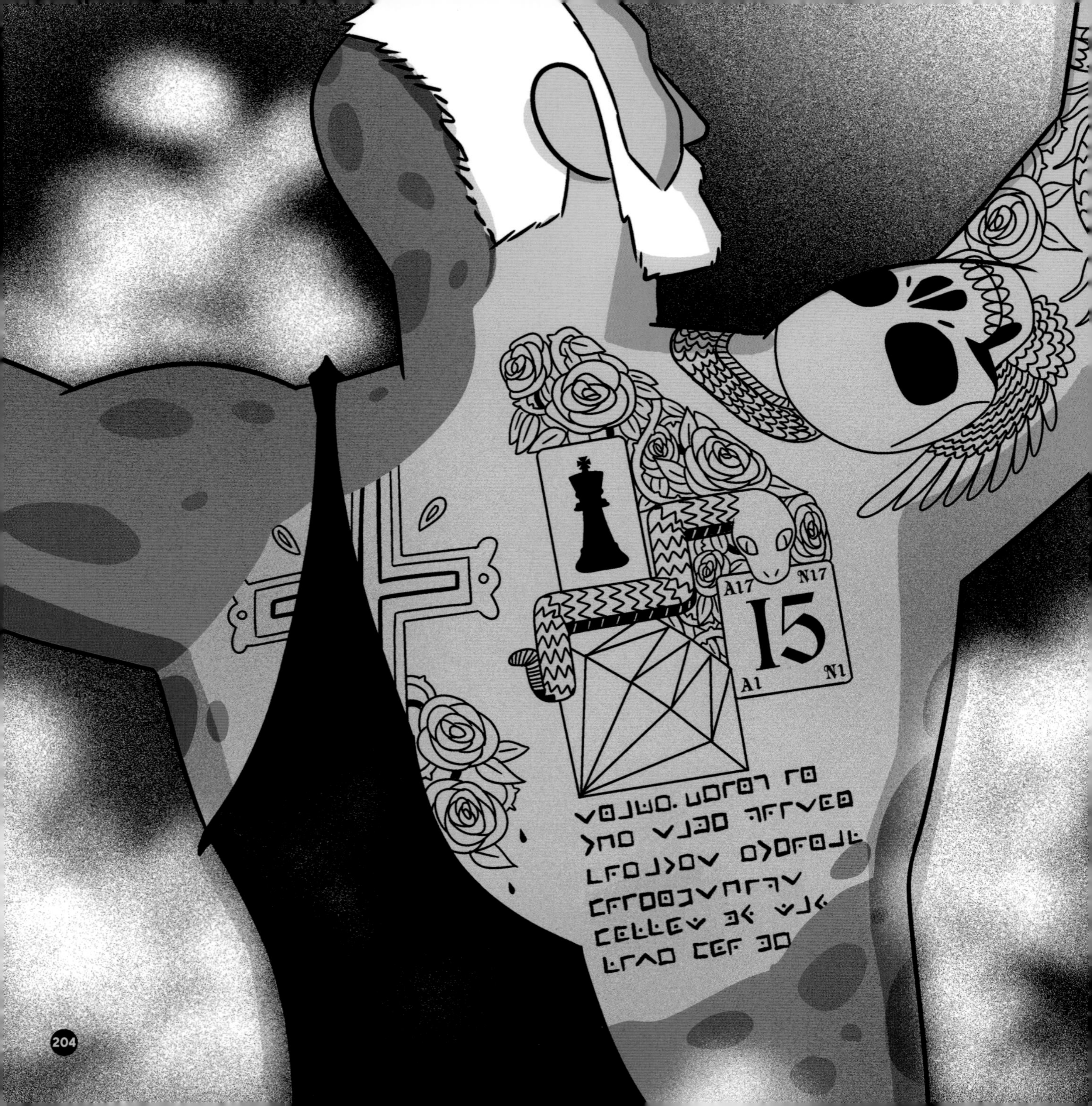
A17
N17
15
A1
N1

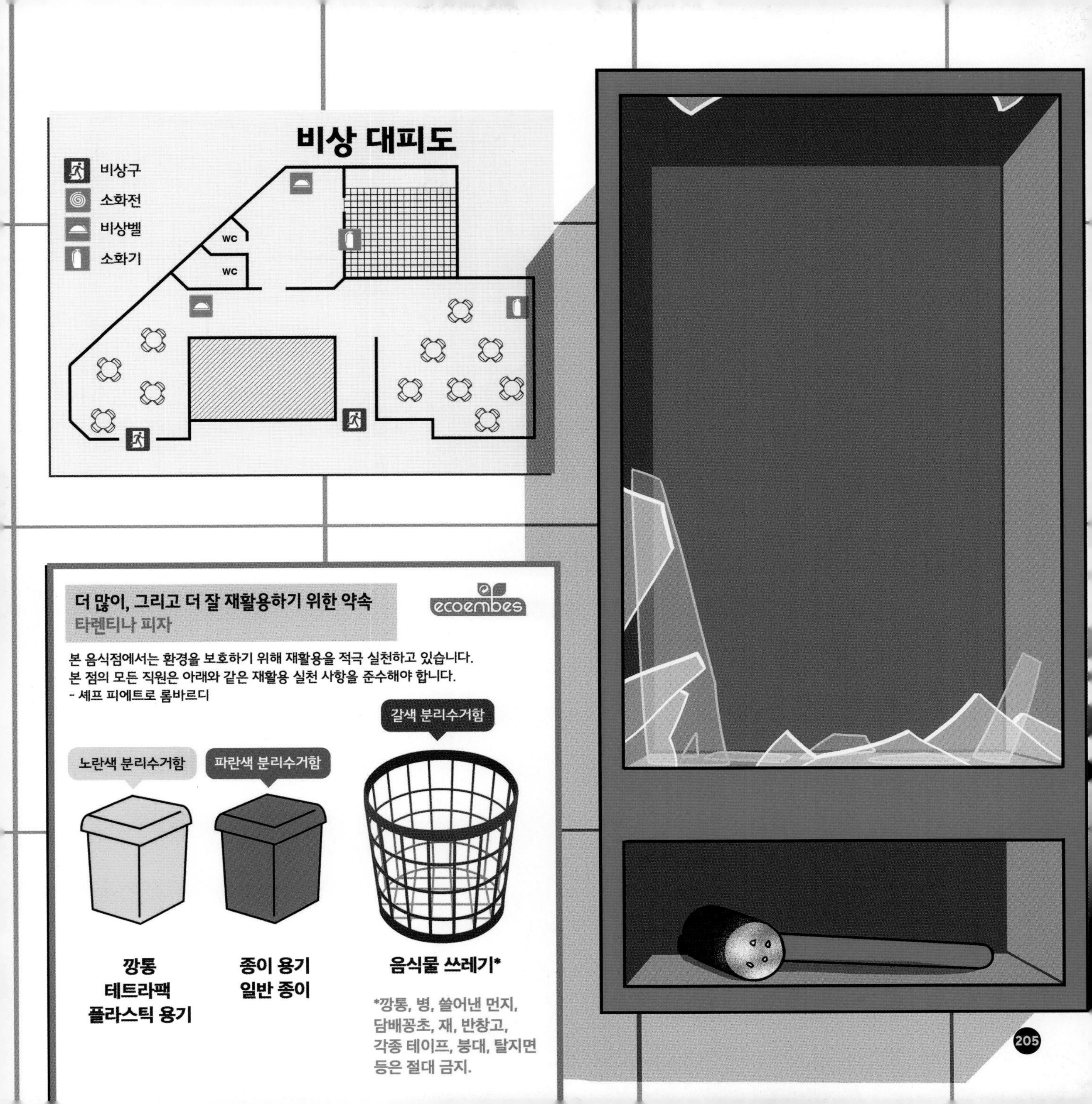

비상 대피도
비상구
소화전
비상벨
소화기
WC
WC
더 많이, 그리고 더 잘 재활용하기 위한 약속
타렌티나 피자
ecoembes
본 음식점에서는 환경을 보호하기 위해 재활용을 적극 실천하고 있습니다.
본 점의 모든 직원은 아래와 같은 재활용 실천 사항을 준수해야 합니다.
- 셰프 피에트로 롬바르디
노란색 분리수거함
파란색 분리수거함
갈색 분리수거함
깡통
테트라팩
플라스틱 용기
종이 용기
일반 종이
음식물 쓰레기*
*깡통, 병, 쓸어낸 먼지,
담배꽁초, 재, 반창고,
각종 테이프, 붕대, 탈지면
등은 절대 금지.

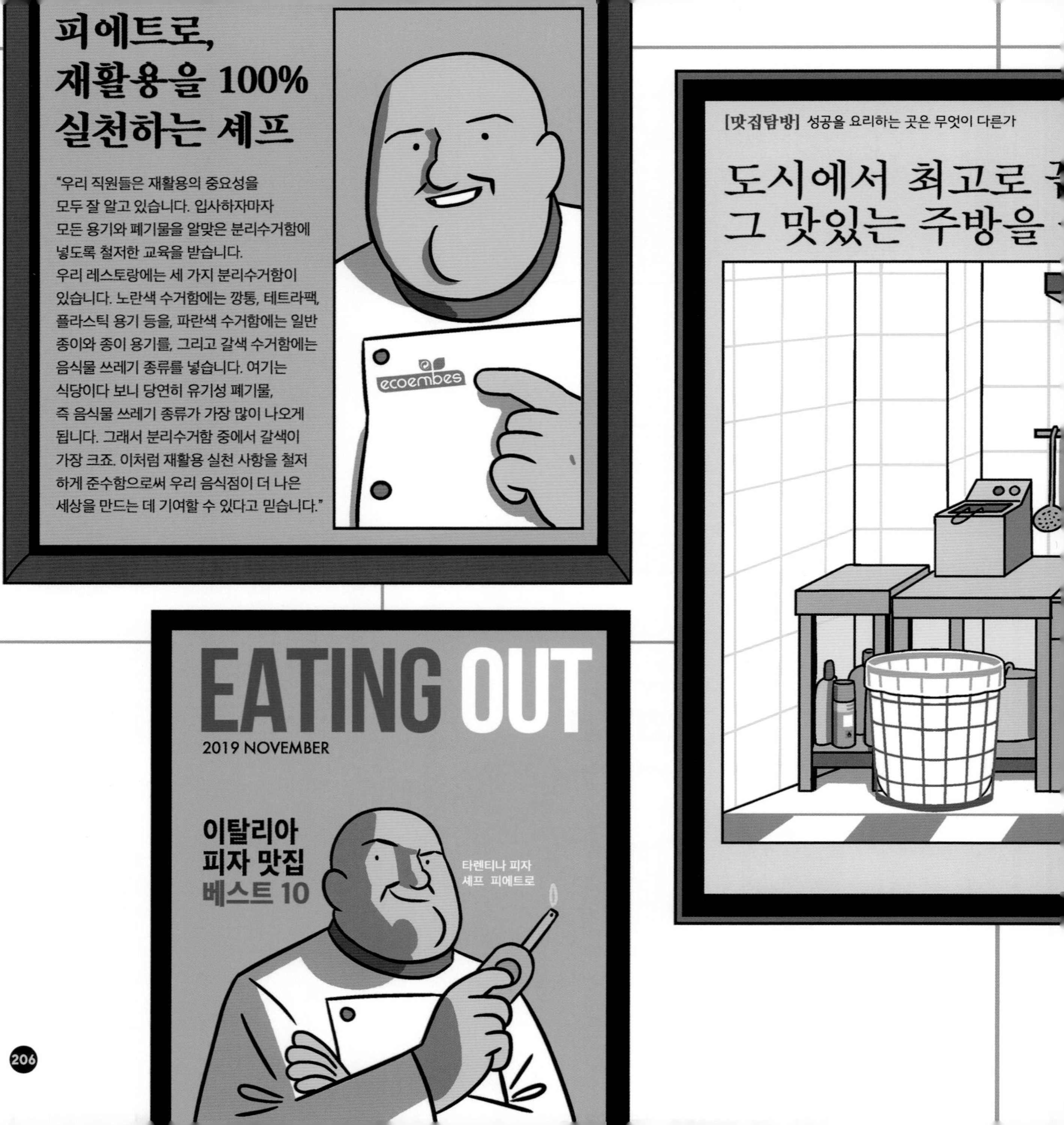
피에트로,
재활용을 100%
실천하는 셰프
"우리 직원들은 재활용의 중요성을 모두 잘 알고 있습니다. 입사하자마자 모든 용기와 폐기물을 알맞은 분리수거함에 넣도록 철저한 교육을 받습니다.
우리 레스토랑에는 세 가지 분리수거함이 있습니다. 노란색 수거함에는 깡통, 테트라팩, 플라스틱 용기 등을, 파란색 수거함에는 일반 종이와 종이 용기를, 그리고 갈색 수거함에는 음식물 쓰레기 종류를 넣습니다. 여기는 식당이다 보니 당연히 유기성 폐기물, 즉 음식물 쓰레기 종류가 가장 많이 나오게 됩니다. 그래서 분리수거함 중에서 갈색이 가장 크죠. 이처럼 재활용 실천 사항을 철저하게 준수함으로써 우리 음식점이 더 나은 세상을 만드는 데 기여할 수 있다고 믿습니다."
ecoembes
[맛집탐방] 성공을 요리하는 곳은 무엇이 다른가
도시에서 최고로
그 맛있는 주방을
EATING OUT
2019 NOVEMBER
이탈리아
피자 맛집
베스트 10
타렌티나 피자
셰프 피에트로

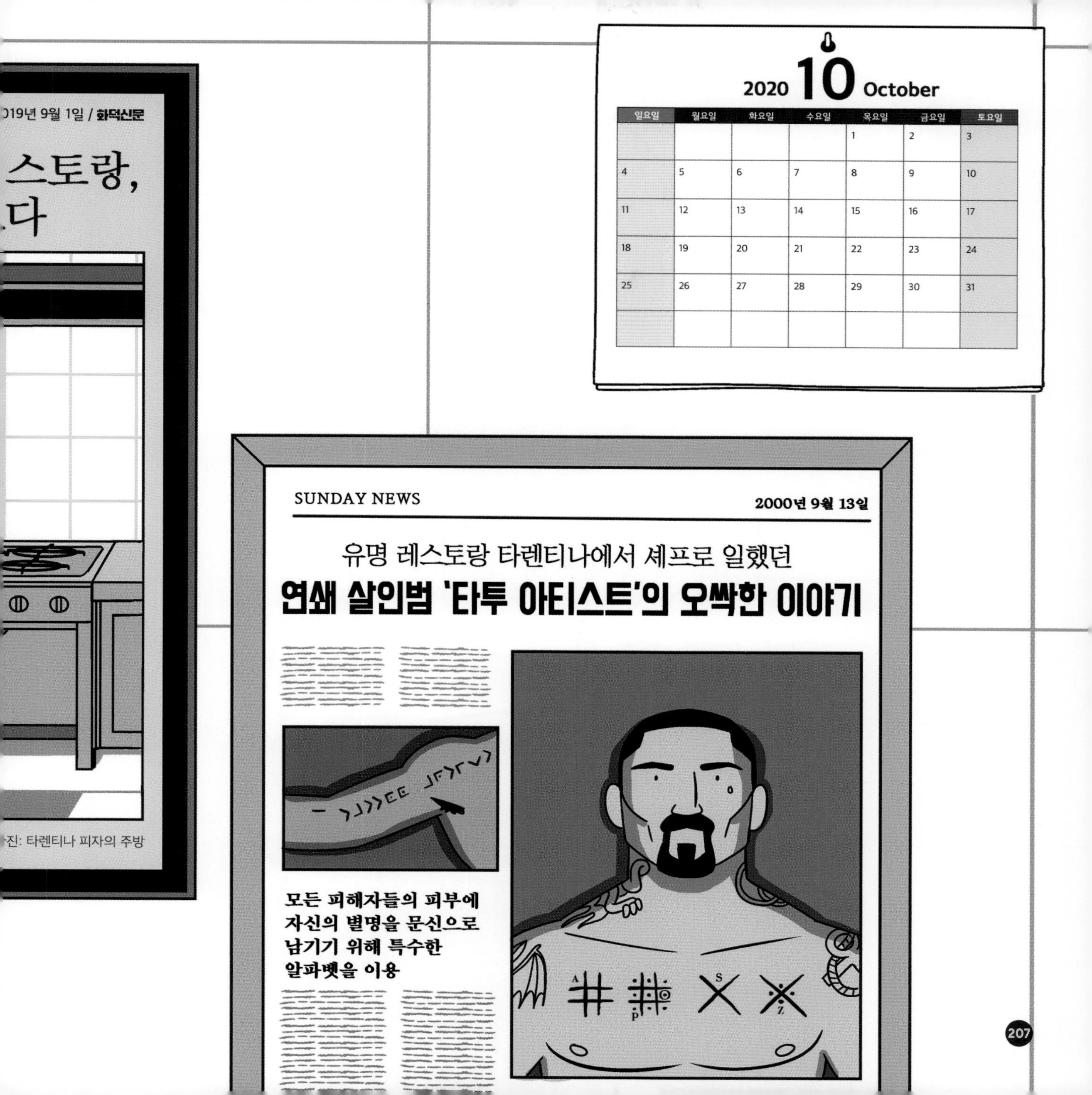
019년 9월 1일 / 화덕신문
스토랑,
다
진: 타렌티나 피자의 주방
2020 10 October
일요일 월요일 화요일 수요일 목요일 금요일 토요일
1 2 3
4 5 6 7 8 9 10
11 12 13 14 15 16 17
18 19 20 21 22 23 24
25 26 27 28 29 30 31
SUNDAY NEWS
2000년 9월 13일
유명 레스토랑 타렌티나에서 셰프로 일했던
연쇄 살인범 '타투 아티스트'의 오싹한 이야기
모든 피해자들의 피부에
자신의 별명을 문신으로
남기기 위해 특수한
알파벳을 이용
A
P
S
Z

타티아나의 진술

그녀의 진술을 통해
몇 가지 의혹을 밝힐 수
있어요. 그녀가 무엇을
보았는지 주의 깊게
들어보세요.

아뇨. 저는 아무것도 못 봤어요. 사건이 일어난 직후에 여기 도착했으니까요. 어떻게 그런 끔찍한 일이! 여기서 일한 지 며칠 되지도 않았는데 그런 참변을 당하다니, 너무 가여워요.

그런데 마치 죽음이 이 레스토랑을 좇아다니는 것 같아요. 혹시 20년 전에 여기서 일하던 연쇄 살인범 이야기 들으셨어요? 당시 사람들은 그를 '타투 아티스트'라고 불렀죠. 중요한 기업인이나 부자들을 여러 명 죽이고 돈을 훔친 모양이더라고요. 그가 틀림없이 한몫을 단단히 챙겼을 거라는 소문이 돌았지만, 아무것도 나오지 않았죠. 아무튼 그는 어느 날 갑자기 붙잡혀 무기 징역을 선고받았는데, 그 무렵 여기서 일하던 사람들한테 얼마나 큰 충격이었을지 상상이 되나요?

맙소사, 그 악몽을 잊기도 전에 또 이런 끔찍한 사건이 일어나다니! 게다가 자세히 보니까, 그 사람의 몸 전체가 문신으로 뒤덮여 있잖아요! 평소에는 유니폼을 입으니까 전혀 눈치채지 못했죠. 제 생각인데, 저 사람이 타투 아티스트와 무슨 관련이 있는 게 아닐까요?

마르셀로의 진술

요리사와 이야기를 나눠 보고 그가 무엇을 알고 있는지 확인해 보세요. 그러다 보면, 더 많은 사실을 알아낼 수 있을 겁니다.

아시겠지만, 모든 게 눈 깜짝할 사이에 일어났어요. 저는 평소보다 조금 일찍 도착했는데, 그가 조용하게 요리 준비를 하고 있더군요. 그래서 저는 닭고기를 삶기 시작했죠. 얼마 지나지 않아 냄비에서 닭고기를 꺼내는데, 갑자기 프라이팬이 바닥에 부딪히는 소리가 나더라고요. 황급히 뒤를 돌아보니까, 그의 온몸에 불이 번지고 있었어요. 어떻게 그런 일이 벌어졌는지 도대체 모르겠어요.

그가 실수로 프라이팬을 엎었을 수도 있고, 아니면 어디에 부딪힌 건지도 모르죠… 그도 아니면 기름이 타면서 불이 붙었을 수도 있고요… 근데 도통 모르겠어요. 아무리 생각해도 왜 그렇게 됐는지 모르겠다고요… 불이 타오르기 시작했을 때, 그는 바닥으로 쓰러지면서 불을 끄려고 뒹굴었죠… 하지만 아무 소용이 없었어요. 그리고 전… 저는 겁에 질려 몇 초 동안 옴짝달싹도 못했죠. 다시 정신이 들면서, 소화기를 가지러 달려갔어요.

결국 불은 껐지만, 그는 더 이상 움직이지 않더군요. 이미 죽은 상태였죠. 하느님 맙소사, 어떻게 이런 일이!

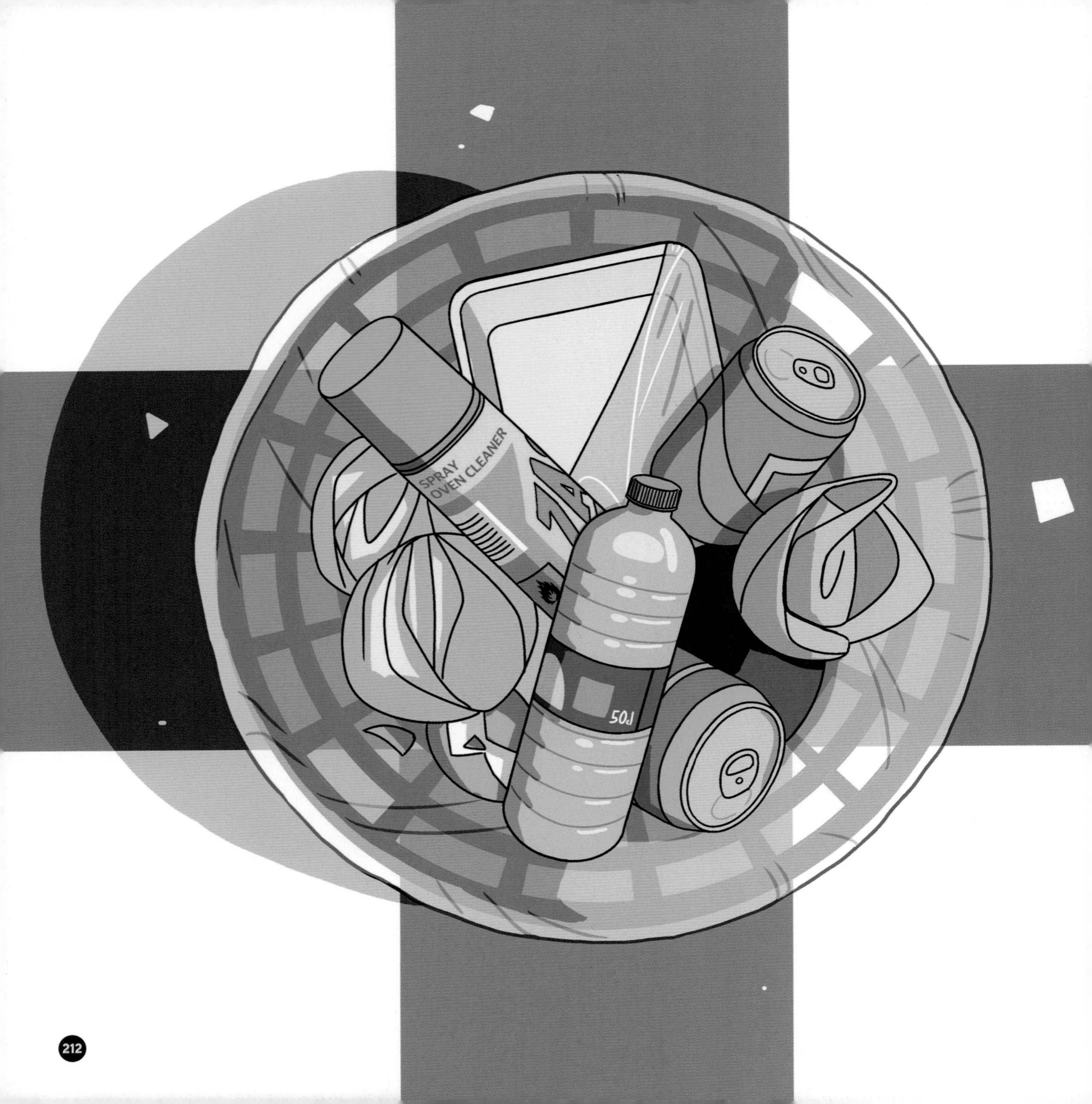
SPRAY
OVEN CLEANER
50cl

사건의 실마리

이 사건을 해결하기 위해 굳이 여기 나온 단서를 읽을 필요는 없습니다. 하지만 당신의 추리가 미궁에 빠져 있다면, 아래의 단서가 도움이 될 것입니다. 그렇지만 한꺼번에 다 읽으려고 하지는 마세요. 어쩌면 하나의 단서만으로도 수수께끼를 풀 수 있는 열쇠를 찾을지 모르니까요. 그럼 행운을 빌어요!

단서 1

가장 먼저 주목해야 할 부분은 바로 피해자의 문신이 레스토랑의 비상 대피로와 일치한다는 것입니다. 그렇습니다, 그 문신은 보물지도입니다. 비상 대피로와 비교하면 뱀이 주방으로 곧장 가기 위해 이동한 경로가 보입니다.

단서 2

뱀이 물고 있는 곳은 주방입니다. 주방 바닥을 세어보면 딱 17칸입니다. 자세히 보면 문신의 네 귀퉁이에 암호가 새겨져 있어요. A-1, A-17, N-1, N-17. 비상 대피로와 비교하면 이 암호를 어디서부터 세어야 하는지 알 수 있습니다. 그의 문신에는 '15'라고 새겨져 있는 것처럼 보이지만, 사실은 'I-5'입니다. 그 타일을 찾아보세요.

단서 3

이 사건이 사고가 아닌 살인 사건이라면, 우선 범행에 사용된 무기를 찾아야 합니다. 〈화덕신문〉에 실린 사진을 자세히 보면, 원래 자리에서 옮겨진 물건이 두 개 보일 거예요.
이 두 가지 물건이 함께 사용된다면 어떤 현상이 일어날까요?

사건 해결

주방에서 어떤 일이 있었던 걸까요?
모든 증거를 검토하면서 미스터리를 해결하세요.

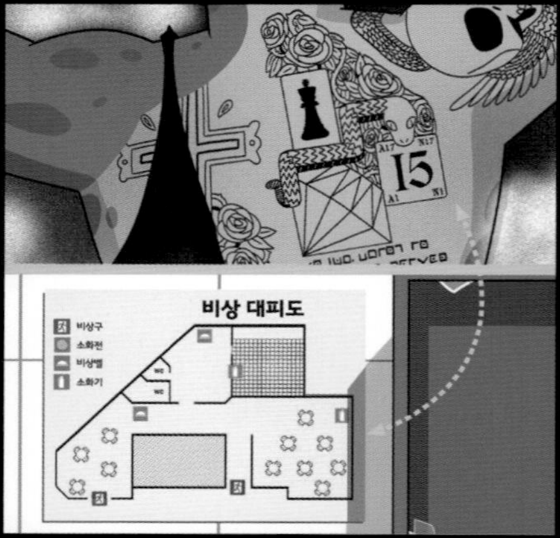

1 이 사건을 해결하려면, 우선 피해자의 문신이 비상 대피도와 일치하는 것을 알아차려야 합니다. 그 문신은 지도니까요.

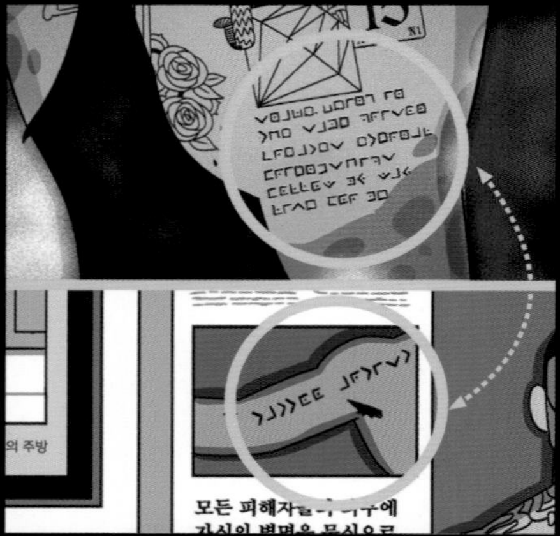

2 게다가 타투 아티스트의 몸에 새겨져 있던 것과 비슷한 암호문이 있네요.

3 그렇지만 피해자는 타투 아티스트와 동일 인물이 아닙니다. 타투 아티스트는 무기 징역을 선고받고 복역 중인 데다, 누구든 자기 등에 직접 문신을 새길 수는 없는 노릇이니까요.

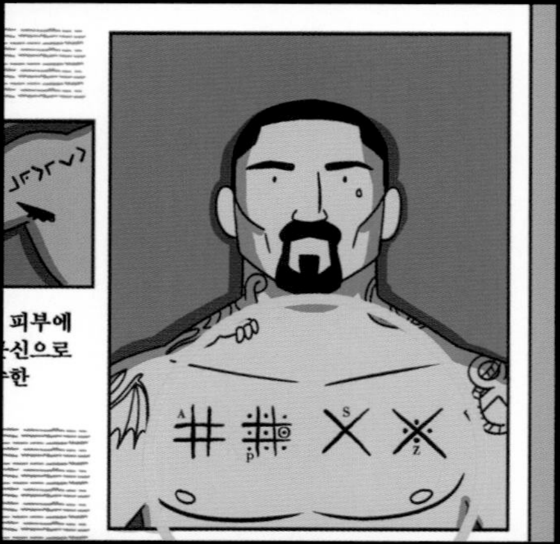

4 타투 아티스트의 가슴에 새겨진 암호를 이용해 메시지를 해독해봅시다.

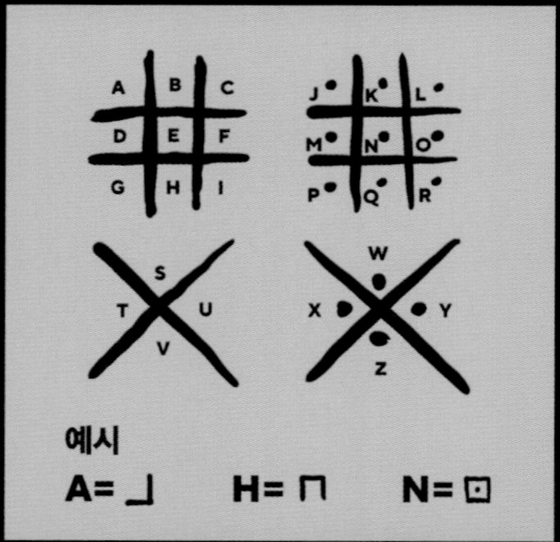

5 격자선의 각 칸은 알파벳 글자입니다.

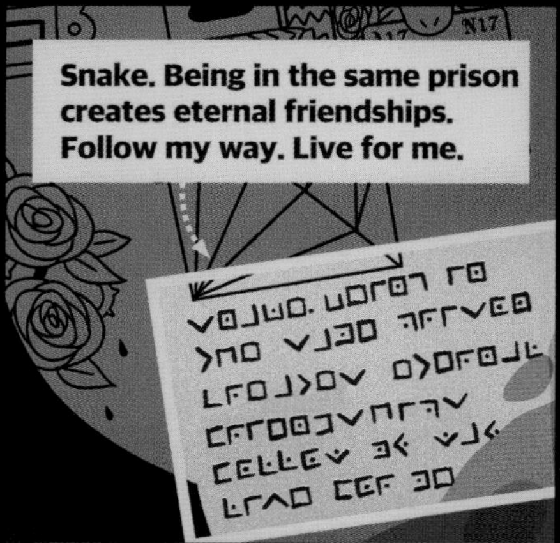
Snake. Being in the same prison creates eternal friendships. Follow my way. Live for me.

6 메시지를 해독해보니 피해자가 타투 아티스트의 감방 동료였군요.

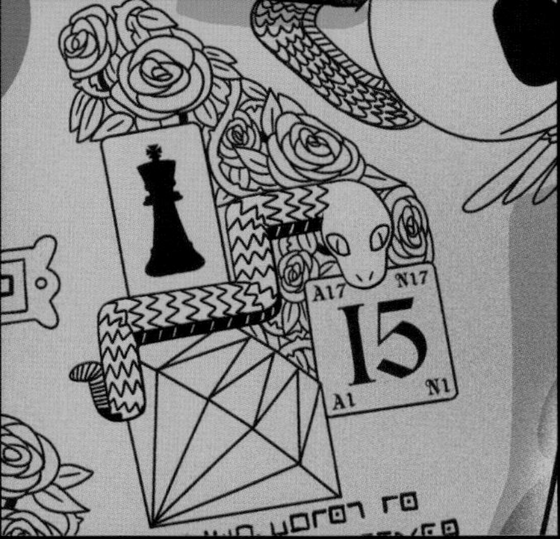

7 타투 아티스트는 피해자를 '스네이크'라고 부르면서, 자신의 길을 따르라고 합니다. 마침 그에게는 뱀의 문신이 있죠. 이는 그에게 어떤 장소를 지시하고 있는 것입니다.

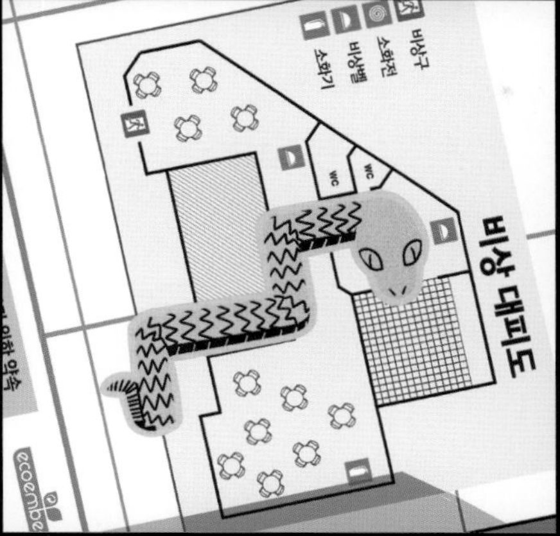

8 비상 대피도에 따르면, 뱀은 머리로 레스토랑의 주방을 가리키고 있습니다.

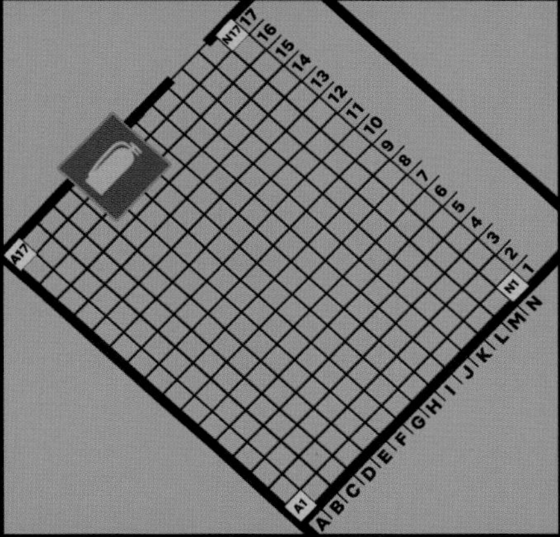

9 여기서 또 다른 암호가 등장합니다. 그건 바닥 타일의 위치를 가리킵니다.

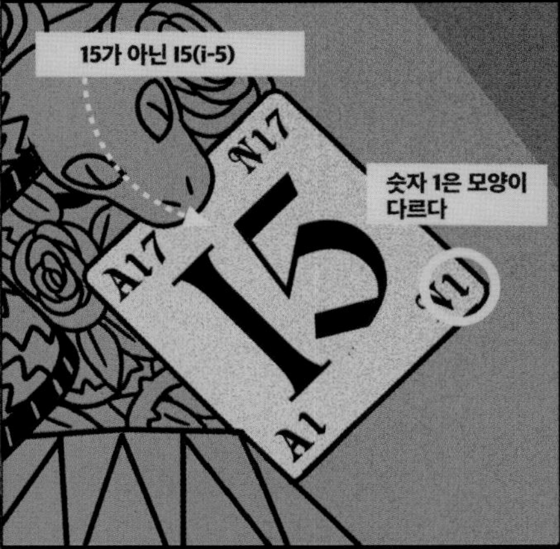

10 한 가운데 '15'처럼 보이는 숫자가 있습니다만, 그건 i-5를 가리키는 겁니다. 숫자 1은 그 모양이 다릅니다.

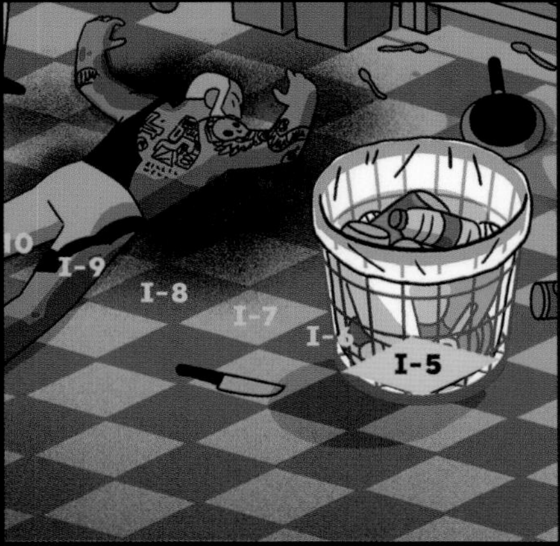

11 I-5는 갈색 분리수거함이 있는 타일입니다.

타티아나
…그가 틀림없이 한몫을
단단히 챙겼을 거라는 소문이 돌았지만,
아무것도 나오지 않았죠…

12 타티아나의 진술에 따르면, 타투 아티스트의 엄청난 재산을 아무도 발견하지 못했다고 합니다. 아무래도 그가 그린 문신은 그 재산을 숨겨놓은 보물지도였나 봅니다.

사건 해결

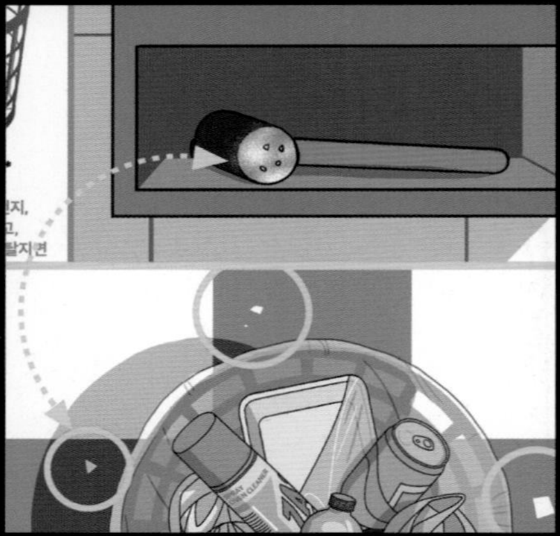

13 소화기 보관함에 있는 망치에 하얀 가루가 묻어 있고, 주방 바닥에도 하얀색의 작은 부스러기가 흩어져 있네요. 누군가 바닥 타일을 깨뜨린 것 같습니다.

…그래서 저는 닭고기를 삶기 시작했죠. 얼마 지나지 않아 냄비에서 닭고기를 꺼내는데, 갑자기 무언가 부딪치는 소리가 나더라고요…

14 그럼 그의 계획을 망친 사람은 누구일까요? 사건 현장을 상세히 조사했다면 요리사 마르셀로의 거짓말을 알아챌 수 있습니다. 그의 말대로라면 냄비 안에 닭고기가 있었을 테니까요.

…저는 평소보다 조금 일찍 도착했는데, 그가 조용하게 요리를 하고 있더군요…

15 만약 마르셀로가 바닥 타일을 깨고 있던 피해자를 우연히 발견했다면? 그럼 피해자는 비밀을 지키기 위해 마르셀로를 제압하려고 했겠죠. 그런데 피해자는 어떻게 죽게 된 걸까요?

16 가스레인지 라이터가 원래 자리에 없군요. 자세히 보니 그건 지금 분리수거함에 있습니다.

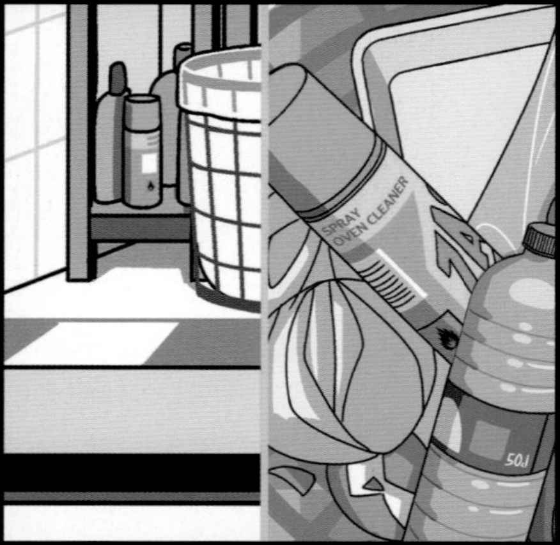

17 인화성 물질이라는 경고 표시가 붙어 있는 오븐클리너 스프레이도 마찬가지입니다. 라이터와 스프레이를 함께 사용하면 강한 불꽃을 내뿜기 때문에 막강한 무기가 될 수 있습니다.

18 그런데 마르셀로가 그것들을 썼다면, 왜 거짓말을 했을까요? 원래 주방의 모습과 비교하면 그가 일부러 바닥 타일을 가리기 위해 분리수거함을 옮겨 놓았다는 걸 추리할 수 있습니다.

19 나머지 두 개의 분리수거함은 타일을 가리기에 크기가 너무 작습니다.

갈색 분리수거함
음식물 쓰레기*
*깡통, 병, 쓸어낸 먼지,
담배꽁초, 재, 반창고,
각종 테이프, 붕대, 탈지면
등은 절대 금지.

20 하지만 갈색 분리수거함은 커다랗지만, 속이 다 들여다보입니다. 그래서 그는 바닥에 난 구멍을 가리기 위해 이 수거함에 온갖 종류의 물건을 다 쑤셔 넣었어요. 이를 위해서 그는 그토록 잘 아는 재활용 실천 사항을 무시할 수밖에 없었던 거죠.

주방에서 불타오른 남자

사건의 진실

타투 아티스트는 이십여 년 전 타렌티나라는 레스토랑에서 일하던 셰프였다. 동시에 그는 여러 명의 부자들과 기업인들을 살해하고 엄청난 액수의 돈을 갈취한 연쇄 살인범이었다. 그렇게 훔친 돈을 숨기기 위해 타투 아티스트는 레스토랑의 바닥 타일을 뚫어 구멍을 내고, 거기에 돈을 숨겨두었다. 그러던 어느 날, 그는 결국 경찰에 체포되고 무기 징역을 선고받았다. 그는 그 돈을 숨겨놓은 장소를 아무에게도 털어놓지 않았다. 그래서 그 돈은 오랫동안 주방의 바닥 타일 아래에 그대로 남아 있었다.

감옥에서 타투 아티스트는 스네이크라는 별명을 가진 감방 동료와 끈끈한 우정을 맺었다. 스네이크가 형기를 거의 다 마쳐갈 무렵, 타투 아티스트는 그의 등에 문신을 새겨주었다. 그 문신은 다름 아니라 피해자들에게서 훔친 거액의 돈을 숨겨둔 비밀 장소의 지도였다.

출옥한 뒤, 스네이크는 이럭저럭 겨우 그 레스토랑의 주방 일자리를 얻을 수 있었다. 그는 주방에서 일하는 척하면서 보물이 묻힌 곳을 열심히 찾았고, 곧 의심스러운 장소를 발견했다. 그리고 사건 당일, 그는 평소보다 일찍 레스토랑에 나와서 타투 아티스트가 문신에 표시해놓은 타일을 소화기 망치로 깨뜨리기 시작했다. 예상했던 대로, 그 아래에는 엄청난 액수의 돈이 숨겨져 있었다. 하지만 돈을 꺼내려던 순간, 주방의 동료 중 하나인 마르셀로에게 발각되고 말았다. 전과자인 스네이크는 자신의 비밀을 지키기 위해 마르셀로를 죽이려고 했다. 결국 두 사람 사이에 격투가 벌어졌다. 엎치락뒤치락하는 사이, 마르셀로는 오븐 클리너 스프레이와 라이터를 무기 삼아 스네이크를 향해 불을 내뿜었다.

그렇게 스네이크가 죽고 나서 경찰에 신고를 한 후, 마르셀로는 거액의 돈이 숨겨진 것을 발견했다. 잠시 생각에 잠긴 마르셀로는 자기가 원하기만 한다면 그 돈을 독차지할 수 있다는 것을 깨달았다. 그 돈이 거기 있다는 사실을 아는 사람은 지금 감옥에 갇혀 있으니까 말이다. 그래서 그는 스네이크와 벌인 싸움에 관해 경찰에게 거짓말을 할 수밖에 없었고, 직장에서 우연히 일어난 사고였다고 둘러대야만 했다.

경찰이 오기 전에 그는 급하게 바닥에 난 구멍을 가릴 만큼 큰 갈색 분리수거함을 깨진 타일 위에 올려놓았던 것이다. 하지만 불행히 그 수거함은 속이 들여다보일 뿐만 아니라 텅 비어 있었다. 그래서 그는 재활용 실천 사항을 어기면서 온갖 종류의 식재료뿐 아니라, 손에 잡히는 대로 물건을 그 안에 쑤셔 넣었다. 나중에 주방에 혼자 남게 되면, 그는 그 돈을 안전한 곳에 숨기고 깨진 타일을 수리할 생각이었다. 계획대로만 된다면 그는 아무한테도 의심을 받지 않고 부자가 될 수 있었다.

하지만 그는 사건 현장을 수사하던 탐정의 예리한 통찰력을 미처 생각하지 못했다. 결국 마르셀로는 체포되었다. 비록 그의 범행은 정당방위로 인정되었지만, 경찰에게 거짓 진술을 하고 문제의 돈을 착복하려 했기 때문에 이에 상응하는 형사 처벌을 받아야 했다.

작가 소개

모데스토 가르시아는 그래픽 디자이너이자 콘텐츠 크리에이터다. 그는 넷플릭스, 펭귄 랜덤 하우스, 스페인 국영 라디오텔레비전 방송국, 버즈피드 등 다양한 미디어 매체에 수많은 콘텐츠를 창작•제공해왔다.

2018년 모데스토는 〈마드리드 페리아 델 리브로Feria del Libro de Madrid〉와 스페인 트위터 측이 주최한 스토리텔링 응모전 〈페리아 델 일로Feria del Hilo〉에서 최우수 픽션 스레드 상과 가장 바이럴한 스레드 상을 거머쥐었다. 트위터를 통해 범죄 사건의 해결을 시도하는 이 이야기는 수십만 개의 '좋아요'와 리트윗을 기록했을 뿐만 아니라, 영국의 국영방송 BBC에서는 이 놀라운 현상에 관한 다큐멘터리를 제작하기도 했다.

그 이후, 모데스토는 마누엘 바르투알과 손을 잡고 '#RedMonkey'라는 이름으로 두 번째 픽션 스레드를 발표하기 시작했다. 이를 위해서, 두 사람은 배우, 특수효과 전문가, 그리고 반전에 반전을 거듭하는 트랜스미디어 스토리텔링 제작 전문가들과 함께 작업을 진행했다. 그 결과 전 세계 여러 나라에서 수백만 건에 달하는 매스컴 방송 보도가 이루어졌다.

2019년, 마누엘 바르투알과 모데스토 가르시아는 스페인 국영 라디오텔레비전 방송국의 온라인 스트리밍 방송을 통한 〈#ElGranSecuestro〉라는 프로그램을 기획했다. 이는 스페인 최초의 인터랙티브 이스케이프 룸, 즉 네티즌들의 참여를 통해 납치당한 사람들이 탈출할 수 있도록 도와주는 방탈출 게임이었다.

2020년, 팬데믹이 장기화 조짐을 보이고 있을 때, 모데스토는 새로운 포맷의 인터랙티브 픽션을 선보였다. 이것이 엄청난 성공을 거두자, 그는 곧 관련 앱을 만들고, 《당신은 사건현장에 있습니다》《당신은 사건현장에 있습니다 시즌 2》를 출간했다.

역자 소개

엄지영은 한국외국어대학교 스페인어과를 졸업하고 같은 학교 대학원과 스페인 콤플루텐세 대학교에서 라틴아메리카 소설을 전공했다.

옮긴 책으로 《인공호흡》, 《계속되는 무》, 《길 끝에서 만난 이야기》, 《7인의 미치광이》, 《테베의 태양》, 《까떼드랄 주점에서의 대화》, 《역사의 끝까지》, 《우리가 불 속에서 잃어버린 것들》, 《침대에서 담배를 피우는 것은 위험하다》, 《사랑 광기 그리고 죽음의 이야기》 등이 있다.

감사의 글

이 콘텐츠는 SNS에서 모든 이들이 함께 공유하고 즐기기 위해 착안한 인터랙티브 게임으로 탄생했다. 그로부터 채 몇 달도 지나지 않아, 나는 이를 책으로 발간하자는 제의를 받았다. 그 과정에서 나를 물심양면으로 도와준 이들이 적지 않았다. 하지만 마지막부터 시작하는 것이 좋을 듯하다. 그래서 제일 먼저 이 책을 나오게 해준 편집자 알베르토 마르코스에게 깊은 감사의 뜻을 전하고 싶다. 그는 우리의 프로젝트에서 무언가 색다르고 특별한 것을 발견하고, 멋진 책으로 나오게 만들어준 장본인이다.

또한 이 책에 수록된 삽화를 하나하나 정성스럽게 제작해준 하비 데 카스트로에게 이루 말할 수 없을 정도로 큰 고마움을 느낀다. 만약 이 과정에서 하비 데 카스트로를 만나지 못했더라면 이 작업은 결코 여기까지 오지 못했으리라는 생각이 든다. 그는 내가 아는 삽화가들 중에서 가장 특출한 재능을 가진 사람이다. 그의 삽화는 내가 만들어낸 스토리에 신비한 힘과 가치, 창의성을 더해주었다.

이 프로젝트를 버틸 수 있게 해준 또 하나의 버팀목은 마리나 카사도이다. 나는 이 자리를 빌려 그녀에게 마음의 빚을 졌음을 밝히고 싶다. 일하는 과정에서 이야기가 막히거나 창의력이 고갈될 때마다 나는 그녀와 전화 통화를 했다. 여러 시간 동안 그녀와 대화를 나누고 나면, 신기하게도 막혔던 부분을 자연스럽게 풀어내고, 까다로운 범죄 사건 이야기를 제대로 다듬어낼 수 있었다. 사건의 이야기를 풀어나갈 때 더 다양한 감정을 더해주고 극적 효과를 높인 것은 모두 그녀의 아이디어였다.

이런 자리에서 가족을 언급하는 것은 너무 진부하게 들릴 수도 있겠지만, 나에게 가족의 믿음과 지지는 이 작업을 하는 데 있어 가장 중요한 역할을 했다. 재치 있고 창의적인 부모와 형제가 있다는 것은 나에게 커다란 행운이었다. 자료를 수집하고 범죄 사건을 구성하는 과정에서 가능한 것을 검증하는 데 도움을 준 것 말고도, 그들은 조금도 망설임 없이 자발적으로 수많은 의견을 제시해주었다.

또한 어떤 사건을 보다 창의적인 방식의 이야기로 풀어내야 할 때, 전화로 적절한 해결책을 제시해준 분들의 도움이 없었다면 이 작업은 애당초 불가능했을 것이다. 게다가 이분들은 이 책이 출간되기 전에 누가 시키지도 않았는데 사건들을 다각도로 검증하고, 앞뒤가 맞지 않는 점이 있으면 예리하게 지적하고 고칠 것을 제안했다. 그럴 때마다 이 책의 내용과 구성이 더 풍부해졌다. 마누엘 바르투알, 파울 펜, 크리스티나 페르글레스, 앙헬라 데 라 베가, 그리고 빅토르 산티아고에게 고마운 마음을 전한다.

이와 마찬가지로, 이 이야기에는 배우와 아나운서들의 목소리(문자 그대로)가 등장함으로써 등장인물들이 살아 숨 쉬는 것처럼 생동감이 넘치도록 만드는 데 일조했다. 함께한 성우들에게도 감사의 뜻을 전하고 싶다.

또한 기술적인 측면에서도 나는 많은 사람들의 도움을 받았다. 그들은 이 프로젝트에 대한 믿음이 있었기 때문에 묵묵히 맡은 바 책임을 다했다. 구체적으로 말하면, 알바로 페레스 블랑코(이 세상에서 가장 유능하고 마음이 따뜻한 웹 프로그래머다), 그리고 세르히오 나달과 그가 이끄는 기술팀이 바로 그들이다. 특히 후자의 경우, 내가 이 프로젝트를 스마트폰용 앱으로 만들고자 했을 때, 모든 기술적 지원과 편의를 제공해준 컴퓨터 개발 및 기술 컨설팅 기업인 마우빅 소속이다.

하지만 책의 서두에서 이미 밝혔듯이, 처음부터 이 프로젝트에 참여했을 뿐만 아니라, 이 책이 세상의 빛을 볼 때까지 함께 즐거운 시간을 보냈던 모든 네티즌들에게 감사를 표하고자 한다. 탐정 여러분, 《당신은 사건 현장에 있습니다 시즌 2》에서 또 만나요!

당신은 사건 현장에 있습니다

초판 1쇄 2022년 5월 30일
16쇄 2024년 11월 25일

글 | 모데스토 가르시아
그림 | 하비 데 카스트로
번역 | 엄지영

발행인 | 박장희
대표이사 겸 제작총괄 | 정철근
본부장 | 이정아
편집장 | 조한별
책임편집 | 최민경

기획위원 | 박정호

마케팅 | 김주희 이현지 한륜아

디자인 | 조종완

발행처 | 중앙일보에스(주)
주소 | (03909) 서울시 마포구 상암산로 48-6
등록 | 2008년 1월 25일 제2014-000178호
문의 | jbooks@joongang.co.kr
홈페이지 | jbooks.joins.com
네이버 포스트 | post.naver.com/joongangbooks
인스타그램 | @j__books

ISBN 978-89-278-1297-5 03030